NUBES

www.nubes.live

info@nubes.live

facebook.com/nubes.comics

instagram.com/nubes.comics

youtube.com/@nubescomics

Dalla primavera 2025 troverete sul sito di Nubes il fumetto "Fortuna Caesaris", in italiano o latino. La narrazione prende le mosse da questo testo, per poi seguire una propria strada.

"L'ombra perfetta. Storia di Calpurnia, moglie di Cesare" di Sonia Morganti

Illustrazione di copertina: Gabriele Paganini



Deposito Patamu n. 216749
ISBN  979-12-81977-09-9

# SONIA MORGANTI

# L'OMBRA PERFETTA

## STORIA DI CALPURNIA, MOGLIE DI CESARE

# PRIMA PARTE

# CAPITOLO I

*Ottobre dell'anno 694 dalla fondazione di Roma, consoli Cecilio Metello e Lucio Afranio, Ercolano.*

La stavano chiamando con insistenza crescente. La cercavano, era ovvio. Ma lei proprio non aveva voglia di abbandonare la caletta che il padre aveva lasciato accessibile, ai piedi della villa. Il rapido variare della luce di quel giorno le pareva significativo: lo sentiva dentro, in un punto indefinito del petto.

Il sole di ottobre era tiepido ma ingannevole, il vento frizzante invece non mentiva. Pizzicava la superficie del mare e tingeva di piombo la linea dell'orizzonte: l'autunno stava arrivando e al pomeriggio tutto oro e calore sarebbe forse seguita una notte di temporale.

In quell'attimo sospeso, la sua vita e quella dell'universo parevano specchiarsi l'una nell'altra, danzare al medesimo passo sul ciglio del cambiamento inevitabile.

Lo sapeva, per questo non aveva fretta di rispondere all'appello.

Seduta sulla rena, ignorando l'umidità, si perse nei propri pensieri per un istante in più.

«Arrivo» disse, senza imporre la voce sulla risacca delle onde.

Si alzò e voltò a malincuore le spalle alla distesa delle acque, che la salutava con spruzzi di salsedine.

Quando ebbe risalito i gradini di pietra, si imbatté nella sua *ornatrix* che si affannava a cercarla.

«*Mea domina*! Meno male che ti ho trovata! Andiamo! Devo acconciarti!»

Flora, sporgendosi dalla terrazza che affacciava sul mare, la vide e le corse incontro, manifestando sollievo.

«Non c'è bisogno di agitarsi così...»

«E invece sì! Il *dominus*... tuo padre mi ha rimbottata almeno dieci volte perché non ti trovavo e perché devo farti "splendere come una dea".»

«Bene, sentiamo...» Incrociò le braccia, divertita dall'esagerazione paterna. «... quale dea avrebbe in mente come modello, il mio genitore?»

«Qualsiasi porti lustro alla nostra *gens*, Calpurnia.»

La voce del padre risuonò alle spalle delle due giovani, quasi facendole sobbalzare – doveva essere giunto dal lato opposto, in parte nascosto dalle siepi – sebbene l'aspetto di Lucio Pisone fosse tutto meno che adeguato a intimidire chicchessia.

Non troppo alto, non troppo magro, con le guance arrossate da una perenne apprensione di cui, sebbene cercasse di seguire alla lettera la disciplina epicurea, non riusciva a liberarsi, Lucio era sempre a un passo dalla completezza, con la fronte imperlata dallo sforzo di raggiungerla. Era teso, si vedeva, mentre agitava il gomito per sistemare meglio la piega dell'elegante toga che probabilmente avrebbe dovuto cambiare prima della cena, visto quanto sudava.

«Non incaponirti proprio oggi» proseguì lui, tornando al tono affettuoso che gli era solito. «Attendo degli ospiti importanti e devo concentrarmi solo su di loro. Ho bisogno di te, al tuo meglio, come non mai.»

Le sfiorò la punta del naso con l'indice, portando via un po' dei cristalli di sale che il vento le aveva posato sulla pelle.

«Sembri una Naiade, piccola mia. Ma questa sera non mi serve una ninfa. Mi serve di più.»

Vesta? Giunone? Non lo volle specificare, ma guardò la figlia – l'unica figlia – con tenerezza struggente e dolorosa.

Calpurnia abbozzò un sorriso, rassegnata a più miti consigli. «Dimmi almeno che ci sarà Lucrezio tra gli ospiti.»

Pisone scoppiò in una risata bonaria, facendo risuonare le nocche sul legno levigato in un punto del parapetto provvisorio che attendeva ancora di essere sostituito da candido travertino. «È il cucciolo di Filodemo, non potrei mai escluderlo» la rassicurò e le pose con affetto una mano sulla spalla. «Anche se mi sembra che tu lo apprezzi più di me. Due cervellotici. Dovrei adottarlo, per farti contenta. E ora su, però, vai...»

«Certo, papà.»

Gli sorrise con garbo e si avviò al fianco di Flora presso la sua stanza.

Quale fosse il vero nome dell'*ornatrix*, nessuno lo ricordava più, forse nemmeno lei stessa. O, se lo teneva ancora a mente, preferiva non condividerlo. Era l'unica cosa che le apparteneva. Di certo era complesso ed esotico, forse impronunciabile e la piccola Calpurnia, anni prima, l'aveva storpiato così tanto da suggerire un adattamento.

«Sai per caso chi sono gli ospiti "importanti" di questa sera?» chiese a bruciapelo all'ancella.

«No, *mea domina*.»

«Suvvia, non dirmi che nessuno ti riporta le voci dalle cucine!» Calpurnia le rivolse uno sguardo complice e gentile, mentre a passo lento le due fendevano il profumo delle siepi di mirto e alloro che delineavano i percorsi nel lungo giardino, vera ossatura della villa.

«Non sono molto amata, lì. Io non mi sporco le mani» mormorò la fanciulla, a occhi bassi.

«E non devi, perché sono mani abilissime» soggiunse lei. «Comunque, temo che c'entri il consolato.»

«Temi?»

Calpurnia non rispose e si limitò a prendere un gran sospiro. Il silenzio che calò tra le due giovani era animato dal gorgogliare della fontana in cui si beava un satiro di bronzo, ebbro e con il viso volto al cielo.

In realtà tutto le era più chiaro di quanto volesse ammettere a se stessa.

Quando, dopo un certo numero di anni, si furono affastellati su di lei giudizi, rimproveri e complimenti, Calpurnia aveva già capito di avere un dono. Forse per il colore insolito dei suoi occhi – un blu molto intenso – o per il loro taglio, a tutti poteva sembrare svagata e assorta oppure timida e modesta. Finivano per non darle peso e credito e questo le permetteva di ascoltare, osservare e prendersi tempo per capire cosa stesse accadendo intorno a lei.

Perché, Calpurnia lo sapeva, le cose stavano cambiando.

Il seme del potere si era posato sul cuore morbido del padre. Per quanto Lucio Pisone si proclamasse filosofo epicureo e aspirante poeta – o forse aspirante filosofo e poeta in divenire – era pur sempre un patrizio romano. Non poteva restare indifferente – davvero indifferente – al *cursus honorum* e al richiamo della vita nell'Urbe. E se aveva bisogno di lei, non sarebbe stato certo solo per presenziare con garbo e grazia femminile il banchetto.

Si sedette nella sua stanza e, appena l'*ornatrix* le mise le dita tra le ciocche, parve agitarsi, come se si fosse accomodata su uno scranno di pietre e rovi.

«Flora, non perdiamo troppo tempo con l'acconciatura...» disse, pensosa. «La stagione sta cambiando in fretta e io voglio godere del pomeriggio ancora un po'. Fammi un nodo semplice. Poi, prima del banchetto, magari metteremo un nastro o quel che preferirai tu.»

L'ancella annuì e dopo poco Calpurnia fu libera di immergersi nuovamente nell'aria dorata di quel dolce autunno. La villa, intorno a lei, sembrava vibrare di ricordi: la madre ancora in vita, il porticato in costruzione e i rocchetti di colonne a terra, i papaveri che crescevano sfacciati ovunque e lei, piccola, che strepitava e si divincolava tra le braccia del padre, attratta dalle onde. Con un sospiro si riempì il petto del profumo ineguagliabile di alloro, salsedine e pioggia lontana.

Avrebbe voluto fermare il tempo in quell'istante, bloccarlo con un dito, come un filo d'erba agitato dalla brezza, nell'attimo perfetto prima del cambiamento.

# CAPITOLO II

Di solito, Lucio Pisone dissimulava la sua ansia con abilità da consumato attore. Si sentiva sempre in affanno nel mondo di maschere in cui Roma si era trasformata. Sedotto dal potere e obbligato al *cursus honorum*, sapeva di però di non avere pelo sullo stomaco sufficiente per affrontarlo senza patimento: ambizione e sofferenza erano due gravi pecche per la dottrina epicurea. Il suo maestro, Filodemo, l'avrebbe rimproverato.

Lucio viveva scisso tra due mondi mentre la persona che stava per incontrare, a suo avviso, incarnava il presente alla perfezione. Elegante per provocare, colto per azzannare, mite per schivare. Un proteo spontaneo in un mondo di maschere in terracotta, tese nei loro sorrisi artificiali. Accordarsi con lui era fondamentale per avere il consolato e Lucio era conscio di tutto quel che tale scelta comportava. Per questo, sbuffando, camminava a piccoli passi, come uno scoiattolo particolarmente affannato. Tra i mille pensieri, quello che più gli doleva, come un chiodo nel cranio, riguardava la figlia Calpurnia, il cui affetto gli era stato di grande conforto nei lunghi anni di vedovanza. Senza di lei gli sarebbe stato ancora più difficile affrontare quella solitudine, percepita come l'unica scelta possibile, per lui, dopo la morte della moglie. Era stata in gamba, la sua piccola Calpurnia: giovanissima, senza parenti di sesso femminile a farle da guida o modello, si era trovata a essere la prima donna della casa. E, pur essendo tanto diversa dal padre, aveva finito per somigliargli e per divenire, al contempo, il suo perfetto contrario. Il legame tra genitore e figlia era così sbocciato fortissimo, ma critico. Pisone le chiedeva di ricoprire un ruolo femminile dettato dalle tradizioni secolari di Roma: presenziare agli eventi pubblici, mostrarsi sobria e accorta davanti agli estranei, consigliare con garbo il padre in pubblico nonostante i vivaci scambi di opinioni che avevano in privato. Ma, come figlio della cultura ellenistica, le accordava con immensa tenerezza concessioni, privilegi e una confidenza che poche fanciulle avevano con il proprio padre. Così, in quel momento, Pisone soffriva: aveva progetti per lei, di nuovo aveva bisogno del supporto della sua piccola Calpurnia; si chiedeva come avrebbe fatto a parlarle, forse per la prima volta, come un padre romano a una figlia romana. In quel frangente non ci sarebbe stata possibilità di discussione, ma solo una decisione presa e imposta, come il costume degli avi comandava. Gli sarebbe mancata.

Giunse un primo carro, ma nessuno fu annunciato: l'uomo che ne scese si diresse a passo deciso verso l'ingresso, senza guardarsi intorno. Camminava con energia, a testa bassa, avvolto in un mantello di fattura pregiata. Avanzava con l'aria di chi preferirebbe non farsi notare, ma è pronto ad apparire in grande stile qualora ciò accada. Gli si avvicinò, con rapidità e discrezione, uno schiavo istruito per guidarlo nello studio del dominus senza dar troppo nell'occhio.

Lucio, intanto, teso com'era, gettava frequenti occhiate oltre la soglia finché la cornice della porta non fu proprio riempita dal suo misterioso ed elegante ospite. Aveva preceduto lo schiavo.

«Gaio Cesare, ben arrivato. Noto che per te è stato facile raggiungere quest'ala della casa...»

«I tuoi eterni lavori in corso mi divertono, sono a metà tra il labirinto e il rompicapo. Magari lo fai di proposito!» rise ed entrò nello studio che odorava di cera, vino rosso e forse di qualche spezia che Lucio gradiva particolarmente.

Pisone si alzò per accoglierlo a braccia aperte. «Macché. La verità è che, quando ho progettato questa villa, ho davvero puntato troppo in alto e ci lavoro ormai da un decennio abbondante.»

«Un inquieto perfezionista. Che ne pensa Filodemo?»

«Scrolla le spalle. Per quanto riguarda lui, un politico romano non sarà mai un vero epicureo. Ma io ci provo lo stesso!»

«Con quelle parole, il tuo maestro mi ha fatto il ritratto, ma va bene. Posso accomodarmi, così andiamo subito al sodo?»

«Certo. I giri per mostrarti le novità li rimandiamo a dopo, suppongo.»

Cesare annuì, guardando l'amico Pisone dritto negli occhi. Gli sorrise e Lucio deglutì.

Era facile farsi ingannare da quei capelli acconciati con una perfezione studiata per compensare le mancanze e da quelle stoffe pregiate su cui ricadeva una cintura tenuta lenta, di gusto quasi muliebre. Lo sguardo di Cesare, per chi l'avesse voluto vedere per ciò che era, appariva determinato come quello di un rapace. Quell'uomo era una lama tagliente avvolta in un languido drappo di bisso.

«Immagino che la tua voglia di rivalsa, dopo quanto accaduto di ritorno dalla Spagna, sia tanta.»

«Non tanta. Commisurata.» Cesare scandì le sillabe picchettando l'indice sul tavolo; la vibrazione fece ondeggiare dei gusci di noce lì impilati.

«Non solo hai amministrato magistralmente la provincia, ma l'hai anche espansa!» Pisone rincarò la dose, ma solo per verificare le leve da toccare. «Meritavi di ricevere il trionfo. Impedirtelo, obbligandoti a deporre la carica e le armi, è stato ignobile.»

«Non parliamone più.» Cesare chiuse il discorso. «Ho comunque ottenuto dei vantaggi, anche la scelta di deporre il comando delle legioni per dedicarmi alla politica è stata figlia di ciò che ho capito: allontanarmi da Roma mi ha permesso di esaminare molte dinamiche nelle loro vere dimensioni e correlazioni. Ha reso più nette, ai miei occhi, le sfumature della realtà che mi circonda. Forse è ciò che ha provato Icaro, guardando il mondo dall'alto... con la differenza che io so fin dove salire per non bruciarmi.» Rise di quella sua notazione, scivolando così fuori da una concentrazione assorta. «Anche Pompeo ha una voglia di riscatto commisurata all'offesa» aggiunse.

«Immagino» intervenne di nuovo Lucio. «I suoi veterani si sono fatti ammazzare per Roma, per la vittoria e per l'onore del loro comandante... e poi, pavidamente, il Senato li priva del diritto alla distribuzione delle terre. Frustrerebbe chiunque.»

«Vedi, Pisone, perché mi piace parlare con te? Sei un candido che usa le parole necessarie, quelle vere, non le più seducenti o le più diplomatiche! Hai usato due termini che, da soli, riassumono il senso del discorso: il Senato è pavido. Manda avanti dei campioni e, al momento del loro ritorno, cerca di accollarsene i meriti frustrando le loro legittime aspettative.»

A quel punto, Lucio si sistemò sulla sedia e si schiarì la voce. «Sai... sapete... tutti e tre, dico... che, da console, farò quanto in mio potere per favorirvi e compensarvi.»

«E qui volevo arrivare.» Cesare si alzò con un gesto nervoso. «Posso confermarti, caro Lucio, che anche Pompeo e Crasso appoggeranno la tua candidatura, sebbene sia io la persona che ti spingerà di più e che avrà in cambio il tuo supporto diretto. Come la mia alleanza con Pompeo è fatta di intenti, carne e sangue, e così deve essere la nostra. Accetto, quindi, tutte le tue offerte.»

«Ne sono lieto, Gaio Giulio.» Pisone sospirò, anche se pareva sollevato solo in piccola parte e restava seduto, come schiacciato dal peso di eventi che pure aveva inseguito per tutta la sua vita. «Per questo ti ho voluto invitare qui a banchetto, questa sera, e non limitarmi a ricevere tua conferma o diniego per missiva.»

«Lei è stata già avvisata?»

«No. Volevo che tu potessi... come dire? Valutarla senza che il suo comportamento fosse condizionato dalla notizia. Anche se io credo che sospetti qualcosa.»

«Dici?»

Pisone annuì, con gravità.

«Bene! Mi sembra una buona notizia, segno di intelligenza.»

«Ma... Santi Numi, Cesare, che dici?! Dubitavi che lo fosse? E peraltro è mia figlia!» esclamò, interdetto da quella notazione sfrontata.

Lui alzò le mani in segno di resa, ridendo e scuotendo il capo. «La mia Giulia, che è persino più giovane, ha appena sposato Pompeo. Sono stato malissimo. Considera la mia franchezza come un esperimento per capire se sono un padre difettoso o normale. Vista la tua reazione, direi la seconda. Anche Giulia è figlia unica. La povera Cornelia ha avuto la stessa sorte di tua moglie. Ma forse non lo ricordi.»

«E qui ti sbagli.» Anche Pisone, facendo forza sulle braccia, si alzò dallo scranno. «L'orazione con cui la salutasti fece scalpore. Ma lei era figlia di Cinna e a quei tempi morì così tanta gente della sua fazione che avevamo anche smesso di condividere i lutti. Morire di parto è tutto sommato naturale, la guerra civile tra Silla e Mario era l'abominio in cui eravamo immersi.»

«Creeremo tempi migliori, in un modo o nell'altro» ribatté Cesare, volendo suonare incoraggiante, ma un brivido lungo la schiena di Pisone lo segnalò invece come minaccioso.


Uscire dallo studio di Pisone dopo quel lungo discorso fu, per Cesare, come rinascere. L'aria che si respirava in quel luogo era inimitabile. Lucio aveva scelto un posto meraviglioso per costruire la sua villa. Il profumo del mare e quello delle campagne circostanti si mescolavano secondo i capricci del vento, donando un conforto sempre diverso agli spiriti inquieti. Si era fatto indicare la strada e, lungo il percorso, poté apprezzare i progressi nell'arredo. Un lato del peristilio era già decorato con delle statue di fattura notevole: era curioso di vederne l'effetto scenografico una volta completo.

In un angolo a destra del porticato si apriva un varco che conduceva a dei gradini ripidi e stretti, ricavati con estrema cura dalla roccia; una sorta di uscita riservata. Cesare si intenerì perché poteva immaginare un Pisone più giovane, intento a commissionare i lavori, preoccupato della sicurezza della scala che avrebbe lasciato percorrere alla sua unica figlia. E certo solo per amore di lei il padrone di casa aveva incluso nella proprietà quella minuscola spiaggia nascosta tra gli scogli! L'avrebbe fatto lui per Giulia? Sì, per sua figlia avrebbe fatto placcare d'oro ogni gradino. Guai a Pompeo, pensò, se non l'avesse trattata con la stessa cura.

Il vento si era alzato e il rumore delle onde gli riempì l'anima, togliendo spazio ai suoi pensieri. Cesare decise di non scendere: si sedette su uno degli scalini più in alto e si rilassò. In piedi, davanti all'acqua, c'era Calpurnia che guardava una barca lontana e seguiva con gli occhi il percorso del sole, sempre più basso. Dedicò a quella figurina il più annoiato e mondano degli sguardi e poi se ne pentì. Non lo meritava, non aveva chiesto lei di entrare nella sua vita. Così anche Cesare volse gli occhi verso quell'orizzonte dove, in parte, entrava anche lei.

# CAPITOLO III

Al declinare del sole gli schiavi accesero torce e lucerne, rischiarando l'interno e l'esterno della villa.

Il vento sembrava essere cambiato all'improvviso, facendosi foriero di note umide e temporalesche ancora distanti. Nel giardino, tra satiri di bronzo e siepi profumate, occhieggiava il mare violetto. Forse sarebbe stato proprio quello l'attimo in cui l'estate avrebbe dato il suo struggente e intenso addio.

La musica aveva iniziato a risuonare. Il ronzatore, con i suoi schiocchi dolci e improvvisi, dominava la melodia di sottofondo.

Calpurnia era vicina al padre, ma non parlava con lui. Della cena, come al solito, avrebbero discusso in seguito. Preferiva ascoltare Filodemo, filosofo che abitava lì da diversi anni e che aveva trovato in Lucio Pisone un protettore e un buon amico; accanto a lui sedeva Lucrezio, che era giunto da Roma una settimana prima.

La giovane, ogni tanto, lanciava uno sguardo al padre che però sembrava impegnatissimo a ignorarla e quel dettaglio la inquietò.

Inoltre non riusciva a identificare uno degli ospiti: non le era sconosciuto, ma non ricordava chi fosse, e questo la indispettiva. Gli occhi scurissimi dell'uomo dedicavano a tutti lampi di viva attenzione.

Filodemo intanto illustrava con voce pacata,

soppesando le parole, il senso del suo ultimo componimento d'amore e discuteva con Lucrezio circa il legame tra tale sentimento e la poesia. Calpurnia adorava seguire il filo dorato delle loro disquisizioni, seguendone il percorso involuto. Quei due sapienti avrebbero potuto accapigliarsi per ore su argomenti tenui come il petalo di un fiore. E agli occhi di lei, entrambi apparivano meravigliosi: non uomini, ma creature di un mondo ideale.

In quel luogo, d'altronde, tutto era diverso: regnava la parola di Epicuro e anche coloro che nella vita pubblica deprecavano i nuovi costumi, smessa la loro maschera arcigna, aprivano le menti al piacere del dialogo. Pisone era fiero di aver reso la sua villa un cenacolo culturale, dove protetti e protettori, politici e intellettuali, si scambiavano alla pari arte e pensiero.

«Amiamo il bello, ma con moderazione» dicevano ad Atene. Lì a Ercolano, invece, si accontentavano di amare il piacere con naturalezza; la loro legge si riassumeva in una parola sola: serenità.

Ma Lucio Pisone, quella sera, sereno non lo era affatto. Si distraeva spesso, pensando al suo discorso con Cesare. Aveva bevuto l'essenza di ogni sua parola e ne era rimasto stordito.

Pisone si era sempre reputato un uomo normale e a lungo aveva vissuto mosso dall'unica ambizione di mantenere la tranquillità necessaria a coltivare le proprie passioni. La carriera pubblica, per lui, era stata più un obbligo sociale che una vocazione, finché il potere non aveva bussato alla sua porta, scombinandogli la quotidianità. Non se l'aspettava. D'altronde, c'era chi ancora gli rimproverava le origini cisalpine di sua madre. Ma il padre di Lucio era fatto della sua stessa pasta: un uomo pacifico e poco interessato alle chiacchiere. Si trovava per affari a Placentia, nella Gallia Cisalpina, quando aveva conosciuto Calventia, figlia di un ricco mercante della zona. E non si era certo chiesto se figli, nipoti e bisnipoti avrebbero avuto gli occhi chiari e la pelle pallida e se, a distanza di decenni, qualcuno avrebbe ancora perso tempo a pensarci.

Così l'ascendenza dei Calpurnii da Numa Pompilio era passata quasi in secondo piano rispetto agli occhi azzurri di Lucio, che si scottava facilmente nonostante i capelli neri e aveva passato i periodi più felici della sua infanzia attaccato alle vesti della sua adorata madre. E se qualcuno gli rinfacciava le linee di sangue della sua gens, lui gliene mostrava altre: quelle del sorriso.

Ora, all'improvviso, tutto stava cambiando. E lui era troppo confuso, eccitato e turbato per parlarne con la figlia, che nel frattempo si era voltata e, sorridendo, gli aveva chiesto se desiderava qualcosa. Lei non sapeva ancora quanto sarebbe stata parte di quella trasformazione.

«Un accordo romano deve essere saldo come una famiglia romana» aveva chiosato Cesare, prima di confermare il suo appoggio. «Accetto.»

E Lucio si era sentito fiero eppure terrorizzato e responsabile.

«Forse l'ho deluso» sussurrò Calpurnia a Filodemo, guardando di sottecchi il genitore al suo fianco.

«Come avresti potuto?» le domandò lui, con un sorriso che aggiungeva candore alla barba già bianca, come se la natura avesse voluto confermare a suo modo che Filodemo era prima di tutto un filosofo. «Sai che tuo padre ti adora.»

«Però mi sta ignorando, quindi qualcosa deve essere successo» Gli lanciò un'altra occhiata.

«Magari è soverchiato dalle preoccupazioni di *pater familias*.»

«Resto comunque preoccupata. Ci sono troppe persone che non conosco qui e credo che pochi di loro siano venuti per interesse verso la biblioteca che stiamo allestendo. Ciò mi rende inquieta.»

«Quel che tuo padre sta facendo è l'agire normale per ogni Romano. Io...» sorrise, sornione, «mi ritengo privilegiato.»

Lei annuì di rimando.

«Hai ragione, Filodemo. È inutile preoccuparsi. Nei prossimi giorni sicuramente sarà tutto più chiaro. Osserverò il suo comportamento con pazienza e attenzione, per darmi le risposte che ora non posso avere.»

«Ricordati sempre: chi più sa non è chi più parla né chi più ascolta, ma chi più osserva» le disse, con il tono cantilenante e il corredo di mimica del buon maestro.

# CAPITOLO IV

Nella notte era giunta la prima pioggia. La frescura improvvisa che pizzicava la pelle e il profumo rinnovato dell'aria glielo dissero prima ancora che aprisse gli occhi.

Cesare si alzò e si vestì in fretta, senza chiamare servitù: quel silenzio e quella temperatura erano l'ideale per cancellare il vago ricordo di emicrania che gli cingeva ancora il capo.

Il giardino della villa era rugiadoso e il peristilio ben asciutto: come spesso avveniva, al cadere del vento il cielo aveva pianto per tutta la notte. E quel giorno si preannunciava burrasca: una linea di nuvole nere delimitava l'orizzonte marino. Forse avrebbe dovuto anticipare la partenza. D'altronde, la vita dell'uomo e i meccanismi dell'universo sono simili anche nell'improvvisa manifestazione di un cambiamento a lungo maturato in silenzio.

Capitava spesso, quando il mese di ottobre era così caldo, che il tempo mutasse in modo repentino e che l'autunno si precipitasse a riprendersi ciò che era suo di diritto. Era bene, dunque, essersi alzato così presto: sarebbe partito verso sera, dopo aver finalizzato i dettagli dell'accordo con Lucio Pisone. Si sarebbe fatto prestare qualche testo per avere compagnia durante il lungo viaggio che aveva programmato. Se tutto fosse proseguito a dovere, avrebbe avuto modo di renderglieli presto.

Cesare mosse poi qualche passo nell'atrio, cercando di non fare rumore perché gli altri ospiti e il padrone di casa dormivano. Si avviò verso la discesa al mare e solo allora si rese conto di non essere l'unico già sveglio.

«È stato così repentino! Muta il vento e il magnifico inganno dell'estate perenne... cade!» Calpurnia risaliva in quel momento dalla spiaggia, dopo aver mostrato a Flora come il tepore del sole e l'assenza di vento avessero preso per il naso gli esseri umani, ma non le piante, che già lasciavano ingiallire le foglie. L'ancella, appena lei ebbe girato le spalle, sbadigliò. Le era grata per la concessione di quei dialoghi, per consentire al suo mondo di andare oltre le acconciature ma, se avesse potuto scegliere, avrebbe preferito stimolare la mente a un orario più tardo.

Vedendo le due, Cesare si chiese cosa fare: proseguire per le scalette o, con qualche passo indietro, togliersi dalla traiettoria di Calpurnia senza farsi vedere? Voleva entrambe le cose nello stesso momento e per motivi opposti. Gli accordi matrimoniali erano impegnativi: se non si rivelavano seccature, potevano trasformare l'affetto in dolore. Lui avrebbe preferito un affetto, ma ne temeva il portato perché la sua quota di dolore l'aveva affrontata con la morte di Cornelia e si sforzava di non pensarvi, per andare avanti sulla propria strada.

«*Salve.*»

Alla fine, aveva indugiato abbastanza sul gradino perché "avanti" ci arrivasse proprio la figlia di Lucio. Lo stava guardando con due occhi azzurro scuro pieni di curiosità: un ospite così mattiniero doveva essere raro. Tacque per un istante, perplessa. «È insolito che qualcuno dei nostri invitati voglia godersi anche l'alba oltre che il tramonto» aggiunse quindi.

«Mi piace fare eccezione» sorrise lui, riprendendosi. Decise, a quel punto, di andare subito al sodo: «Non ti ricordi di me, vero?»

«Vagamente...» sussurrò, mortificata.

Cesare nascose una briciola di disappunto: non amava passare inosservato, ma in quel caso c'era un motivo ovvio.

«Non mi stupisce», ammise, «il tempo passa in fretta e non risparmia nessuno. Sono il figlio di Aurelia, Gaio Giulio Cesare.»

«Oh, Numi! Non ti avevo riconosciuto» esclamò Calpurnia. «Ho vaghe memorie di quegli anni.»

«Non ti devi giustificare. La morte di tua madre ha allontanato un po' le nostre famiglie. Le occasioni di incontrarsi sono venute meno» disse lui.

«È vero. E di tempo ne è trascorso... A maggior ragione», Calpurnia riprese lo spirito fermo che riteneva fondamentale per il suo ruolo di padrona di casa, «spero che la cena sia stata di tuo gradimento. Io e mio padre siamo soliti confrontarci a lungo, il giorno seguente, sui dettagli dell'organizzazione.»

«Molto gradita. Peccato che ieri sera non abbiamo avuto modo di incrociare i nostri discorsi.»

«Eravamo in molti» rispose lei, abbassando lo sguardo. Alle sue spalle, Flora s'era fatta invisibile come si conveniva a un'ancella. Silenziosa, discreta, pareva che si fosse ristretta.

«Non sei spesso a Roma.»

Calpurnia si guardò intorno e si strinse nelle spalle.

«È vero. Ma come potrebbe essere altrimenti?»

Allora Cesare rise. «In effetti questo posto è meraviglioso. Immagino sia piacevole in ogni stagione, non solo in estate.»

«È così: le giornate davvero fredde sono poche; c'è sempre tranquillità. Chi viene qui sa di trovare ciò che cerca: la serenità, la cura.»

«Immagino che tu conosca questa villa immensa persino meglio di tuo padre.»

«Non saprei. Certo, le sue mura sono cresciute con me. Finché mia madre era in vita, la guardavo gestire questa casa e imparavo da lei senza accorgermene. Poi ho iniziato a valutare le scelte insieme a mio padre.»

«Mi piacerebbe approfittare della tranquillità del mattino per una visita. So che state ampliando la vostra biblioteca.»

«Allora la raggiungeremo subito, prima che Filodemo si alzi e si metta al lavoro.»

Flora si schiarì appena la voce.

«Vai a metterti qualcosa sulle spalle» le disse Calpurnia, con il più premuroso dei sorrisi. Capiva che la sua ancella era infreddolita e assonnata. Di personale al loro servizio, lì in biblioteca, ce ne sarebbe stato anche troppo.

Lungo il percorso ogni apertura verso il mare portava uno schiaffo umido e salmastro, che scuoteva i vestiti, metteva alla prova le piante delicate del lungo giardino e increspava l'acqua argentea della fontana.

Calpurnia cercò di sistemare le ciocche che sfuggivano

all'acconciatura; alla fine si arrese ma accelerò il passo fino alla zona residenziale, più riparata. Da lì, lei e Cesare attraversarono il secondo giardino: quadrato, più raccolto e protetto, che ospitava piante aromatiche e rare.

Cesare era preda di una strana sensazione.

Calpurnia aveva l'età di sua figlia e non sapeva ancora che il suo destino era stato deciso e che sarebbe stato proprio lui a condurlo: Pisone non le aveva parlato.

Era consapevole che, se le esperienze non avessero lasciato il loro segno, lui avrebbe potuto provare almeno un po' di tenerezza pensando che la donna che gli camminava davanti sarebbe stata la madre dei suoi figli. "Tre maschi, Fortuna, ti prego, ed evitiamo le morti" pensò di sfuggita.

«Eccoci arrivati.» Calpurnia varcò la soglia dello studio dove erano raccolti nuovi e vecchi papiri con una lentezza quasi devozionale e cedette il passo al suo ospite. «Questa sezione è tutta in lingua greca» disse poi, abbassando il tono di voce e facendo un ampio gesto con il braccio.

Cesare era abituato a vedere cose eccezionali: non lo considerava un privilegio proprio della sua *gens*, ma un dono che gli dèi avevano riservato esclusivamente a lui. Eppure in quella stanza angusta, con le pareti ancora da rifinire ma già occupate da armadi pieni di rotoli, sentì quasi girare la testa. C'era davvero qualcosa di sacrale e potente in quel luogo.

«Filodemo si sta occupando degli acquisti?» Anche Cesare si trovò a sussurrare, nonostante in quel momento nessuno stesse lavorando.

«Sì, in gran parte. E nell'altra stanza ci sarà la sezione in lingua latina. La stiamo organizzando. Se vorrai donarci qualche tuo lavoro...» gli sorrise, come per invitarlo a considerare quella possibilità.

Lui non rispose subito, perso in quell'incanto. L'odore degli inchiostri e delle cere sovrastava persino il profumo mare.

«C'è qualcosa che ti interessa in particolare?» chiese poi Calpurnia, scostando una tenda pesante per entrare nella stanza vicina. Una parete era parzialmente dipinta di porpora, mentre l'altra manteneva ancora il suo colore naturale. «Io sono dell'idea che ogni testo abbia un proprio valore. Papà invece preferisce concentrarsi sulla poesia e sulle orazioni.»

«Ho scritto dei versi qualche tempo fa e me ne hanno detto meraviglie. Ma non ne sono orgoglioso» rispose lui.

Era un'ammissione notevole, pensò Calpurnia, ben lontana dall'immagine di Cesare che circolava. «Ne ho sentito parlare, in effetti e sarei curiosa di leggerli: amo molto la poesia.»

«Credo che nelle mie corde ci sia la prosa. Decisamente. Secca, asciutta... diretta come una freccia. Invece mi pare di capire che ospitiate diversi poeti, vero?»

«Sì!» Calpurnia, che era voltata verso gli scaffali affollati di papiri incompleti, si girò verso il suo interlocutore, illuminandosi. «Non era stato pianificato, ma grazie alla presenza di Filodemo viene spesso a trovarci Lucrezio. Lo conosci?»

Cesare si sedette, quasi divertito: di certo avrebbe

scoperto più cose sul luogo in una sola mattina che in una miriade di visite ufficiali. E in effetti quell'occasione era anche un buon modo di farsi un'idea sulla sua futura sposa, senza l'ingessatura delle presentazioni ufficiali.

«Non di persona» le rispose.

«Tito Lucrezio Caro era quel tipo con i capelli neri cortissimi che sedeva vicino a Filodemo, ieri sera. È giovane, ma ha il volto di un neonato che ha sofferto troppo nel nascere. Parlare con lui è interessante; certo, non posso dire che sia anche rilassante o confortante.»

«Spiegati. Quello che dici mi incuriosisce.»

Anche lei si sedette, spostando uno scranno di legno scuro e più piccolo degli altri, disarmonico, che doveva ancora essere sostituito.

Iniziò a raccontare dell'arrivo di Lucrezio alla villa, ma ben presto perse il filo del discorso perché si accorse che Cesare la guardava con un'espressione indecifrabile, tra il divertito e il deliziato.

«Perdonami. Non volevo certo riempirti la testa con questi discorsi.»

«Continua, continua pure» la rassicurò, incitandola. «Sono molto curioso. È evidente che i tuoi pensieri sono frutto di riflessione.»

«Lucrezio ha uno stile rivoluzionario» riprese, superando quell'attimo di esitazione e smarrimento. «Ascoltarlo aiuta a vedere le cose in profondità, sotto punti di vista alternativi e al di là di aspetti che spesso diamo per scontati. Questo lo rende un vero filosofo, oltre che un ottimo poeta! Non vedo l'ora di leggere l'opera che ha iniziato. È qui proprio per parlarne con Filodemo.»

«Mi piacerebbe molto conoscerlo.»

«Lucrezio si fermerà per alcuni giorni. Vi presenterò volentieri.»

«Purtroppo ripartirò nel pomeriggio, ma nei prossimi mesi dovrei tornare da queste parti. Sarà un piacere: in questi giardini maturano frutti che difficilmente si trovano altrove.» Calpurnia si guardò intorno e si sentì fiera di essere, per quel che le era concesso, artefice di quel piccolo paradiso di natura, di pace e di amore per il sapere.

«È vero» convenne, soddisfatta.

Cesare non aggiunse altro; tirò un sospiro profondo e stanco e stirò le labbra in un accenno di sorriso amaro.

# CAPITOLO V

Il tempo era peggiorato con il passare delle ore e nel primo pomeriggio diluviava.

Pisone aveva subito fatto accendere il braciere nel suo studio mentre il temporale, il primo dopo tanti mesi, ruggiva sui marosi violenti.

Cesare era in piedi, avvolto in un manto scuro lungo il cui bordo scivolavano decori più chiari: una fantasia dall'apparenza esotica, di terre remote, in realtà un raffinato intrico di semplici linee. Aveva le braccia incrociate e fissava Pisone che era rimasto seduto davanti a lui, illuminato dalla luce del fuoco.

«Dunque è fatta. Adesso tocca a te. Se tu sei impegnato qui in Campania, tua figlia potrebbe stare da mia madre. A lei farebbe piacere e velocizzeremmo i tempi di preparazione. D'altronde, tornerò tra non molto.»

Lucio aggrottò le sopracciglia e, con un gesto tanto naturale quanto infantile, distese le dita per contare i mesi. «Cesare, scusa, ma tra elezioni e quant'altro la cerimonia rischia di cadere ad aprile, sai che non è uso.»

«Lo so, ma non mi importa. Non ho intenzione di attendere i tempi prescritti dalla religione per le nozze. Mi interessano solo quelli necessari per le nostre questioni pratiche. Mie, di Pompeo e tue, Lucio.»

In quel momento, Pisone si scoprì infastidito: quella fretta e quella laconicità lo disturbavano. Era di sua figlia, d'altronde, che si parlava. E Cesare pareva quasi impegnarsi a tenere un tono indisponente, che non gli era solito.

«Mi fa piacere» rispose, con l'ugola rigida che finiva per svelare proprio lo stato d'animo che cercava di nascondere.

Gli occhi di Cesare però, nella penombra della stanza resa più buia dalla tempesta che imperversava fuori, ebbero un guizzo.

«Lucio, non risparmiarmi le tue perplessità. Posso ben immaginare quello che stai pensando.»

«Perdonami, Cesare, e cerca di capirmi» crollò, lasciando cadere le spalle. «Ho investito il mio cuore e le mie energie sulla sola figlia che la sorte mi ha dato. Lei è la luce dei miei giorni. L'ho educata come la tradizione insegna, ma non mi sono limitato a quello. Ho voluto che avesse un'istruzione completa, per capire gli eventi che... dovrà fingere di ignorare! Perché, prima di tutto, è una donna romana. Vorrei il meglio per lei. Non posso assicurarle un domani felice o una vita lunga e sana, ma vorrei almeno... Ah, scusami!» Agitò la mano davanti al naso, infastidito da se stesso come da una mosca. «Sto diventando uno sciocco sentimentale... mi perdo in sproloqui senza senso.»

«Ma, Pisone, io apprezzo la tua sincerità. E, da padre, capisco quello che dici. Mia figlia e tua figlia hanno circa la stessa età, come noi d'altronde. Roma è strana, crudele a volte...» Tra le parole era nascosto molto più di ciò che esse dicevano. «Lo sai che una volta hanno giocato insieme, loro due? Me le ricordo, entrambe imbellettate di fango, con mia madre che gridava come un'aquila. Ho fatto finta di non rammentarlo e ho evitato di risvegliare certe memorie in lei come in te, per non rendere più traumatica la notizia delle nozze. Ma credi che io non ci pensi? E, fidati, una parte di me si duole per lei. Mi dispiace per tua figlia. Le ho parlato, mi piace: è assennata, eppure viva. Buon per me. Ma spero, pure, per lei.» ammise infine, con un gran sospiro che fece sgretolare la maschera cinica che aveva messo a protezione di vecchie ferite.

«Capisco. Grazie, Cesare.»

Questa volta, l'uomo non rispose.

I tuoni, il mare e il vento creavano una melodia primigenia che riempì il silenzio. Aveva parlato d'istinto. Non poteva ammettere a Pisone l'intensità del suo dolore per Cornelia e la sua preoccupazione per Giulia: non poteva concederli nemmeno a se stesso.

Si affacciò alla porta. Il peristilio era pieno di pozzanghere, scrosci violenti di pioggia facevano imbizzarrire i getti delle fontane e piegavano le siepi.

«Ho deciso di cambiare i miei programmi, Lucio: mi fermerò anche questa sera» disse poi Cesare, voltandosi per uscire dalla stanza. «Hai idea di quanto mi sia costata?» domandò, mostrandogli un lembo della toga, per ritrovare il suo solito smalto. «Il maltempo rovinerebbe la stoffa.»

Calpurnia fu sorpresa quando seppe dal padre che anche quella sera ci sarebbe stata una cena con degli ospiti. Lui però, ancora evasivo, non le aveva specificato che, oltre a Lucrezio e Filodemo – ormai erano entrambi di casa – l'ospite vero e proprio era solo uno.

Rimase stupita quando lo scoprì, entrando nella sala. Per un istante i suoi occhi si ridussero a due fessure di un blu fosco e circospetto, deglutì, prese un bel respiro e varcò la soglia con il suo sorriso usuale, radioso senza bisogno di finzione o sforzo. Era chiaro che suo padre stesse trattando proprio con Gaio Giulio Cesare e questo le pareva strano: non riusciva a immaginare il genitore tenere testa ai feroci politici di Roma.

Nonostante l'iniziale perplessità, fu una cena degna del luogo che la ospitava; Cesare volle davvero conoscere Lucrezio e lo considerò moltissimo: aveva l'impeto narrativo e la potenza descrittiva da padre della letteratura. Chissà cosa avrebbero potuto fare un domani.

Tra la musica discreta, il cibo raffinato e i discorsi piacevoli, gli interrogativi che affollavano la mente dei padroni di casa passarono in secondo piano. Calpurnia volle dimenticare ogni sospetto e godere dei dialoghi, degli scambi e anche dei piatti semplici e gustosi che suo padre aveva scelto. Più in linea con i suggerimenti di Epicuro e anche più vicini ai costumi degli avi, che parevano perdersi a ogni gradino del *cursus honorum*.

Cesare udì, guardò e ponderò molto di ciò che lo circondava: aveva bisogno di stabilire un vero contatto con l'inconsapevole Calpurnia e quello che vide, durante quel banchetto sobrio e raccolto, lo confortò. Decise quindi di cambiare di nuovo i suoi piani, non farsi intimidire dal clima e partire, a cuore più leggero, quella sera stessa.

Si scusò di non aver lasciato alcun dono agli ospiti

e promise di farsi perdonare. Scambiò qualche battuta con Filodemo, risero insieme e infine uscì. Sebbene fosse giunto lì con lo scopo di tessere la ragnatela di accordi e alleanze che aveva in mente, era riuscito persino a regalarsi una gradevole parentesi di riposo.

Nonostante l'ora e la pioggia che iniziava a scendere, Lucio Pisone e la figlia lo accompagnarono al carro.

«Buon viaggio, Caio Cesare. Spero che tu abbia passato due giorni piacevoli.»

«Così è stato, Lucio. Quando vorrai, potrai venire a trovarmi a Baia anche se, considerato l'arrivo dell'autunno, immagino che ci incontreremo a breve a Roma.»

«Buon viaggio» aggiunse semplicemente Calpurnia.

Cesare ne valutò il sorriso, ornato da una luminosità intima, spoglia di ogni ostentazione. In quel momento, seppe cosa donarle. Decise di contattare il pittore migliore che conosceva, per rinfrescare le sue residenze.

Intanto padre e figlia rientrarono nella villa, mentre il carro partiva piano sotto la pioggia fitta.

Su una pozzanghera proprio davanti all'ingresso galleggiava una foglia secca, come una barca sul mare in tempesta.

«E così, all'improvviso, si è annunciato l'autunno» sospirò Calpurnia, strofinandosi le braccia. L'osservazione della figlia riportò l'attenzione di Pisone su di lei.

«Cosa ne pensi di quell'uomo?»

«Cesare? Non posso proprio giudicare! Non amo farlo e poi, così in fretta... di certo si tratta di una persona intelligente, con cui è piacevole conversare.»

Tacque e un pensiero, suggerito da quella domanda, le attraversò la mente come una nuvola.

Pisone non attese. Immaginava che la figlia si sarebbe risentita di non essere stata messa a parte dei suoi piani, così decise di agire di getto, come quando entrava nel frigidarium senza indugi, per soffrire di meno.

«Sono felice che tu esprima un giudizio del genere su Gaio Cesare. Vedi, tu... tu sposerai quell'uomo. E, pensa, figlia mia, in futuro diventerai la prima donna di Roma, onorata e invidiata da tutti, perché presto Cesare mostrerà di essere il migliore tra i Romani!» Pisone finì il suo discorso con aria trionfale.

Le mani di Calpurnia scattarono verso il viso, tradendo la violenza delle emozioni contrastanti che si erano accese all'improvviso. Fece qualche passo indietro, disorientata.

«L'avevo quasi sospettato, per un attimo. Come ho fatto a non capirlo?» singultò. «Era tutto deciso! Perché non me l'hai detto subito?»

«Figliola, io... in realtà...» Pisone non poteva ammettere che gli era mancato il coraggio: lei era la sua unica figlia, il fiore più prezioso del suo giardino, con quegli occhi blu come i laghi delle terre della nonna, Calventia, sempre acuti e attenti...

«È stata una scelta forte, importante, che sconvolgerà il futuro della nostra famiglia. E sono certo che cambierà anche il tuo, in meglio. Renditi conto di quale fortuna avrai, cosa ti aspetterà.»

La voce del padre nascondeva goffamente un tremolio di fondo, in attesa di una reazione che tardava a manifestarsi e che lui non sapeva prevedere.

Calpurnia tenne il viso basso e fece un immenso sforzo per mantenere un tono fermo come desiderava fosse.

«Perché non me l'hai detto prima che lo incontrassi? Voglio sapere solo questo. Non ti fidavi forse di me? Mi hai scambiata per una capricciosa fanciullina dei tuoi peggiori *carmina*?»

Lucio incassò il colpo: le poesie di maniera gli servivano solo come esercizio di metrica ed erano davvero brutte, se lo riconosceva, popolate di ninfette in fuga da satiri dotati di tutto meno che di buona creanza.

E la maniera, nella poesia come nella vita, era uno scudo per non farsi graffiare l'anima dalle parole dette e udite.

«Ma no! Io mi fido di te... mi sono fidato sempre.»

"O forse no...", pensò. "Ho avuto paura. Come può reagire una giovane donna il cui destino viene stabilito da altri solo una stanza più in là? Specialmente se quella donna è la mia bambina, la mia unica figlia..."

Ci fu istante di pesante silenzio. Le nozze erano svanite dal loro orizzonte; tutto quello che riuscivano a pensare riguardava il non detto.

Calpurnia rialzò il volto, portò una mano al petto e una al ventre, come per proteggersi e ritrovare il respiro.

Sapeva che sarebbe successo. Era logico. Sì, scontato.

Ma così all'improvviso? Come quando muta la stagione e il mare si schiaccia e illividisce arpionato dalle correnti?

Si rese conto di non aver nemmeno guardato davvero il viso di Cesare. Di non aver memorizzato come muoveva le mani, come sedeva, come cambiava la sua voce al mutare dell'umore.

«Papà, ti prego di perdonarmi» abbassò di nuovo la testa, esausta. «Va tutto bene. Ho solo bisogno di un attimo di solitudine» sussurrò, dirigendosi verso la sua stanza.

Il giardino era piegato sotto pesanti gocce di pioggia il cui scroscio annullava quello lieve della fontana: gli elementi di quella piccola oasi erano sconvolti dall'improvviso cambio di stagione ricordavano ai viventi la fragilità del tutto.

Solo dopo un po' il padre, anche lui insonne, la raggiunse. Lei leggeva, rannicchiata sul letto, vicina a una lucerna per sfruttarne il chiarore. Alzò gli occhi, lo fissò e gli ripeté quanto già detto d'istinto, in cerca di una risposta ancora mancante.

«Sapevo che sarebbe successo» esordì, conscia di essere la più coraggiosa dei due. «Mi addolora che tu non mi abbia avvisata prima. Temevi che non mi comportassi a dovere?»

«Scusami, Calpurnia. Non mi era mai successo di agire così, di avere paura.»

«Ti fidi di me, papà?»

Annuì.

«E allora adesso devi dirmi tutto» sospirò lei, rassegnata.

«Qualche mese fa, quando ero nei possedimenti di Placentia, proposi a Cesare di rafforzare la nascente alleanza tramite il vostro matrimonio.» Iniziò così il suo racconto. «Non ricordo esattamente quando, ma fu durante una delle ultime nevicate, forse era fine marzo. Ero orgoglioso e soddisfatto. Sono accordi che si stringono dalla notte dei tempi, naturali. Mi sentivo... sì, persino sereno. Lo sono stato fino a ieri. Poi, al momento di comunicarti quanto deciso, ho iniziato a esitare. Un padre romano non dovrebbe mai. Ma tu sei diversa.» A Calpurnia sfuggì un sorriso di amara ironia per quell'inciso che la collocava tra le persone speciali agli occhi del padre.

«Continua, per favore. Voglio sapere ciò che mi accadrà.» Pisone si sedette affianco alla figlia.

Le parlò a lungo, carezzandole i folti capelli castani.

Spuntò uno spicchio di luna tra le nubi nere e gonfie, si placò la pioggia e riprese a soffiare il vento.

Il sonno iniziava a farsi sentire, ad abbracciare padre e figlia, avvicinandoli.

Pisone si alzò.

Fece per uscire, ma notò che la figlia lo seguiva con lo sguardo, come a chiedergli ancora parole e vicinanza.

Lui guardò quella donna profonda e dolce, eppure così tenace quando necessario. Il fiore più prezioso della sua vita.

Si fermò sulla soglia.

«Ancora una cosa, Calpurnia. Ecco, ci tengo che tu lo sappia.» La voce di Pisone si fece piena, virile e coraggiosa. «Voglio dirti che non ho mai sofferto la mancanza di un figlio maschio. Spesso un padre, senza farlo di proposito, finisce è in competizione con colui che un giorno prenderà il suo posto. Ma, ancora più spesso, un padre è distante dalle figlie, non ne condivide il mondo. Tu invece sei la figlia migliore che potesse capitarmi. Sono fiero di te.»

Uscì in fretta, prima di commuoversi. Calpurnia lo raggiunse e lo abbracciò.

# CAPITOLO VI

*Dicembre dell'anno 694 dalla fondazione di Roma, consoli Cecilio Metello e Lucio Afranio.*

Il fuoco crepitava nella villa dei Lucretii e, quando la servitù domestica vi passava davanti, indugiava sempre un po' per lasciarsi confortare dal suo calore. Quando Aquilo si getta di slancio su Roma, dona cieli immensi di purissimo turchese, pagati al prezzo di un'aria tagliente e spietata. Non c'era il minimo accenno di nubi eppure il sole stentava a scaldare i tetti e le membra, se ferme, intirizzivano subito. Solo il movimento e il fuoco concedevano sollievo. Lucrezio notava quelle due coppie antitetiche: movimento e fuoco, stasi e gelo. Era nervoso, quella sera. La sua sete di sapere lo pungolava, ma in quel periodo muoversi tra città e procurarsi papiri non era facile. E lui era preda del bisogno: come la pace di taluni dipende dall'avere una coppa di vino tra le mani, la sua era  nello studio. Carpire i meccanismi più profondi di quel che gli accadeva intorno lo aiutava a sopportare il mondo. Aveva scritto alcune pagine del suo ambizioso progetto, prima di coricarsi. E aveva faticato a chiudere gli occhi perché i suoi stessi pensieri, messi in versi, avevano accresciuto la sua angoscia. Ed era l'esito opposto a quello che si era prefisso. Aveva trasformato in parole tutto il disincanto di chi, nella vita, aveva tanto amato quanto sofferto e la tangibile sensazione che l'intensità della sofferenza fosse stata grande quanto quella del sentimento.

Ma non era quello il messaggio che voleva comunicare. Quei versi, nelle sue intenzioni, dovevano esporre con serenità e distacco il fenomeno dell'amore: comprensibile con la logica, eppure foriero di reazioni illogiche. Voleva suggerire al lettore la superiorità della pace interiore, il realismo come un porto sicuro e difesa contro i marosi dei sentimenti. Ma sospettava che, nel mostrare l'approdo, avesse lasciato trasparire la sofferenza del percorso fatto per giungervi. Il filo dei suoi pensieri fu interrotto dall'arrivo di una lettera. "Calpurnia? Che bella sorpresa!", sorrise tra sé. "Chissà cosa mi chiederà questa volta." Davanti al fuoco di fila delle sue domande, solo Filodemo che la conosceva dalla nascita e le aveva insegnato a lungo, non indietreggiava.

> *Fratello Lucrezio, se tu stai bene ne sono felice.*
>
> *Io sto bene, ma sono turbata. Forse ci vedremo a Roma prima che tu possa tornare a Ercolano dal nostro caro Filodemo, che ti ha incoraggiato nell'arte e a me, ancora piccina, ha insegnato come reggere lo stilo in mano.*
>
> *Cercherò di venire subito al dunque: sono state decise le mie nozze. Mio padre si è accordato con Gaio Giulio Cesare perché lui mi sposi. E io, in verità, non so che pensare. Dovrei essere felice, credo, ma questa*

realtà mi ha travolta troppo all'improvviso per non sconvolgermi.

Lo so, Lucrezio, è naturale che uomini e donne si uniscano tra di loro per il proseguo della specie. Lo insegni sempre tu. Proprio percependo tale realtà come incombente, l'ho voluta ignorare finché non mi ha sbarrato la strada. Ma quale strada? Che strada percorrevo io, Lucrezio? Ognuno ha la propria: la tua è cantare la filosofia. La strada che mio padre ha scelto lo porterà al prestigio in politica. Io invece sono destinata a passare da un punto fermo a un altro; spinta dai casi della vita, vi cado come una goccia di pioggia.

Non sono triste perché mi sposerò: dovevo aspettarmelo. Sono confusa, questo sì.

Ho parlato con Gaio Cesare solo una volta, il giorno in cui poi vi ho presentati, e non posso certo dire di conoscerlo. A questo punto spero solo che giunga presto a Ercolano perché io possa discorrere di nuovo con lui e cercare di capirlo, anche se non so con che occhi guarderò il volto di quell'uomo sapendo che tra pochi mesi sarà la prima persona che vedrò svegliandomi. Proverò imbarazzo? Soggezione? Ora sto divagando, Lucrezio, caro a me e agli dèi lontani. Nella tua splendida opera dovresti spiegare anche come trovare risposta alle domande che ci rendono inquieti come gli animali prima che la terra tremi. Capita, a volte, qui a Ercolano. Dai rivolgimenti di terra nascono zolle fertili che presto fioriscono, altre volte invece nascono solo devastazioni. Così è anche *per noi uomini? Non lo so e non so nemmeno perché lo chiedo.*

*Forse avevo solo voglia di confidarmi con un amico tant'è che la mia lettera ha perso l'ordine della logica nell'accavallarsi di pensieri ed emozioni che fino a ora non avevano ancora mostrato il loro volto.*

*Serbati dai mali e stammi bene.*
*Ave atque vale.*

Lucrezio rimase immobile, con la missiva stretta tra le mani. Cosa avrebbe potuto dire lui, uomo solitario dalla famiglia complicata, a quella che considerava una sorella minore? Cosa le avrebbe risposto? Di certo non le avrebbe mai citato i versi scritti la sera prima: le avrebbero spezzato le ali prima ancora che spiccasse il volo. Sperò con tutto sé stesso di aver avuto torto e che, per una volta, la materia e la realtà fossero così gentili da deviare il loro corso e sfiorare con una carezza la sua piccola Calpurnia.

Inquieto abbandonò il cartiglio a terra e si coricò, si girò nel letto più volte cercando l'oblio, il distacco dal mondo, ma il pensiero che la sua protetta avrebbe potuto soffrire lo pungeva. Era stato facile, si rese conto, analizzare la devastazione creata da un istinto che a volte prende le forme di un sentimento capace di ferire e distruggere, ed elencarne con minuzia i sintomi. Ma solo se, invece che una persona cara, si osservavano degli estranei. Questa è Venere per noi... *Haec Venus est nobis...* La dea che rappresenta il peggior inganno della natura, sorda alle nostre aspirazioni: per lei il nostro morbido cuore è un meccanismo tra i tanti. Per noi esseri umani, invece, una tortura che sarebbe meglio evitare, eppure di cui abbiamo bisogno. Come poteva accettare che ciò toccasse in sorte anche a chi gli era tanto caro?

Si alzò, tormentato dall'inquietudine e andò nel cortile. Un brivido gli percorse la schiena: l'aria era gelida, ma secca. Si abituò senza eccessivo sforzo a quella temperatura.

Guardò il cielo, nerissimo ma punteggiato di stelle brillanti, astri lontani e sconosciuti a cui gli uomini affidavano sogni e pensieri. Erano infiniti: più li si contava e più altri – fiochi ed evanescenti – apparivano.

Era un panorama superbo.

E mai come quella sera lo sentì indifferente alle angosce terrene.

# CAPITOLO VII

Il buio e il freddo parevano addensarsi e riempire l'aria di quella notte. Il mare sembrava non esistere tanto era fuso con l'oscurità che regnava sul mondo silenzioso.

Calpurnia non riusciva a dormire. Consapevole che sarebbe partita per Roma in uno o due giorni, passeggiava per la villa cercando di raccogliere le sensazioni evocate da quel luogo tanto amato, di farne scorta riempiendosene l'animo come fosse una bisaccia, per assaporare il ricordo nei momenti incerti. Ma sembrava non bastarle mai, anzi, ogni istante trascorso a Ercolano era una gioia e un dolore insieme. Una parte di lei si era convinta che avrebbe trascorso lì la sua intera esistenza, custode della villa del padre, incarnazione dei sogni di lui e del modo di intendere la vita della sua famiglia. Non ci sarebbero stati mariti e figli, né belletti ed elezioni, per lei: il lascito di Calpurnia, tacito e anonimo, sarebbe stato nella cura di quelle piante che profumavano anche in inverno e della biblioteca sempre più ricca. Era bizzarro pensare quanto sterile e infondata fosse quella fantasia.

Il trambusto all'ingresso e  i passi corti  e affrettati che echeggiavano nel peristilio indicavano che sia i servi che il padre erano corsi ad accogliere Cesare. Era giunto, quindi. Era l'ora.

Casse con gran parte delle sue cose erano già state accatastate all'entrata e la sua stanza era più scarna e spoglia di quanto non fosse mai stata. Calpurnia fissava la parete di fronte al suo letto, decorata da una semplice cornice color porpora a circondare un riquadro turchese, che a sua volta spiccava su uno sfondo chiaro. Era stata sua madre, così le avevano riferito, a scegliere quel motivo. Aveva sostenuto che la bambina così si sarebbe addormentata più facilmente, perché i decori troppo abbondanti accendevano la fantasia infantile e disturbavano il sonno. «Se vorrà», aveva detto, «una volta cresciuta farà ridipingere i muri.» Lucio Pisone era stato d'accordo con la moglie, non foss'altro perché, distratto com'era, a volte si era perso lui stesso nella contemplazione delle elaborate figure che aveva commissionato.

Si affacciò alla porta e vide le fiaccole accese agitarsi come spettri persi nell'aria nera, senza corpo e senza cuore: tutti si affannavano intorno a Cesare, davanti a Cesare e per Cesare. Meglio lui che un altro, le era stato ripetuto all'unanimità.

Ma Calpurnia si sentiva inquieta, aspettava ansiosa che tutti se ne andassero nelle loro stanze per poter uscire dalla sua e godere in tranquillità del giardino di notte. La melodia della risacca, torpida nella stasi del freddo, risuonava lontana ma il cambiamento nella vita di lei non si era arrestato e si chiedeva se la presenza di una madre o di una sorella maggiore l'avrebbe potuto rendere più accettabile o gestibile.

Quando nella villa tornò il silenzio, Calpurnia si avvolse in un pesante mantello blu e uscì con passi misurati, quasi trattenendo il fiato. Costeggiando la piscina riuscì a liberare la mente dai pensieri. L'acqua era immobile e le siepi sembravano fare corpo unico con le statue di bronzo che ornavano il camminamento.

A un tratto altri passi la riscossero. Si voltò e la sua sorpresa si tramutò in arrendevolezza: il destino ci si era messo di punta. Sorrise stanca a Cesare che era lì di fronte a lei e la guardava in un misto di perplessità e comprensione.

«Suvvia, proprio non riesci a dormire?» le domandò, sottovoce.

«Anche tu non stai dormendo, mi pare.»

«Ero impegnato a scrivere delle lettere, ho finito poco fa.» Scosse la testa e rise sommessamente. «Insomma, le tue prospettive sono così cupe da toglierti il sonno?»

Era una battuta, certo, ma era anche giustificata. E imbarazzante.

«No, no!» si schermì lei, tirando fuori con coraggio le mani nascoste nella lana, per rinforzare il concetto. «È che mi mancherà questa casa. Visto che domani partirò... partiremo per Roma, voglio viverne ogni istante.»

«Calpurnia, siediti un attimo.»

Lei obbedì e si appoggiò al bordo della fontana, stringendosi di nuovo e con più forza nel mantello per proteggersi dal freddo e da qualunque discorso stesse per arrivare.

«Quando ti ho conosciuta, avevo appena preso accordi con tuo padre ed ero quasi seccato all'idea di dover cominciare da capo tutta la trafila che precede un matrimonio: le presentazioni, i regali, tutte le cautele per riuscire almeno graditi alla futura sposa. Ma tu mi hai parlato senza pensare al mio nome, con garbo e schiettezza. Tu parli così con tutti» rimase un attimo in silenzio. «Ti prometto che non rimpiangerai gli anni trascorsi nella villa di Ercolano. So che non sarà facile per te: mia figlia Giulia è cresciuta al mio fianco, è abituata allo squallore che può nascondersi a Roma. Ma è giusto che sia così, Calpurnia. E lo sai anche tu.»

Sedette anche lui al bordo della vasca. «Sei intelligente e sei sincera e io voglio ricambiarti nello stesso modo. Qualsiasi pensiero ti passi per la testa, qualsiasi preoccupazione tu abbia... non ascoltare le voci: parla con me. Solo così possiamo difenderci da Roma.»

Calpurnia annuì, sentendosi stanca, ma anche grata. Capiva che le era stato fatto un discorso importante e che avrebbe ripensato a lungo a ogni parola che le era stata detta.

«Ti ringrazio, davvero» sussurrò.

«Vai a dormire ora. Viaggeremo via terra e non sarà molto confortevole.» Con un dito le sfiorò uno zigomo. «E poi... stai ghiacciando.»

«Va bene, però vai a dormire anche tu. Il viaggio sarà lungo e noioso anche per te.» Lo salutò con un sorriso gentile e uno sguardo più leggero; quando si fu voltata, si toccò la guancia lì dove Cesare le aveva passato l'indice: le sembrava meno fredda e quella sensazione era tutto ciò a cui poteva e doveva aggrapparsi.

Il pomeriggio successivo, mentre gli schiavi caricavano il secondo carro, Calpurnia riprese ad aggirarsi per la casa. Sin da quando era piccola, spostarsi tra Ercolano e Roma era stato per lei abituale e dunque organizzare un bagaglio un po' più consistente non era stata una grande impresa: così si era ritrovata presto a vagare senza uno scopo e aveva ritenuto inutile attendere la partenza graziosamente seduta nella sua stanza ormai vuota.

Raggiunse infine il porticciolo dov'erano ormeggiate le barche, si sedette sulla banchina di cemento e immerse le mani nel mare. L'acqua freddissima le risalì lungo il polso sospinta dalle minuscole onde che increspavano quel mondo misterioso, così diverso da quello degli uomini, forse più giusto.

Prese quel tempo per sé, per raccogliere le forze necessarie ad affrontare la sequela di congedi e congratulazioni che l'avrebbe travolta a breve.

Al momento designato, abbracciò parenti così lontani da spingerla a memorizzarne il nome per riflettere sulla loro genealogia durante il viaggio; non mancavano poi gli amici del padre, ma c'erano anche Flora e gli altri membri della servitù; e infine il padre stesso.

«Buon viaggio, figlia mia... Io mi fermerò qui ancora per qualche settimana. Ho parecchie questioni da sistemare.»

Calpurnia lo strinse forte a sé e capì cosa la torturava: in quel momento esatto stava perdendo anche suo padre. Non perché lei si stesse allontanando, ma perché quell'allontanamento avrebbe segnato l'ingresso di Lucio Pisone nei più alti giochi politici.

Vedendolo così felice, fiero, quasi gongolante, si sentì sola.

Il sole era una sfera rossa sull'orizzonte quando infine

Cesare l'aiutò a salire sul carro. «Lascia che ti dia una mano» le sorrise, cercando di essere premuroso senza però pressarla.

«Non è necessario, grazie.»

Lui la aiutò lo stesso. «Se hai qualche problema durante il viaggio, informa la servitù: ci fermeremo subito.»

Inesorabile, lo scricchiolio delle ruote segnò l'inizio della nuova fase della sua esistenza. Poi il carro prese velocità e all'alba imboccò l'Appia presso Capua.

Calpurnia sbirciò dalla finestrella e guardò il sole sorgere e macchiare con colori delicati il cielo già chiaro. Quella luce improvvisa unita alla polvere della strada le pizzicava gli occhi.

Sospirò, sentendosi smarrita.

"Perché mi viene da piangere? Che potevo aspettarmi dalla vita? I fiumi scorrono dai monti verso il mare, non possono fare altrimenti."

Le lacrime le riempirono gli occhi e appannarono il disegno del selciato sotto di lei, alla servitù però non disse nulla.

# CAPITOLO VIII

*Gennaio dell'anno 695 dalla fondazione di Roma, consoli Gaio Giulio Cesare e Marco Calpurnio Bibulo, Roma.*

La luce delle lanterne appariva vischiosa come la puzza di intingoli che veniva dalla cucina e infestava l'aria.

Non erano rari quei luoghi nella Suburra eppure vi era qualcosa di diverso in quella specie di taverna, dove si tirava l'alba e il proprietario era abituato a svegliare a scossoni i clienti che non reggevano il vino di bassa qualità.

Il gruppo più chiassoso era composto da alcuni giovani patrizi: belli, eleganti, sguaiati e molto, molto ubriachi.

O quantomeno abbastanza sbronzi da attirare occhiate perplesse degli altri avventori: era chiaro che alcuni di loro fossero ricchi da star male; lo si capiva da tante cose. Intanto avevano tutti i denti e sulle loro teste c'erano abbastanza capelli da poterseli pettinare. Inoltre allungavano le mani sulle schiave che lavoravano nella taverna, le palpeggiavano sorridendo e rivolgevano loro complimenti che le lasciavano perplesse, dato che di solito venivano sbattute sul tavolo senza tanti preamboli.

E poi facevano discorsi incomprensibili su giambi e coliambi... chissà di che ignobili malattie si trattava.

Per il resto, come un qualsiasi disgraziato della Suburra, non erano esenti dalle tristi figure del repertorio di «ogni ubriaco; lo aveva appunto dimostrato quel giovincello pallido che parlava con una vaga inflessione forestiera, proprio da finocchio. Questo pensavano gli altri avventori mentre guardavano quegli avvinazzati intenti in zuffe giocose da cagnolini randagi.

«La tua ultima opera farà parlare i benpensanti: la leggeranno, però, perché è di moda sfoggiarla nei salotti; poi si mostreranno disgustati. Leggeranno fino all'ultima riga a costo di passare due giorni piegati nella latrina!»

«È sempre una soddisfazione... diventeremo la nuova voce di Roma. A cosa hanno portato quelle lunghe storie sugli eroi? Solo sofferenza e dolore!»

«Io...» Calvo, il più ubriaco di tutti, si sporse sul tavolo con la testa ciondolante, «voglio diventare il cantore del libero fottimento!»

«Sì, facciamo così,» Cornelio gli si allungò affianco, «tu canti e io fotto!» Risero tutti di nuovo.

Il vino, che già piegava l'aspirante fottitore, aveva invece solo ravvivato gli amici. Iniziarono a parlare di poesia alessandrina, di pubblicazioni, di critici, di senatori, di scandali e di miti.

Gli altri clienti della taverna erano ormai del tutto persuasi di quanto fossero strani quei ragazzi e, dopo averne studiato con cura la diversità, presero a ignorarli: che parlassero latino, greco o punico sarebbe stato indifferente.

Il giovane dall'inflessione strana ogni tanto sembrava assentarsi, allungava lo sguardo verso un angolo distante e scrutava le due figure lì addossate.

«Che guardi, Catullo?» gli sussurrò Cornelio,

all'orecchio.

«Quella coppia» lo fissò, con l'azzurro dell'iride che svaniva nelle le pupille dilatate.

«Ti interessa lei o lui?» chiese l'altro, ammiccando.

«Poca ironia. Lui è un auriga o mi sbaglio?»

«Non sbagli affatto. È con una matrona, mi sembra. Lei l'avrà pagato.» Cornelio storse la bocca in una smorfia, ma anche Catullo non era tranquillo, si vedeva.

Cornelio lo percepiva benissimo; infatti pur avendo ripreso a dire buffonate continuava a lanciare occhiate all'amico. Valerio era troppo sensibile: era il più talentoso, il più impetuoso, il più fresco e il più appassionato. Era a Roma ormai da mesi, sufficienti per farsi benvolere da molti e notare da tutti. Forse, proprio questo lo rendeva vulnerabile.

La coppia che Catullo teneva sotto controllo si alzò; Valerio ebbe un sussulto.

«È che... quella sembra Clodia!»

«Clodia? Cioè, Claudia. La tua Lesbia, vuoi dire?»

Catullo annuì. E si precipitò verso l'uscita.

«Fermati! Dove vai?»

«Temo per la sua incolumità! Se è davvero lei, la devo aiutare!»

«Ma capisci che lei l'ha pagato? E poi, se tanto mi dà tanto, magari non ci fa nulla. Le serve farsi vedere solo per alzare scandalo e chiacchiere» lo rassicurò Cornelio, trattenendolo per un braccio.

«Sempre che sia lei. Lui l'avrà convinta. Clodia sta facendo un errore. Lei sa che la amo come uno sposo. E poi ha un marito. Non mi importa che lo tradisca, purché lo faccia solo tra le mie di braccia!» Catullo si divincolò dalla presa dell'amico e gli sfuggì.

Cornelio lo lasciò andare: comprendeva quel desiderio di trovare risposta alle sue paure.

Dopo un altro paio di bicchieri e un dolcetto al miele, di cui era ghiotto, decise però di seguire Valerio Catullo fuori dalla locanda. Lo trovò seduto sul gradino con la testa tra le mani e i vestiti inzuppati di pioggia.

«Ma che ci fai qui?»

«Avevi ragione» mormorò lui.

Spingendolo al riparo di un portico, Cornelio cercò di consolarlo.

«Ho provato a dirtelo: la Clodia che hai conosciuto a Verona... è stata una parentesi. Lei non è così, non continuare a illuderti...»

«Quando era ospite di mio padre si è dimostrata una donna incantevole e vezzosa, con gli occhi sempre ricolmi di luce. Abbiamo passato molti giorni come marito e moglie, dato che il suo legittimo sposo aveva tutt'altro per la testa: proprio non la merita. Sono passati mesi da allora e io non posso fare a meno di pensarla in ogni momento. Mi aveva giurato amore eterno. Forse, un giorno, persino le nozze. Se agisce come questa sera, è perché si sbaglia!»

Cornelio scosse la testa, arreso: Clodia sapeva benissimo cosa stava facendo, era padrona delle sue scelte come poche donne. Catullo pareva non riuscire ad abituarsi alla vita nella grande città, centro del mondo civile. Continuava a indignarsi, ad avvilirsi, a galvanizzarsi e poi crollare. Roma poteva ammazzare persone sensibili come lui. Catullo era rimasto un ragazzino.

«Senti, Valerio, ora torniamo al caldo; bevi qualcosa e poi ti riaccompagno a casa.»

«Non mi va di tornare là dentro, Cornelio» rispose, con un filo di voce.

«E va bene» sospirò l'amico. «Ti farò compagnia allora!» si accosciò al fianco di Catullo, per guardarlo negli occhi. «Comunque cerca di tornare in te, di riguardarti. E se proprio stai male, più tardi vai da lei e chiarisci! Ci tengo alla tua salute, sai!»

«Questa notte,» Valerio riuscì a sorridere, «mio caro Cornelio, ti sei guadagnato la dedica della mia prima raccolta di carmi!»

«Pensa a non consumarti per quella donna, piuttosto, che per scrivere un po' di forza ti serve!»

Mentre lasciavano il portico che li aveva protetti dai morsi della notte, un'alba fredda fece capolino nel cielo. La luce livida che li illuminò era la prova che il sole non aveva del tutto dimenticato Roma: Catullo e Cornelio provarono a invocarlo con versi eleganti e blasfemi che forse, osservando le nuvole scure a occidente, avrebbero portato altra pioggia.

# CAPITOLO IX

Smise di piovere in tarda mattinata; le nubi nere si diradarono lasciando occhieggiare un sole sospettoso. La luce si rifletteva sui tetti come un manto d'argento e le gocce scintillavano sugli aghi di pino. Calpurnia poteva osservarne un ramo incorniciato, nell'ordine, da impluvio e porta della stanza che le era stata riservata nella piccola casa della Suburra dove, da più di un mese, abitava con la madre di Cesare, Aurelia. Era una donna severa ma gentile, il cui fare energico incuteva un po' di soggezione. Nonostante si impegnasse per farsi amare come una madre – cosa non difficile, dato che oltre a Cesare aveva avuto anche due figlie femmine, due Giulie – Calpurnia non riusciva a dismettere un'istintiva deferenza nei confronti di lei.

Aurelia sfoggiava folti capelli neri striati d'argento. Nessuna ruga sul suo volto, ma la pelle candida era attraversata da segni d'espressione intensi come la sua personalità. Entrò nella stanza di Calpurnia proprio in quel momento, certa che dormisse ancora.

Dalla strada arrivavano le voci di due giovani uomini che gridavano discutibili odi al sole latitante di quelle giornate d'inverno.

«Ragazzacci» commentò la madre di Cesare. Poi riprese: «Già sveglia?»

«Sì, ma sono rimasta in camera ad ascoltare il canto

della pioggia. Mi rilassa e le ore si accorciano... anzi, no, si dilatano in un'unica ora di pace!»

La donna sorrise bonaria a quelle parole. Quasi le dispiaceva riportarla bruscamente al mondo dei patrizi.

«Devi prepararti. Oggi verrai con me.»

«Dove, Aurelia?»

«Nel salotto di una matrona che merita tutta la nostra stima.»

Calpurnia non rispose e ciò ebbe un significato lampante agli occhi esperti della donna. «Sei perplessa, non è vero?»

«Mi chiedo che senso abbia.» Alzò le spalle.

«Ora no, ma in futuro ne potrà avere moltissimo. Anzi, ne avrà di sicuro. Quando Cesare sarà assente, servirà qualcuno che come un'ombra ricordi a tutti che lui c'è, qualcuno che agisca come se lui fosse lì di persona. Quando non ci sarò più io, almeno finché i vostri figli saranno ancora piccoli, toccherà a te.»

«Certo, capisco» sospirò Calpurnia con pazienza, facendo cadere le mani in grembo: le sembrava tutto troppo grande e distante per riguardarla davvero. «Ma con Servilia devo per forza recitare la parte della sciocca? Intendo dire: anche i muri sanno...»

«Sbagliato! Non apparirai mai sciocca. Piuttosto devi sentirti e mostrarti superiore. Ognuno ha un ruolo e un potere in questo mondo: prendi ed esercita il tuo. Un matrona educata, piacevole, amichevole si colloca nel posto che le spetta. E se tu la tratterai con rispetto ed educazione quando tutti si aspettano invece una tua reazione, mostrerai la differenza che c'è tra una moglie e un'amante. Servilia appartiene in ogni caso a una famiglia importantissima. È bene che ti faccia conoscere. Da te non mi aspetto nulla di meno della perfezione. Specie ora che mio figlio ha sacrificato il trionfo per avere il consolato.»

Calpurnia non rispose: sarebbe stato un dialogo lungo e infruttuoso.

«Fatti trovare pronta per quando ti verrò a chiamare» concluse Aurelia, uscendo. Calpurnia si voltò, sollevò le spalle e riprese a scrivere.

*Caro Lucrezio, se stai bene sono molto felice. Anche se ci vediamo spesso, ti scrivo perché da quando Cesare ti ha conosciuto gli incontri tra noi non sono più quelli di un tempo. Infatti lui ti ammira al punto da voler essere presente per ascoltarti, ti fa domande e anche tu alla fine ti perdi a disquisire con lui. Io allora mi faccio da parte, perché spero che anche questa nuova amicizia aiuti la tua carriera. Quindi resto in silenzio con le mie riflessioni, che non mi sembra opportuno condividere: infatti mi sto interrogando sul senso delle nozze. In maniera superficiale potrei dire che è di farmi addestrare da Aurelia a essere una matrona degna della gens Iulia. Non so se sia davvero un vantaggio. Di certo Aurelia è diventata così esigente in seguito allo scandalo della Bona Dea. Il pasticcio accaduto a Pompeia – far entrare un uomo travestito da suonatrice proprio durante una cerimonia riservata alle donne mi sembra il modo migliore di farsi scoprire. Ma a Roma, a quanto pare, accade anche questo! – e ciò che ne è seguito, hanno cambiato molte cose. Cesare ha sentenziato che sua moglie deve essere al di sopra di ogni sospetto e per Aurelia questa frase è diventata una legge.*

*Ieri è venuto a trovarmi papà, era felice. Non so se per lui o per me. Ma forse sono ingenerosa nei suoi confronti: di certo scegliendo di darmi in sposa a Cesare ha ottenuto dei vantaggi, ma ha pensato anche al mio bene. Volendo avrebbe potuto legarmi a ogni senatore danaroso e in quel caso, da quel che vedo, la vita per me sarebbe stata desolante: almeno questo è ciò che mi dicono tutti e sto cercando di convincermene anche io. D'altronde è indubbio che Cesare sia un brillante conversatore; slanciato e sempre elegante com'è, fa la sua figura ma io ho comunque una marea di domande che a volte mi sale fino alla gola e lì stringe.*

Serrò le labbra e rilesse quelle righe, certa che fosse giunto il momento di arrivare al punto.

*Ho letto di recente un epitalamio scritto da un giovane poeta di nome Gaio Valerio Catullo. Mi ha commossa perché le sue non erano parole di maniera; tuttavia, pur nella loro idealizzata tenerezza, esprimevano concetti molto romani, se capisci quello che intendo. Tu conosci quest'uomo? Mi piacerebbe potergli parlare. Vorrei fargli i complimenti perché i suoi versi sono cesellati di dolcezza e grazia. Se non hai letto il testo, procuratelo anche se non è il tuo genere. Così ne discuteremo alla prima occasione. Si tratta dell'epitalamio per le nozze di Lucio Manlio Torquato con Vinia Aurunculeia: credo che tu li conosca, sono amici di Gaio Memmio. Non ti anticipo altro, per non rovinarti la lettura.*

*Ti chiederai, fratello caro, da quando sono diventata esperta di vita mondana di Roma: scandali, matrimoni, divorzi, amicizie... smise un attimo di scrivere, abbozzando un sorriso. Aurelia è una donna ben poco mondana; pretende però che io conosca tutti per saper trattare questa varia umanità senza commettere errori imperdonabili.*

*Ti saluto e che il Fato ti preservi dai mali, fratello mio.*

Ripose in un angolo gli strumenti di scrittura, fece scorrere un dito lungo il foglio, sussurrando le parole che aveva scritto. Abbandonò anche quello con un sospiro: era ora di andare.

La sera giunse veloce e, rapido come le ombre dell'inverno, Cesare arrivò a casa della madre. Vide Aurelia e la baciò, l'abbracciò, le dedicò lunghi momenti di animata conversazione, di affetto e di attenzione sincera. Poi chiese dove fosse Calpurnia, andò nella sua stanza sicuro di trovarla, ma lei non c'era. La intravide nel cortile, seduta ai piedi di un albero: guardava la prima falce di luna che, simile a un'unghiata nel manto del cielo, donava la sua luce tenue.

La raggiunse, lei mosse lentamente la testa nella sua direzione.

«Che fai qui? Prenderai freddo.»

«Mi depuro dalla giornata» gli rispose, in tono incolore.

Non voleva accusare nessuno se la vita le chiedeva anche di fingersi ignara del ruolo ricoperto dalla bella dama che, quel pomeriggio, l'aveva squadrata dalla punta dei piedi a quella dei capelli, annotando con divertimento cose su Calpurnia che lei sapeva da sé: sì, era molto bassa e aveva gli occhi molto blu. Non poteva farci nulla.

«Avevo chiesto a mia madre, se possibile, di evitarti alcune formalità» rispose lui. Le si sedette vicino, sulle radici dell'albero e tacque, guardando il cielo con aria tranquilla e svagata.

Lei, invece, si riscosse stupita e inclinò la testa per fissarlo negli occhi, come un gatto curioso.

«Lo sai? Ti è stato detto anche che non sono riuscita a essere garrula con Servilia?» gli chiese. «E poi,» aggiunse, «io non sono mai *garrula*.»

«Perché dovrei prendermela? Credo sia comprensibile. Anzi, mi spiace che per te sia stato un momento imbarazzante» disse e si voltò, come preso da un pensiero improvviso. «Credo che ci voglia un gran coraggio a essere moglie. E che per essere mia moglie ce ne voglia ancora di più.»

A quell'affermazione, Calpurnia non poté trattenere una risata spontanea, mentre l'imbarazzo per quel discorso si scioglieva e Cesare continuava il discorso. «Ci vuole il coraggio di non insultare tutti gli adulatori, i menzogneri, i nemici e i profittatori... è un coraggio che io non ho, almeno non sempre» proseguì.

«Ti ringrazio di questo elogio, di certo al Foro farebbe

la sua figura!» Lei sorrise e sistemò il mantello con un gesto distratto, come per difendersi da invisibili refoli di vento. «Inizio a capire perché parli sempre degli adulatori e dei mentitori. La falsità e l'utilitarismo sono ovunque. Sicuramente mi adeguerò a tutto questo, ma non mi piacerà mai. Tua madre ha visto giusto: Giulia è diventata adulta in quest'ambiente, io no. E vuol dire molto.»

Cesare la guardò: quel crescendo di sincerità era assurdo. Stavano parlando, insieme, del loro futuro matrimonio, delle amanti di lui, delle perplessità di lei.

Ormai nessuno era più sincero con Cesare: tutti cercavano solo di farsi benvolere o di farsi odiare, a seconda dei propri obiettivi. Calpurnia, invece, continuava a non avere alcun doppio fine, come quando gli aveva parlato per la prima volta. E questo la rendeva, agli occhi di Cesare, preziosa.

«Nessuno me l'ha mai denunciato con tanta franchezza»... "Ed è proprio qui il valore che vedo in te" pensò, mettendosi in piedi. L'umidità stava rendendo insopportabile il gelo della terra e le radici dell'albero sembravano di ghiaccio. «Non hai freddo?»

Lei scosse la testa.

«Già, dimenticavo che nell'umido sei a tuo agio come un pesce.» Le porse la mano per aiutarla ad alzarsi e lei accettò.

«Ti dicevo,» proseguì, «neanche io amo una vita fatta di ricevimenti formali. Cerca di aver pazienza fino ad aprile: quando vivrai con me, non sarai più tenuta a seguire le indicazioni di mia madre. È una gran donna, ma riconosco quanto sia esigente con le persone che ama. Devo sottostare anche io alla tortura delle visite di cortesia meno gradevoli ma, almeno, dividerai lo sforzo con qualcuno che comprende il tuo strazio! Sono meno diplomatico di lei e, in ogni caso, frequento compagnie differenti. Poi ogni tanto andremo a Baia, magari: ti andrebbe? Tutti i Romani di un certo livello vanno a Baia.»

Calpurnia sorrise disarmata, scuotendo la testa. Quel discorso stava andando lontano, lontanissimo e, nonostante il gelo invernale, sul viso le sembrava di sentire il vento tiepido dell'estate.

«Perché andare a Baia quando Ercolano è lì vicino?»

«Be', a Ercolano c'è la stupenda villa di tuo padre, ma Baia serve per farsi una reputazione con gli altri senatori – per gli dèi, non chiamiamoli amici. L'idea di definire "amico" Catone mi fa venire la pelle d'oca! – e comunque è un dovere molto più gradevole degli altri, non pensi?»

«Sì.»

La stava travolgendo con il suo entusiasmo, sembrava generare calore intorno a lui. Forse l'aria dell'estate che pareva sfiorarle le gote dipendeva da quello? O era solo il pensiero della magnifica costa campana?

"La prima faccia che vedrò, aprendo gli occhi la mattina... possa essere sempre così lieta!" pensava.

«Mi rendo conto che queste, però, sono in parte chiacchiere e in parte buone intenzioni. Posso fare qualcosa nel frattempo per rallegrarti la vita?»

Calpurnia si prese un attimo per riflettere; percorse con lo sguardo le rughe e i nodi della corteccia dell'albero, seguendone i contorni con la punta del dito. Tutt'a un tratto le venne un'idea e «Sì!» esclamò, convinta. «C'è una cosa in cui forse puoi aiutarmi!»

«Dimmi. Vediamo cosa posso fare.»

«Come sai, in famiglia la poesia è sempre stata compagna della filosofia. Mi sono distaccata un po' dal genere e sto leggendo componimenti brevi, che nelle mie intenzioni avrebbero dovuto fornirmi spunti sul senso delle nozze...»

"Mi scompiglia un po', in verità!" pensò lui, sorridendo. "Non avevo mai rimproverato nessuno di pensare troppo!"

«Inizialmente ho trovato solo poesie retoriche, banali. O scritti deprimenti, opera di vecchi arcigni forzati alla castità.»

A quel punto, Cesare soffocò a stento una risata del tutto inattesa.

«Ho detto qualcosa di sconveniente? Nel caso me ne scuso, ma...»

«No, anzi. Hai solo detto le cose come stanno.»

«Meglio così, allora: mi spiaceva offendere qualche autore che magari conosci di persona. Comunque, in un panorama simile, mi è capitato tra le mani un testo molto bello, delicato e profondo. Mi faceva pensare a mia madre e a mio padre. Tu conosci Lucio Manlio Torquato?»

«Certo.»

«Un poeta di nome Gaio Valerio Catullo ha scritto l'epitalamio per le sue nozze... è un testo commovente. Io... non so quanto possa espormi, quanto sia giusto dirlo ma... in esso si trovano tutti i dubbi, le speranze, le malinconie, gli slanci. È un testo, vero e pulito, senza contraddizioni e senza retorica.»

«Mi piacerebbe leggerlo. Ne ho sentito parlare non troppo tempo fa proprio dall'autore.»

«Dunque tu lo conosci?»

«Sì. È un ragazzo con un gran talento, ma del tutto incapace di gestirlo. Soprattutto perché ha un cuore. Non sono molti i poeti che al giorno d'oggi ne sono provvisti. Avere un cuore è un bene per l'arte, ma rende difficile vivere, specie in questa città. Immagino perché le sue parole ti abbiano colpita, Calpurnia: è chiaro che si senta quanto lui crede in ciò che proclama. Te lo farò incontrare tra qualche giorno: ripassa tutte le sue poesie!» disse soddisfatto.

«Oh, Numi! Davvero?» Calpurnia si portò una mano al petto, emozionata, estasiata e piena di gratitudine e Cesare si chiese se davvero le bastasse così poco.

Parlarono ancora per un po', poi Calpurnia azzardò con cautela la domanda più pericolosa: «Cesare, tu pensi che... che Catullo possa avere ragione?»

«Spero di non deluderti, ma per quanto riguarda la mia esperienza fino a oggi, penso che sia un illuso. Potrebbe anche aver ragione lui e torto io: la mia esperienza non è di certo paradigma universale.»

Lei avvertì in maniera quasi fisica la distanza tra loro e il goffo scatto di avvicinamento che, ognuno a modo proprio, stavano tentando.

Lei avrebbe dovuto vivere per lui. Per Cesare, invece, che aveva un mondo così complesso e variegato, Calpurnia non era altro che un colore incidentale tra i suoi pensieri. Qualsiasi gentilezza, premura o tenerezza non avrebbe cambiato quell'incontrovertibile realtà.

# CAPITOLO X

Passò più di qualche giorno da quella loro conversazione e Cesare era sempre presente come uno sfondo, un dipinto parietale che occupava un mondo domestico organizzato in sua funzione. Animava così la casa di Aurelia, disturbando come una macchia di colore l'eleganza sobria e severa che richiamava un po' il carattere della padrona. Quella dimora era abissalmente diversa dalla villa di Ercolano, eclettica anche nelle decorazioni sparse, a seguire l'ispirazione del momento. Come Lucio Pisone, insomma. Invece non c'era spazio per sogni e fantasie, lì nella Suburra, a due passi dal potere e lungo il sentiero fangoso che lo precede.

Al suo arrivo, Cesare si dedicava sempre alla madre, poi raggiungeva Calpurnia, parlava con lei per un po' e poi via, in senato o al Campo Marzio a passo rapidissimo. Sembrava che scappasse, come se qualche istante di pace in più potesse fiaccare la sua volontà ferrea.

Calpurnia d'altra parte si chiedeva quale strategia stesse usando quell'uomo che, a suo dire, pianificava i matrimoni come spedizioni militari. Ci pensava spesso e non riusciva a immaginarlo. Cercava però di non porsi troppi interrogativi ai quali non poteva rispondere e ancor di più di non immaginarsi il futuro. Leggeva spesso, passeggiava non appena possibile, cercava di analizzare in modo metodico incontri e sensazioni.

«Metodo della dissezione... Lo chiamo così» spiegò a Lucrezio.

Avvolti nei mantelli, lui e Calpurnia camminavano avanti e indietro nel piccolo cortile. Lo spazio era poco, l'aria umida e certo Roma non profumava di mare. Non si arresero, ma in breve preferirono sedersi e discorrere da fermi, per non impegnarsi in una pallida imitazione di quei pomeriggi a Ercolano, dove si costruiva un mondo fatto con le parole, ma forse destinato a durare.

«Spiegamelo: magari è utile alla scienza!» Lucrezio le sorrise: era molto paterno e protettivo con Calpurnia, non solo per l'età che li separava, ma anche per la propria insolita altezza che, nonostante un accenno di gobba dovuto all'abitudine di camminare a testa bassa, gli permetteva di svettare su molti Romani. E Calpurnia, che era minuta, gli appariva come una creatura che muove i primi passi sulla terra.

«Bisogna essere sempre poco visibili, poco rumorosi. Insomma, comportarsi come un gatto intento a studiare la preda. Anche se il nostro obiettivo è carpirne la verità, non certo la vita!» Fece scattare la mano destra, suggerendo la fuga nervosa di un topolino. «Prima osservi lo sguardo e i movimenti, senza far caso alle parole. Quelle le ascolti dopo, facendo attenzione al tono con cui vengono pronunciate ancor più che al loro significato. Tutti siamo composti di più strati: quello superficiale è il volto che dobbiamo mostrare agli altri, ma sotto ci sono i nostri pensieri, la nostra vera indole. Che, a sua volta, cela inquietudini. Questo schema è applicabile un po' a tutto: alle persone, ma anche alle situazioni. Ci pensavo, per esempio, riguardo a Crasso...» lasciò cadere la frase, senza rimarcarla troppo.

«Muori dalla voglia di chiederglielo, vero?»

«Sì, lo ammetto. Non potrò mai farlo, però» guardò lontano. «Sarebbe una scortesia imperdonabile. Ma non dimenticherò la mano di papà sui miei occhi, mentre percorrevamo l'Appia tra file di schiavi crocifissi. E la sua voce severa come non mai, che diceva: *"Non permetterti di sbirciare tra le dita, hai capito?"* Te lo immagini, mio padre, a parlare con quel tono?»

Lucrezio sorrise. «Se ti puoi accontentare del mio parere,» disse, «l'errore fu liquidare Spartaco come uno schiavo dalla testa troppo calda. Noi Romani preferiamo dimenticare le sconfitte, specie se inflitte da chi giudichiamo inferiore. Ma è un fenomeno che potrebbe ripetersi. Come una tromba d'aria. È rara e incostante, ma quando arriva, la sua violenza ci trova sempre impreparati.»

«Lucrezio...» Calpurnia lo chiamò per nome rivolgendogli quello sguardo che, l'amico già lo sapeva, preludeva a una domanda epocale. Il tono di voce era e cauto, adatto a dire qualcosa a lungo cullato nel cuore: «... secondo te», scandì le parole e nel pensiero aveva l'immagine sfuggente di Cesare, «è più facile studiare la natura o l'uomo?»

Lui rimase un attimo in silenzio.

Era una domanda che sconfinava in un mondo complesso e oscuro.

Il ritorno delle rondini era ancora lontano eppure, nei giorni assolati dei primi di febbraio, si poteva quasi percepire il respiro lento della terra, come quello di un gigante che sta per risvegliarsi dal sonno. La natura era una catena, le cui maglie formavano un incastro di cui si poteva immaginare – con la fantasia, la speculazione, l'astrazione, l'osservazione – una forma complessa e in apparenza infinita. La domanda che gli era stata rivolta poteva avere mille risposte, tutte ragionevoli. Ma Lucrezio voleva darle la migliore possibile. Voleva regalarla a una persona che non l'avrebbe mai usata per scopi vacui. «Calpurnia cara, se dovessi essere coerente alla mia filosofia, la risposta sarebbe semplice e univoca: l'uomo è parte della natura, quindi segue le sue stesse regole. Se le scopriamo, capiremo entrambi. Tuttavia,» aggiunse, con una punta di angoscia, «capire le regole della natura è difficile, faticoso ma, una volta trovate, non cambiano. Esaurite le sorprese, dato un nome a ogni fenomeno, potremo vivere in pace con essa. L'uomo invece,» strinse con lentezza l'aria in pugno, come si sforzasse di agguantare una definizione, «sfugge.»

Calpurnia rimase colpita dalla voce strozzata con cui Lucrezio pronunciava quelle parole: aveva un passato da dimenticare, ne era a conoscenza, ma nel suo tono ne percepiva il peso.

«È irregolare, mutevole, complesso» sorrise. «Noi, siamo complicati.»

Rimasero un attimo in silenzio, finché Calpurnia si alzò.

Le parole di Lucrezio avevano una loro consistenza e parevano essere rimaste sospese nell'aria che li circondava. Per stemperare quel peso che stava diventando insostenibile, cambiò argomento e le chiese qualcosa che gli stava davvero a cuore.

«Posso farti io una domanda, ora?»

«Certo.»

«Cesare è diventato un mio amico. Per te, invece, cosa sta diventando?» Era quasi imbarazzato, mentre articolava quei concetti. «Voglio dire, almeno si sta creando un po' di familiarità?»

Lei si strinse nelle spalle. «Lui cerca di coinvolgermi eppure non ho capito se mi studia perché gli interesso o perché mi teme.»

«È strano pensare che Cesare possa temere qualcuno, dato che non ha avuto paura nemmeno di sfidare un mostro sacro come Lutazio Catulo per il titolo di Pontifex Maximus. E di conseguirlo. Ma, soprattutto, come potrebbe temere la mia sorellina?»

«Ma noi umani siamo irregolari, vero?» glielo disse con un sorriso fresco come la spuma del mare, come se nelle sue fattezze e nelle sue movenze, Calpurnia portasse il segno dell'ambiente nel quale era cresciuta.

«Sì, piccola. Siamo irregolari...»

# CAPITOLO XI

Nei giorni monotoni che seguirono, ci fu una piccola novità: Cesare le chiese di scegliere gli arredamenti per qualche stanza della loro casa.

Era uso tra i nobili cambiare l'arredamento in caso di nuove nozze, in modo che la nuova consorte non si trovasse a vivere nell'impronta femminile lasciata dalla precedente. In effetti anche per Calpurnia avrebbe potuto essere sgradevole arrivare all'improvviso in veste di domina in una casa che ancora raccontava altre vite.

Quell'occupazione comunque la riscosse un po'e la fece sentire di nuovo partecipe della sua esistenza. Inoltre, dopo la lunga permanenza in stanze dall'aspetto severo come Aurelia, quello spazio per una morbida creatività le metteva gioia. Aiutata da alcuni servi, risistemava l'atrio, sussurrando una filastrocca senza senso con la mente del tutto immersa in un'attività piacevole che lasciava il pensiero libero di danzare sulle sillabe. Ignara di tutto il mondo intorno, si sentiva rinascere.

In una di quelle sere giunse in visita il padre, Lucio Pisone.

Dapprima fu una festa di abbracci e parole di affetto.

Parlarono della loro quotidianità e lui iniziò a entusiasmarsi, a perdersi nei dettagli e negli incisi succosi sui propri avversari politici. A mano a mano che il discorso proseguiva, Calpurnia sentiva crescere in sé una sorta di triste risentimento, di rassegnazione offesa per la vita che lui aveva scelto per lei e che era destinata a diventare sempre più uniforme.

Era ben consapevole che, in verità, suo padre non aveva colpe: non avrebbe potuto accaderle nulla di diverso, ma questo pensiero non la consolava affatto. Pisone, attento ai dettagli verso chi gli era caro, percepì quella nota fosca negli occhi blu della figlia. In silenzio, mentre camminavano sotto il portico, le carezzò la guancia incastrando le dita nei capelli di lei.

«Piccola mia, so quel che pensi...»

Lei non rispose.

«Dipende molto da te! Non riesci a legarti a quell'uomo? Eppure le donne di Roma fanno a gara!»

«Lo so perfettamente, cosa credi. E conosco anche i nomi delle vincitrici dell'agone. Pare che Servilia riesca comunque a battere Lollia.»

Lui rimase un istante in silenzio, basito.

L'acqua della fontana sembrava scura. Anche la loro vita, a Roma, era diventata così opaca e vischiosa... così malinconica, punteggiata di pensieri non detti e condita di rimpianti.

Anche se la politica dava grandi soddisfazioni a Lucio, il pensiero di sua figlia, incapace di rassegnarsi a spegnere il cuore, lo tormentava e lo pungolava.

Si appellò al suo buon senso di *pater familias*, ma anche al tenero affetto, al commosso orgoglio, all'empatica vicinanza che li legava. Nella luce pallida del primo quarto di luna scorse i lineamenti di Calpurnia e il cuore gli bruciò nella rinnovata emozione di scoprirla ancora una volta così simile a sé, ma addolcita nel viso dalla grazia femminile e dai colori languidi della nonna Calventia. Era la sua vita, la sua storia, il suo sangue, le sue passioni che avevano preso carne; e adesso lei soffriva per causa sua.

«Calpurnia… ti auguro, un giorno, di provare ciò che provo io in questo momento. Ho l'animo molle come di cera sciolta al sole. Vedo mia figlia, una donna giovane e bella, soffro per la sua sofferenza, ma il tuo dolore d'altra parte è causato dal forte sentire che hai appreso durante la tua breve vita. E sono fiero di te, per la tua capacità di andare a fondo nelle cose. Ricordo quando mi stringevi le dita con le tue piccole mani e gorgogliavi, e i benpensanti mi dicevano che eri un problema perché una femmina non serve a nulla. Io non rispondevo e tornavo a guardarti, incantato dai tuoi occhi grandi e luminosi come quelli di tua nonna, dalla tua pelle tenera, da tutte le possibilità stupende, ancora in boccio, di cui eri piena e che ogni giorno sarebbero germogliate. E tutto ciò che gli altri giudicavano noioso all'improvviso per me divenne vitale: avevi mangiato? Avevi dormito? Dicevano che ero schiavo di tua madre, che mi stavo effeminando. A me veniva da ridere, e li schernivo in maniera un po'… imbarazzante.» Pisone cercò di glissare, ma gli occhi di Calpurnia guizzarono di curiosità.

«Non chiedermi come, perché non ti risponderò!» si difese, ammonendola con l'indice alzato e un gran sorriso furbo e dolce.

Una lacrima scivolò lungo lo zigomo di Calpurnia.

«Piangi?»

«Hai detto cose così belle...»

«Figliola, questa vita senza la felicità è preludio dell'Ade. Tu cerca di darti pace per le cose che non puoi fronteggiare; fai ciò che puoi per provare gioia e se riuscissi, magari, a provare affetto per Cesare e a riceverne... ti aiuterebbe molto ad adattarti alla tua condizione.»

Lei sospirò. «Cupido non è un dio che risponde ai comandi.»

"Ma il mio futuro genero, santi Numi, al mio comando questa volta risponderà!" pensò Lucio, indignato e pronto a dare a quel dio capriccioso almeno una piccola spinta.

Lucio Pisone giunse da Cesare quando il tempo volgeva al peggio: nubi nere erano scolpite nelle loro forme mutevoli da lampi e saette, mentre i tuoni percuotevano i tetti delle case.

Pisone parlò con la massima franchezza.

«... è una ragazza assennata, intelligente, affettuosa. Può essere un'ottima moglie e, se gli dèi chiudono un occhio sul nostro disincanto, un'ottima madre.»

«Ma io queste cose le so. Le vedo e le apprezzo.»

«E allora perché fai sì che non se ne accorga?»

Cesare rimase un attimo in silenzio. Non era da lui. Pisone intuì che c'era qualcosa che il futuro genero non voleva dirgli.

"La mia vita è molto altro, Lucio, molto diversa dalla tua e lo sai. Forse però non hai ancora capito che il mio destino è anche diverso da quello di tutti i Romani che hai incontrato."

«Non voglio il suo male» rispose infine Cesare, con ostentata noncuranza.

«Lo stai già facendo» ribatté Pisone, laconico. «Aiutami, ti prego, ad accendere tutti i suoi doni. Vieni con me, parliamole insieme.»

«La sincerità di voi Pisoni mi perseguiterà fino alla pira funeraria?»

«Santi Numi, Cesare, un'affermazione così non so proprio come prenderla!»

Lui rise. «Era una bella trappola verbale. Augurarselo, auspicando quindi che io vi preceda nell'Oltretomba e che voi siate ancora – ben verticali – al mio fianco, oppure no, per non immaginarmi freddo e trapassato?» continuava quel discorso provocatorio camminando per la stanza, finché non appoggiò i reni al bordo del tavolo di marmo.

«Ascolta, Lucio... se un sincero affetto ci legasse, alla mia partenza il dispiacere per me durerebbe un attimo, subito travolto dalle mille sfide del comando. Per lei la sofferenza sarebbe l'unica compagnia. Vuoi questo, per tua figlia? Non preferiresti che provasse... sollievo?»

«Se dici così, di lei non hai capito davvero un'asse.» Pisone s'imbronciò. «Si soffre molto di più sopportando sacrifici a vuoto, che con uno scopo.»

«Lucio, ti prometto che ci penserò. Con serietà. Con la concentrazione che tua figlia merita. Ma ora... scusami, ho troppo da fare per considerare a dovere la questione che mi poni.»

Aggrottò la fronte e risparmiò ogni sorriso mondano: la sua stanchezza e l'umana fragilità che Cesare riusciva quasi a rendere invisibile da lontano era palpabile. Indice e pollice premuti alla base del naso per rilassare gli occhi stanchi e la voce arrochita denunciavano una giornata impegnativa.

«Scusami tu. Mosso da amore paterno, non mi ero accorto di quanto fossi provato.»

«In realtà ti capisco. Sono padre anche io. Ma ho alle spalle una giornata che... credo di aver trovato la definizione migliore da dedicare a Catone: callo sotto il piede.»

Pisone ne rise e mostrò i palmi in segno di resa. «Domani o dopodomani, va bene?»

«Domani o dopodomani» ripeté Cesare, in segno di assenso.

Quando Lucio andò via, pensò che fosse il caso di dormire e recuperare energie, ma il sonno si fece desiderare. Cesare turbato dallo scambio avuto. Aveva tante, troppe cose per la testa: il suo meritato periodo da console scorreva in maniera tempestosa, eppure tra un maroso e l'altro vedeva tante e troppe cose anche in Calpurnia. Cercava di accantonarle come un lusso e una debolezza inopportuna, perché non voleva avere sensi di colpa, ed ecco che arriva Lucio a ricordarti che Calpurnia è sua figlia e lui tiene alla sua felicità, come dovresti fare per la tua Giulia, fresca sposa del potente e inarrivabile Pompeo Magno.

Il punto era che Lucio aveva ragione da vendere e lui lo sapeva benissimo.

Roma sapeva tirare fuori il peggio da tutti e Calpurnia non lo meritava. Ripensando ai loro discorsi nella biblioteca di Ercolano, si aggrappò alla spirito che voleva ritrovare e finalmente il sonno lo prese.

# CAPITOLO XII

Calpurnia, con la testa appoggiata sul bordo lungo del lectum, guardava il rettangolo di cielo serale incorniciato dall'angolo della porta e del cortile. Le ore erano ancora troppo brevi e il passaggio tra una stagione e l'altra le appariva sempre brusco.

Socchiuse le palpebre e immaginò di essere nella villa paterna, in uno di quei giorni in cui il mare, bianco di spuma, mangiava gli scogli. Allora la villa veniva avvolta da una nebbia sottile di minuscole gocce salate che lasciavano i loro cristalli sui visi di chi si arrischiava a fare una passeggiata. Quell'immagine la rilassò e, dal sogno a occhi aperti, scivolò in un sonno inatteso e profondo. Voci provenienti dal corridoio la disturbarono, ma fu solo per un attimo. Le fantasie della veglia la riportarono all'immagine onirica di un mare diverso, in fiamme per un tramonto intenso. Ma il vento la sfiorava, insistente, quasi volesse distoglierla dallo spettacolo in cui si era persa.

Solo allora si riscosse, perplessa.

Rimase stupita vedendo Cesare accosciato vicino a lei: stava cercando di svegliarla, toccandole con delicatezza la spalla. Ecco cos'era quel vento insolente. Calpurnia sbatté le palpebre, era troppo stordita per reagire alla presenza imprevista di lui, che continuava a entrare e uscire dalle stanze altrui senza annunciarsi.

«Ti ho fatta chiamare, ma non rispondevi» le disse.

«E hai aspettato qui che mi svegliassi? Non sapevo saresti venuto da Aurelia» sussurrò.

«In effetti non era in programma» rispose con naturalezza. «Facevi un sogno particolarmente bello?»

«Sì.» La voce di Calpurnia suonava bassa, mentre si passava le mani sul viso, cercando di tornare quanto prima padrona dei suoi movimenti.

«Ho invidiato la tua espressione beata. Cosa sognavi?»

Il tono di lui era sollecito e la domanda sembrava sincera. Lei si rilassò appena.

«Mi sono addormentata ricordando le giornate in cui il mare è in bufera e la villa di mio padre viene avvolta dagli spruzzi delle onde.»

«Ti manca Ercolano, vero?»

«Credo... credo mi manchi più che altro ciò che significava: un'isola felice, fuori dal mondo.»

«Non immaginare Roma come un luogo di soli ricevimenti e serpi. Non è una semplice città: Roma è la Città.»

Lei sorrise, vinta dal peso di quel sonno che aveva preso il comando. «Cosa intendi?» chiese al futuro marito.

Cesare accolse la domanda come un positivo segnale di distensione. «Tante cose; le scoprirai presto.»

Il giorno dopo, ben prima dell'alba, un'ancella entrò nella sua stanza: disse a Calpurnia che era attesa nell'atrio; l'aiutò a prepararsi in fretta e insistette per coprirla molto bene contro il freddo pungente.

Calpurnia dal canto suo biascicò qualche parola

e, turbata da quella sveglia imprevista, chiedendosi se fosse successo qualcosa di grave, si precipitò all'ingresso: da quando il padre si dedicava anima e corpo alla vita politica, era spesso in pena lui. Avanzò a passo veloce, intirizzita e frastornata; vide Cesare che camminava mollemente, con le mani dietro la schiena e l'aria di un bambino tranquillo.

«Mi hai fatta chiamare tu?» esclamò, sconcertata.

«Sì» ripose lui, serafico.

«Non capisco. Ho temuto che mio padre...»

«Ci aspetta. Andiamo?»

«Ma dove?

«Fidati di me! Offriremo la risposta alla tua domanda di ieri.»

Calpurnia era perplessa: Cesare era piombato a svegliarla e la faceva uscire prima dell'alba nel gelo di metà febbraio. Di sicuro Aurelia era stata avvisata del balzano progetto del figlio, altrimenti si sarebbe spaventata o arrabbiata. E, al solito, lei era l'unica a essere stata colta di sorpresa.

Roma era immobile a quell'ora del mattino e loro, in un silenzio quasi perfetto, avanzarono rapidi, circondati soltanto dal vapore dei loro respiri.

Cesare camminava qualche passo avanti e spesso si voltava lanciandole occhiate cariche di entusiasmo.

Attraversarono la Suburra e, dopo la via Sacra, imboccarono il vico Iugario camminando veloci verso ovest. Quando furono giunti nei pressi del Campo Marzio, Calpurnia scorse i passeri e gli storni alzarsi in volo, accompagnati dal suono del loro stesso canto. Dopo poco la linea chiara a est divampò in un incendio di luce fredda e delicata. Li raggiunse Lucio Pisone, decisamente meno a suo agio di Cesare: strofinava le mani in cerca di calore e, più che sorridere alla figlia, batteva i denti.

«Per di qua» disse, invitandoli con un solo gesto a salire una piccola altura che pareva non promettere nulla di speciale.

Invece, quando la luce varcò la chiostra dell'orizzonte, il panorama che dominavano si accese di fulgore.

Le colonne, i tetti, le mura alte, gli spalti, le statue e le fontane... tutto sembrava svettare con fierezza. Alla loro sinistra il Tevere iniziò a brillare come un filo di oro scuro. Il tempio di Giove Capitolino sembrava splendere: essendo più in alto tra le costruzioni, rifletteva tutta la meraviglia di quell'alba nitida e fredda.

Cesare, perso nella contemplazione della prima luce che rendeva forma a Roma, prese parola.

«Questa non è una semplice città, né vuole esserlo. Se guardi oltre la sua scorza, di certo butterata e sgradevole per beghe e ciarle, vedrai un disegno che è specchio dell'ordine divino.»

«Quante città hai visto, Cesare?» domandò lei, incantata dalla luce che impastava dal buio volumi, facendoli emergere allo stato materico.

«Mai quante avrei voluto. Ma questa è diversa. Ha un fine, uno scopo. E noi ora la stiamo vivendo.»

Lucio Pisone si avvicinò d'un passo all'orizzonte, anche se con ogni evidenza era più sensibile al freddo che alla meraviglia di quell'alba.

«Vedi, Calpurnia... tutto quello che facciamo, ogni

sacrificio e ogni sforzo, è per lei. Lungo il cammino del *cursus honorum* è quasi naturale deviare, essere tentati da ambizioni personali. Ma il nostro fuoco imperfetto convoglia in una fiamma più grande. Così, figlia mia, sarà anche per te. Come lo è per tutti.» Lucio starnutì, riportando sulla terra il discorso. «Siamo una famiglia, una gente, un corpo. Non sarai mai sola negli anni che verranno. E ora, vi chiedo scusa, ma...» rabbrividendo, Lucio si accommiatò.

«Dunque, non hai nulla da temere: qualsiasi cosa ti riserverà la vita, sarà per lei che la affronterai. Non per le matrone ciancianti che mal sopporti o per i senatori ambiziosi che giustamente guardi con sospetto, ma per Roma. Per lei.» Cesare rimarcò di nuovo il concetto, tendendo la mano verso il paesaggio scintillante di quell'alba di fine inverno. La sua voce era convincente e piena di fiducia. Voleva davvero rassicurare Calpurnia. Ma a lei non era possibile decifrare il senso ultimo di quelle parole e della bellezza soverchiante dintorno. Sentì un brivido correrle lungo la schiena e si rese conto, lo avvertì sotto la pelle, che proprio in quel momento il Fato, se davvero esisteva, l'aveva legata a quell'uomo.

Cesare non poteva più esserle estraneo dal momento in cui insieme si erano sentiti piccoli davanti a quel sole nascente. Calpurnia abbassò gli occhi. «Avrei preferito farlo per te» sussurrò, poi si morse il labbro pentita di quella sincerità che, almeno, era stata così flebile da perdersi tra i primi canti degli uccelli, già felici con pienezza per il nuovo sole.

Cesare fece finta di non aver sentito, tenne lo sguardo

a oriente ma quelle parole l'avevano colpito in maniera fisica: era sceso il silenzio intorno e gli si erano conficcate nel cuore come la punta di una freccia infallibile. Lacerandolo, iniziarono a lavorarne piano la fibra indurita ad arte.

Nessuno aveva pensato di chiedere a Calpurnia cosa desiderasse e, senza farlo apposta, proprio lei aveva fornito la risposta. Ed era inaccettabile; poteva solo alleviargliene il peso.

«Andiamo» le disse, gentile, accompagnando l'invito con un cenno del capo. «Altrimenti inizieremo anche noi a starnutire come tuo padre.»

Cercò di trasmetterle calore. Calpurnia se ne accorse e sorrise.

Già poche ore dopo, in senato, la vita era un'altra. Era la sua.

Catone era tanto scuro in volto che, a un osservatore distratto o non avvezzo alle trame del Senato, poteva sembrare solo dotato di un naso così aguzzo da fare ombra sul mento. Invece era torvo e ribolliva. Il fremere delle rughe intorno alla bocca rivelava tutta la tensione e la rabbia trattenute a stento.

Cesare quella mattina lo aveva evitato con plateale accuratezza, anche se l'intento non era affatto di provocarlo: aveva poco tempo da perdere e la premura di onorare tutti gli impegni della giornata. A breve si sarebbe riunito con Pompeo a casa di Crasso, dove avrebbe anche saldato un debito e, sulla via del ritorno, avrebbe finito di memorizzare un discorso che già aveva steso.

Infine, non gli sarebbe dispiaciuto fare un salto alle terme. Ma si era anche ripromesso di fermarsi lungo la strada, all'altezza della Basilica Emilia per incontrare un conoscente. Tra tutti gli impegni, quello era improcrastinabile.

L'uomo era già lì ad aspettarlo.

Cesare lo scorso con un colpo d'occhio perché era facile riconoscere Cornelio Nepote anche in mezzo al formicaio di gente indaffarata che affollava la basilica: alto e magro, stretto in un mantello scuro, aveva la pelle diafana e le guance arrossate da un reticolo di sottilissime vene violacee. L'ennesimo ritratto di un uomo infreddolito.

Ne richiamò l'attenzione con un gesto e Cornelio, notatolo, si illuminò di sollievo: la sua attesa tra il freddo e il vociare era terminata. Dopo qualche convenevole, Cesare gli fece la richiesta che aveva in mente e lui garantì ogni suo sforzo per realizzarla. Dopo un breve scambio di battute, entrambi si allontanarono tra la folla.

# CAPITOLO XIII

Il giorno dopo, chino sotto il peso di pensieri cupi, Cornelio Nepote fendeva la calca di gente che affollava il Foro. Era inquieto da parecchio: la sola poesia pareva non appagarlo più; gli sembrava di impegnarvi un granello delle proprie capacità. Avrebbe voluto ritirarsi per qualche mese in campagna e riflettere in silenzio sulla direzione da dare alla sua vita. Farlo tra la gente non era semplice: tutti avevano un'opinione da riferire, un aneddoto da citare, un consiglio non richiesto da offrire o qualche domanda indiscreta da porgergli. Così gli insozzavano il pensiero. Lui non temeva la solitudine, anzi: avrebbe potuto vivere in tutta serenità senza una donna o un uomo al suo fianco. Temeva, però, la dimenticanza; quello sì.

E in quegli anni gli uomini grandi come i più umili subivano la stessa sorte degli edifici di legno e mattoni: crollavano e ciò che restava di loro era riutilizzato per costruzioni ancora più ardite e fragili. Bastava poco perché un eroe del popolo si trasformasse in un nemico pubblico o un saggio in un tiranno. I tumulti e le guerre recenti lo avevano mostrato con amara chiarezza: avevano sconvolto e ridisegnato le vite di tutti, impoverendo o arricchendo, emarginando o innalzando. Il mondo sembrava precipitare con frenesia verso qualcosa di fumoso ma che tutti, ciecamente, seguivano.

Ciò lo angosciava e, al contempo, eccitava la sua

curiosità: a volte, con la mente, si trovava a ripercorrere le vite di uomini del passato, testimoni di epoche ormai morte, come ascoltando echi, ricordi, racconti di voci lontane. Il pensiero dei tempi sepolti dall'effimera superficialità del momento e dalla dissennata corsa verso mete inesistenti, senza memorie, stava diventando un'ossessione per lui.

Così, meditabondo e distratto, si accorse di aver addirittura superato la sua destinazione e dovette tornare indietro per raggiungere la casa dell'amico che avrebbe dovuto incontrare.

«Cornelio!» Catullo, appoggiato allo stipite della porta, lo vide e lo chiamò con tono ironico.

«Ah, sei qui! È proprio da te che stavo venendo.»

«Ma va?»

Nepote guardò il sorriso sarcastico addolcirsi sul viso dell'amico. Valerio Catullo era così trasparente e candido che volergli male o farlo soffrire, anche solo per sbaglio, era inumano. E invece lui era disperatamente attratto dall'unica persona che non aveva alcuno scrupolo per la sua delicatezza. Ancor di più, quindi, Nepote sperava di offrirgli una buona opportunità con la richiesta che era lì a fargli.

Entrò, sentendosi subito meglio all'interno dell'edificio: quel giorno le nuvole bianche suggerivano la possibilità di una spruzzata di neve.

«Sei tutto intirizzito! Vuoi del vino?»

«Sì, grazie. Soffro molto questo clima; mi aspettavo, ormai, i primi segni di primavera.»

«Dimmi,» domandò Catullo mentre gli riempiva una coppa, «che nuove ci sono?»

«Qualche giorno fa ho incontrato Gaio Giulio Cesare al Foro» accennò, dopo il primo sorso. Catullo non disse nulla. Nepote bevve ancora un po', in attesa di qualche reazione dell'amico, che però non ci fu. Quindi riprese.

«Vorrebbe un favore da te.»

«Da me? Stai scherzando? Dimmi, era ubriaco?»

«No, non lo era. E comunque la cosa che potrebbe portati dei vantaggi.» Cornelio si aspettava la reazione contrariata di Valerio, anche se sperava di convincerlo. «La sua futura moglie vorrebbe conoscerti.»

«No, no, non ci sto a questo!» Catullo scattò in avanti. «È un capriccio, una derisione! Non voglio piegarmi a questi compromessi.»

«Non mi sembra che ti sia stato chiesto chissà che sacrificio!» Cornelio alzò le sopracciglia, perplesso.

«Non è la prima volta che qualche matrona vuole incontrarmi. Ed è sempre e solo per capriccio: non sanno nulla dei miei carmi, ufficialmente... perché si vergognano ad ammettere di leggere quello che non si vergognano a fare!»

«Sì, capisco.» Cornelio pensò in fretta a una leva di persuasione e la applicò con energia. «Però il padre di lei è Lucio Pisone, ha la fama di protettore di filosofi e poeti. Potrebbe valerne la pena.»

«Vuol dir poco. Ho presente il tipo di donna da Cesare. E preferisco non descrivertela. E poi voglio essere e rimanere libero» aggiunse, infine.

Nepote iniziò a innervosirsi. E lui che sperava di aiutare

Catullo a raggiungere qualche sicurezza economica.

«A prescindere dall'importanza di un protettore, che non sto qui a ricordarti per l'ennesima volta, posso garantirti che conosco bene Cesare: è anche uomo di lettere. Ma sono costernato da questo tuo andar per luoghi comuni, Valerio... non sarà che hai paura? Al solito, ho perso tempo cercando di aiutarti.» Si alzò per andarsene e si avvolse nel mantello con un gesto brusco, spostando così tutti i cartigli che ingombravano il tavolo e facendo rotolare a terra un torsolo di mela.

Catullo rimase disarmato davanti a quella reazione tanto improvvisa. «No, dai, Cornelio, non fare così» esclamò. «Va bene, va bene ci vado.» Il tranquillo e flemmatico Nepote dentro di sé doveva essere un falò di convinzioni. Alzò le mani in segno di resa e sospirò: «Che ne pensi di dopodomani?»

«Riferisco e ti faccio sapere» concluse Nepote, sollevato.

Catullo entrò nell'atrio di malumore, dopo due giorni tra cupezza e insofferenza.

Aveva accettato di incontrare la futura moglie di Cesare solo per evitare difficoltà al suo amico Cornelio, tramite il quale quell'avvoltoio di Gaio Giulio l'aveva rintracciato. Parlare con Cesare era piacevole purché non pretendesse il suo rispetto: come poteva pensare che Catullo si rendesse complice nella propaganda della gens Iulia come stirpe discendente dai Numi, arrivando magari a ventilare la divinità della sua stessa persona? Catullo era irrispettoso delle tradizioni per principio!

Se poi si accorgeva che tali tradizioni erano usate come meri strumenti per il raggiungimento del successo, allora diventava dispettoso e persino pungente.

Ma Cesare lo sfidava! Oh, se lo sfidava! Un giorno, parlando di decoro esteriore, lui gli aveva detto: «Appartengo alla *gens Iulia* e dunque la mia persona è sacra a Venere» e Catullo, con una smorfia tra il compiaciuto e il corrosivo, gli aveva chiesto se a Venere avesse consacrato le sue membra o solo il suo membro. Nulla: Cesare non si era scomposto e, anzi, continuava divertito a soffiare sul fuoco della polemica con un gusto che, nella migliore ipotesi, era segno di stima mal celata. Nella peggiore, serviva comunque al personaggio politico.

E così un misero Catullo si preparava allo stillicidio, inventava anzitempo battute eleganti e velenose per liquidare la fatua dama che lo avrebbe tediato a morte nel giro di pochi attimi, sbuffava e spostava il peso del corpo da un piede all'altro, lasciando correre gli occhi lungo un girotondo di Nereidi che vorticavano nel mosaico sul pavimento. Le tessere levigate riflettevano la luce del *compluvium* animandola di riflessi imprevisti.

«Ti piace l'arredamento?» gli chiese Cesare con tono canzonatorio. «Ho chiesto alla mia futura moglie se voleva cambiare qualcosa.»

"Che carogna!", sembrava quasi farlo di proposito: come se leggesse nel suo pensiero il fastidio per quell'incontro; e in effetti il suo divertimento nello stuzzicarlo si vedeva lontano un miglio. «Eccola...» Cesare abbandonò la divertente tenzone e si avvicinò alla figura che, intimidita, muoveva qualche passo verso di loro dopo aver congedato un'ancella.

Catullo ne fu spiazzato.

Si aspettava di venire raggiunto da una matrona ingioiellata, con il viso chiuso nel proprio orgoglio familiare, oppure – lo riteneva quasi più probabile – da una moglie di lusso con lo sguardo fatale sotto le ciglia scurite ad arte, pronta a porgli qualche domanda sciocca sulle sue poesie. Invece si trovò davanti una donna giovane e minuta che avanzava sorridendo. Lo colpì l'entusiasmo che ne accendeva il blu degli occhi: era come se si illuminassero dall'interno, come se avesse un sole dietro l'iride.

«Così tu sei Gaio Valerio Catullo.» Pronunciò il nome di lui con un tono di voce leggero, simile al passo in punta di piedi con cui gli si era avvicinata. «Sì. Dei Valerii di Verona» rispose lui, e già qualcosa nel suo atteggiamento era mutato. Si vedeva da piccoli segnali, dallo sguardo che aveva perso la sua chiusura tignosa, dal sorriso meno tirato.

«Per parte di padre, anche io ho avi cisalpini,» non poté trattenere un sorriso arguto, «ma sono sicura che tu lo sappia già: di mia nonna non si è mai chiacchierato tanto come adesso!»

Sorpreso, Catullo ridacchiò perché, effettivamente, era una delle informazioni che gli erano state riferite.

Calpurnia radunò i pensieri, prese fiato e riallacciò il discorso. «Spero che mi perdonerai, se ti ho fatto chiamare. Può sembrare un capriccio ma...» La conversazione maturò in fretta come la frutta polposa sotto il sole d'estate. Cesare li salutò, intenzionato a dirigersi alle terme e immergersi di nuovo nel suo mondo di affari e alleanze nel più rilassante dei modi.

Calpurnia e Catullo iniziarono a camminare verso il cortile, parlando fittamente.

Lei gli spiegò cos'aveva pensato leggendo alcuni dei suoi componimenti, complimentandosi con lui per la grazia di quelle opere e, con delicati accenni, gli palesò le corde di sensibilità che aveva toccato, i pensieri che le aveva fatto risuonare negli angoli più nascosti dell'anima.

Lui si sentì stupito e fiero ma, soprattutto, partecipe in quel discorso. Calpurnia era abituata a trattare con chi vive della parola musicale, si percepiva quanto fosse a suo agio e felice e, di conseguenza, capace di valorizzare e accogliere l'interlocutore.

E lui si sentì quasi stordito: all'improvviso ebbe la certezza che la sua vita, spesa tra bettole e papiri, si riscattasse davvero tramite la poesia. Grazie all'arte, il suo esistere trovava un fine e lui riusciva a essere incisivo come una cometa infuocata: era in grado di vergare parole che toccavano l'anima di persone sconosciute. Per lui il verseggiare era sempre stato ribellione, sfogo, ricerca, erudizione... ma quella forza profonda, che spingeva Calpurnia a parlargli con tono accorato, non l'aveva mai immaginata.

Le ore volarono perché, con lo scorrere dei pensieri, la comunicazione si cementava in una sintonia, preludio all'amicizia.

«A dire la verità, quando sono stato mandato a chiamare, ero certo che avrei discusso con una dama viziata che voleva togliersi lo sfizio di parlare con un poeta contestatore, per poi raccontarlo alle amiche.»

«Ne ero quasi sicura. E questo mi metteva un po' di apprensione.»

Decisero di rivedersi per leggere insieme alcuni carmina. Calpurnia avrebbe voluto presentargli molte persone. Un po' come faceva suo padre a Ercolano, pensava, ma non lo disse, perché sapeva che non avrebbe mai avuto quella libertà. In fondo, poteva provare a ricreare, in piccolo, l'ambiente dove era cresciuta.

All'inizio Aurelia sedeva nella stanza con loro, per consuetudine e decenza. Filava tranquilla o leggeva, fingendo di non ascoltare i discorsi. Poi, pian piano, si eclissò, rendendosi conto che non c'era davvero motivo di controllare quelle due anime candide, immerse in un mondo che Aurelia apprezzava solo alla giusta distanza dettata dal suo pragmatismo.

# CAPITOLO XIV

A fine febbraio i venti mutarono quel poco necessario affinché il sole, già più generoso, intiepidisse con il suo tocco l'aria di Roma. Le gemme sui rami degli alberi, chiuse come pugni neri, sembravano pronte per gonfiarsi fino a esplodere nella soavità del fiore. Silenzioso, inesorabile, riprendeva il palpito della vita.

Lucrezio faceva lunghe passeggiate per annotare ogni dettaglio, studiava i minimi fenomeni e cercava risposte nuove alle eterne domande sulla natura. Un mattino giunse un messo con una lettera che lui lesse avvertendo il morso dell'angoscia: quando i suoi genitori si facevano vivi, c'era di certo qualche situazione poco gradevole. L'età non li aveva ammorbiditi; il messaggio era chiaro: il padre aveva deciso di vendere metà della tenuta in campagna visto che gli affari non andavano bene.

*La tomba di tua sorella è sulla metà che venderemo. Abbiamo chiesto consiglio ai migliori giuristi per poter stilare un accordo con il compratore che ci consenta di mantenerne la proprietà.*

«No.» Lucrezio lo disse tra i denti, con un tono rabbioso. Chiamò uno schiavo al suo cospetto. «Di' a mio padre di bloccare ogni trattativa. Riferiscigli che a breve sarò da lui e amministrerò il terreno per alcuni mesi: prima che sia presa una decisione così drastica, voglio almeno provare a risanare le finanze.»

Il messo annuì e ripartì con il cavallo, che nel frattempo aveva potuto rifocillarsi e riposare.

Per un attimo Lucrezio si portò la mani alla nuca e se la massaggiò, con un'espressione dolente che gli stirava il volto. Scacciò a forza tutti i ricordi amari evocati da quelle righe, aggrappandosi al pensiero pratico dei terreni da salvare.

«Parto domani» disse, con aria asettica, dura e con il pensiero già altrove.

Quella notte, svegliato dal richiamo di un gufo lontano, Lucrezio ricordò il momento in cui il suo mondo si era stravolto. In quel preciso istante aveva alzato i suoi occhi di bambino verso quelli del padre in cerca di conforto e in lui aveva incrociato uno sguardo tanto freddo da gelargli le lacrime.

Ricordò il senso di solitudine e di inadeguatezza che lo avevano invaso. Di contro, gli tornarono alla memoria i guaiti strazianti della cagna cui avevano ucciso una cucciolata e li paragonò al contegno iroso e distaccato del padre. Fu la prima volta in cui si interrogò sul senso delle cose e in cui sognò di trovare un motivo all'amore e al dolore che fosse chiaro e univoco come la fioritura dei meli o il germogliare del grano.

Prima che il sole fosse sorto, era già fuori Roma.

E il carro di Apollo troneggiava nel cielo quando giunse nelle campagne di Tivoli, verdissime in quel preambolo scintillante di primavera. Quel mondo, quella natura, erano più preziosi per lui di ogni ricchezza. Il cuore di Lucrezio sembrava riempirsi e aprirsi e respirare in armonia con gli alberi e con il vento lieve.

Anche l'ultimo giorno che aveva trascorso insieme alla sua sorellina era stato così bello e lucente. Lui la proteggeva come fosse un pulcino appena uscito dall'uovo, la curava come le rose del giardino. Correva e rideva con lei, tra i cori dei passeri e degli usignoli. Poi, d'un tratto, si era sentito solo il cinguettio: non risa, non scherzi. Lei non avrebbe parlato mai più.

Lucrezio scosse la testa a quel ricordo e vide che la pelle delle braccia gli era diventata simile a quella di un'oca spennata. Chissà quanto soffre anche quella creatura, nutrita e curata fino alla condanna. Quel pensiero lo riportò al suo umore di prima.

Giunse in vista della villa rustica, scese dal carro e proseguì a piedi per l'ultimo tratto del sentiero. L'ansia lo soffocava dentro a ogni passo verso la casa dei suoi genitori.

Gli venne incontro il vecchio cane da guardia. Non lo vedeva da oltre un anno, ma lo riconobbe subito e scodinzolò festoso. Lucrezio si chinò e lui gli leccò il viso.

«Stiamo mettendo i primi peli bianchi, eh?» lo accarezzò con gratitudine, prima di procedere seguito da quella gioiosa presenza.

"Vero, vero... la natura non conosce bene e male, ma nemmeno la meschinità e il tradimento. Omero l'aveva già capito quando cantò il cane Argo..."

Sulla soglia apparve una figura ossuta e china. Il sangue di Lucrezio gelò e bruciò allo stesso tempo. Ne rivide gli occhi distruttivi, da predatore.

"Mai una bestia è così con i suoi cuccioli..."

Fece qualche passo avanti, si rese conto che la sua andatura si era irrigidita. Per quell'uomo, lui non era che un prodotto. Come il frutto di un albero.

"Ma si è mai visto un albero che schiaccia il suo frutto?"

Provò rabbia verso quello sguardo sempre severo sotto le folte sopracciglia incanutite e ne sfidò l'intensità fissandogli le pupille, come per scavarle alla ricerca di un motivo razionale in quell'atteggiamento.

Pensando che il vecchio Lucrezio era lì davanti a lui, con tutte le miserie dell'età e l'alterigia di colui che ha generato e quindi si definisce padre, ebbe un moto di disgusto. E, in quel momento, non ebbe la forza né la voglia di continuare a chiedersi il perché delle cose del mondo.

«Dunque, da poeta sei diventato amministratore.»

«Salve, padre...»

«Spero che il viaggio non ti abbia stancato molto.»

«Sono qui per salvare la tomba di mia sorella e lasciarle i prati che amava.»

«Non sarai mai in grado. Sei inesperto di tutto se non delle tue arti filosofiche.»

«Ho superato i quarant'anni, nel caso lo avessi dimenticato. Non sono certo giovanissimo, ma di sicuro sono ben più lucido di te. Vado a vedere i conti.»

Lo sopravanzò in silenzio, senza guardarlo. Che dignità poteva avere? Quando un vitello viene sacrificato, la giumenta si strugge dal dolore, lanciando muggiti così cupi e prolungati da sembrare lamenti. Invece, quando suo figlio piangeva, lui offriva solo rimproveri. Quando serviva una parola d'affetto, pensava solo ai suoi conti. E, dopo anni, non era cambiato, non si era reso conto del male che gli aveva fatto, anzi: si reputava tradito da un figlio inetto, capace solo a fuggire e privo di rispetto per chi lo aveva generato.

Mentre sentiva lo sguardo severo del padre che seguiva i suoi passi e scrutava i suoi gesti, pensò alla domanda di Calpurnia, se fosse più facile studiare l'uomo o la natura, e alla propria risposta. Poi pensò di nuovo al padre. Scosse la testa con un sorriso amaro, sghembo.

"Innaturale", si disse.


Mentre Lucrezio viveva la propria amarezza, Calpurnia viveva la propria illusione. Tutto, all'improvviso, come in quell'alba cui aveva assistito pochi giorni prima, sembrava aver assunto colore. Le mancavano molto Ercolano e la vita appagante che aveva condotto fino a pochi mesi prima, ma aveva preso coscienza di quel che poteva desiderare nella propria situazione.

Sapeva di doversi ritenere fortunata: il suo obbligo sarebbe stato quello di creare un saldo legame familiare, mentre le donne della plebe morivano alla sua età consumate dalla stanchezza, dal lavoro, dagli stenti e dai parti. Ed era ancor più fortunata perché Cesare si elevava sulla mediocrità comune. La spiazzava, faceva perdonare molti difetti con il suo atteggiamento.

Un giorno, mentre ormai marzo splendeva cristallino e mancava circa un mese alle nozze, giunse a lei una lettera di Lucrezio.

*Cara Calpurnia, se tu stai bene ne sono felice e anche io sono in salute.*

*Il mio cuore, però, soffre. Ti ho sempre chiamata sorella e mi piace farlo perché sei piccola e preziosa per me, ma devo rivelarti che un tempo io avevo una sorella di sangue che ormai riposa in un sepolcro nelle campagne di Tivoli. Ormai lei è diventata terra e ha fatto sbocciare fiori; è viva nel polline che ha fecondato altri prati e che ha colorato la bella stagione.*

*Alla sua morte cercai conforto, come è naturale, nei miei genitori, ma ebbi in risposta solo indifferenza. Loro sono proprietari di molte terre in queste campagne e dedicano la vita ad amministrarle. Tutto il tempo rivolto ad altre attività è sprecato. Noi figli, nella loro mentalità gretta, siamo stati parte della villa rustica. In tuo padre, come in Filodemo, ho trovato una famiglia: per i miei genitori di sangue essi sarebbero due inconcludenti, effeminati filoellenici. Io invece in loro, nella loro mentalità, ho trovato una via naturale di amare. Mio padre è ora un vecchio piegato dagli anni; ma non riesco a provare per lui né affetto né pietà. Tornando nella villa rustica tutto il mio passato, che solo in parte conosci, si è riaffacciato alla mente. In questi giorni in cui faccio calcoli e do ordini, controllo e amministro in modo inflessibile, penso spesso a Lucio Pisone, alla sua gentilezza, alla bonomia e alla sincerità. Tuo padre è per me una piccola luce di speranza, una guida.*

*Lo so che gli ultimi mesi sono stati complicati per voi. Perdonalo per ogni screzio passato, perché è una persona speciale.*

*Spero di poter essere a Roma per il giorno delle tue nozze, ma non ne sono certo. Te lo comunicherò al momento.*

*Ave atque vale.*

Calpurnia non poteva sapere che scrivendo quella lettera Lucrezio aveva pianto di rabbia. C'era un abisso di malinconia in lui, che lo pungolava e lo rendeva inquieto, qualcosa di oscuro che gli si era arpionato all'anima come una quercia che affonda le sue radici nella terra.

Non poteva comprende del tutto quel sentimento, ma lo immaginava devastante nella sua ingiusta prepotenza. Quelle parole la turbarono, la portarono a pensare a troppe cose da poter gestire senza esprimerle, così decise di rispondergli subito.

*Lucrezio, anche io sto bene e mi auguro che quando riceverai la mia missiva tu sia un po' più sereno. Non preoccuparti delle mie nozze. Piuttosto pensa a risolvere i tuoi problemi pratici e poi prenditi un periodo di riposo a Ercolano. C'è Filodemo che rimarrà lì fino a tarda estate, dopo raggiungerà la nativa Gadara fino alla primavera seguente. Sono certa che avrebbe piacere ad aiutarti e, in ogni caso, è sempre lieto di vederti: sai quanto ti ama. E mio padre sarà sempre disposto a tutto per te.*

Lo stilo rimase sospeso a mezz'aria e Calpurnia esitò a proseguire dopo quelle parole. Lo sarebbe stato ancora?

Ora che stava per imparentarsi con Gaio Cesare e passava giorni concitati seguendo il suadente richiamo del potere? Anche lui, in fondo, aveva disposto della figlia a proprio favore. Ma Lucrezio aveva ragione: non stava a lei giudicare. Soprattutto in un momento come quello bisognava conciliare, unire. Il padre aveva pensato a sé ma anche al bene di lei. Certo, doveva essere così.

*Comunque, vorrei confortarti in qualche modo. Avremo occasione di parlare quando tornerai a Roma, vero? Ma, ti prego, metti la tua pace interiore prima di tutto. Ho avuto modo di colloquiare con Catullo, il poeta cui ti accennavo. È una persona limpida e trasparente. Sono sicura che, appena potrai venire in città, ne diventerai amico anche tu.*

Lasciò la lettera in sospeso perché due ancelle giunsero a chiamarla.

# CAPITOLO XV

L'aria nella sala delle donne sembrava addensarsi per il tepore vischioso di profumi dolci. Sparsi sul tavolo c'erano fiori secchi e altri appena colti, ferri caldi per l'acconciatura, vasetti di aromi, maggiorana tra le pieghe delle stoffe; si poteva udire un sussurrare animato e uno scalpiccio continuo.

Calpurnia, seduta con lo specchio in mano, si voltò verso l'ancella che le arricciava alcune ciocche ai lati del viso, spargendovi profumo e boccioli bianchi.

«Fa caldo, questa mattina» disse e cercò di spostarsi i capelli dal collo. Ricordò, dopo un attimo di perplessità, che già la sera prima erano stati raccolti in sei trecce, seguendo l'antica tradizione. Come fosse riuscita a dormire così acconciata, non le era ben chiaro.

«Meglio così» le rispose la madre di Cesare, indaffarata come un'ape a primavera. «Non vorrei mai che piovesse o ci fosse un vento fastidioso. Dev'essere un giorno piacevole, Calpurnia, come il calore di questo aprile...» Anche la voce di Aurelia sembrava carezzevole, ovattata, come smussata dall'atmosfera. Calpurnia sospirò, fissando il mantello color zafferano che avrebbe dovuto indossare a breve, per poi uscire dalla sala e incontrare lo sposo. «Su, su, alzati. Sistemiamo l'abito!»

Le mani solerti e nodose di Aurelia si affaccendavano intorno alla vita di Calpurnia per sistemare al meglio la semplice striscia di lana bianca che fungeva da morbida cintura e che la gente chiamava con l'arcaico nome di *cingulum herculeum*, nodo d'Ercole. Effettivamente, la necessità di stringerla a dovere su un fisico minuto, stava imponendo alla madre di Cesare anche una tredicesima fatica.

Calpurnia si torturava le dita, guardava a destra e a sinistra. Cercava il coraggio di fare la domanda che aveva nel cuore da tempo.

Prese fiato, ma fu come un piccolo sospiro mozzato che attirò l'attenzione della futura suocera. Aurelia la guardò e smise di armeggiare con le stoffe, per invitarla a parlare.

«Aurelia, tu che sei la madre di Cesare... sai cosa vuole realmente tuo figlio?»

La donna accennò un sorriso e scosse la testa. «L'ho guidato lontano, fin dove ho potuto, affinché lui, il mio prediletto, diventasse un uomo eccezionale. Poi però mi sono accorta di non riuscire più a stare al passo. Gli anni fanno questo gioco: le sue energie aumentano, si focalizzano su un obiettivo. Le mie, invece, scemano ed evaporano subito. Ma certamente il mio Cesare punta in alto. E, a mano a mano che passano i giorni, il suo scopo gli diventa sempre più chiaro. Ma è un'ambizione così sconcertante da non poterla confidare neppure a me, forse neppure a sé stesso.»

Calpurnia assunse un'espressione indecifrabile.

«Cos'hai?»

«Mi sento sola e... piccola. Forse tutto è troppo complicato per me!»

La vecchia Aurelia sorrise di nuovo e riprese ad affaccendarsi con assoluta concentrazione.

«Ma se lui ha scelto te, è perché ti reputa abbastanza forte per tutto. In caso contrario, avrebbe trovato un altro modo per accordarsi con tuo padre, credimi. Certo, penso che il tuo matrimonio sia diverso da tutti quelli a cui ho assistito. E io ne ho visti tanti, forse troppi; fidati.» Le sopracciglia di Aurelia, mentre cercava qualcosa in una scatola di gioielli, erano alte ed eleganti, quasi inquisitorie. Eppure, in qualche modo, benevole. «Ho visto spose terrorizzate e mariti che avrebbero preferito fuggire lontano. Io oso credere che voi andrete avanti. Forse imparerete a volervi bene o forse potreste addirittura odiarvi. Ma tu sei troppo saggia per fare errori tali da attirare riprovazione.» Guardò controluce una collana antica con pendenti di bronzo dorato. Soddisfatta, gliela pose sul petto e gliela allacciò dietro il collo. «Considera una fortuna non doverti piegare a un'esistenza banale. Forse il destino ha in serbo per te prove dure o forse una vita straordinaria. Ma, bada bene», alzò un indice e con voce improvvisamente alta aggiunse: «devi imparare a fidarti di tuo marito. La fiducia è indispensabile. Altrimenti non riuscirai a sopportare il matrimonio.»

«Nessuna delle persone che conosco me ne ha parlato in questi termini.»

«Uno dei motivi per cui il mondo va male!» ribatté Aurelia, poi si rivolse a Flora, l'ancella preferita di Calpurnia, che aveva chiesto e ottenuto di trasferirsi a Roma per restare con lei. «Per favore,» le chiese, «passami la maggiorana!»

Calpurnia le sorrise, e sulle guance le si aprirono due dolci fossette. Senza farglielo notare, Aurelia le aveva fatto da madre.

«Adesso muoviamoci, però» si affaccendava. «Tira su la coroncina e usciamo. Non so se da questo nostro attardarci in chiacchiere le malelingue trarranno più presagi o pettegolezzi!» borbottò.

«Grazie» le sussurrò Calpurnia, iniziando anche lei ad aiutare le altre donne nella sistemazione di quei fiori deliziosi e sfuggenti. E non dissero più nulla, mentre li intrecciavano con dita rapide.

Uscire dalla stanza fu per lei come una nascita: da quell'ambiente chiuso e caldo, denso di profumi, a un mondo esterno vociante che ammutolì al suo passaggio. L'aria, più fresca, odorava sì di fiori ma anche della focaccia di farro per il rito, che doveva essere stata appena sfornata. "Nulla di meno, per le nozze di un discendente di Venere", pensò.

In realtà, quella era proprio l'unica cerimonia di cui Calpurnia apprezzasse il profumo. Fiori e pane, mentre di solito regnava il lezzo della paura, delle viscere sul braciere e del sangue. Ne aveva viste più in quei mesi a casa di Aurelia che in tutta la sua vita ritirata, trascorsa in larga parte e con somma gioia nella villa di Ercolano.

La madre di Cesare la spinse, perché iniziasse ad avanzare.

Calzava sandali color miele scuro, che richiamavano il castano caldo dei suoi capelli, addosso una semplice tunica bianca e, fermato dalla coroncina di fiori, il velo da sposa color fiamma.

Mosse i primi passi con lentezza e Aurelia la seguì a testa alta, fiera e dritta, guardando la folla. Calpurnia si trovò ad avanzare piano, non per assecondare un'ideale esitazione ma, semplicemente, perché il *flammeum* le limitava molto il campo visivo. Oltre alla scomodità, la infastidiva sentirsi osservata senza poter ricambiare lo sguardo e distinguere le espressioni amichevoli da quelle che, c'era da giurarci, si mostravano ostili. La faceva sentire minuscola.

«Si vede malissimo da lì, vero?»

Calpurnia si voltò e riconobbe Cesare, se non dalla voce e dal ruolo che ricopriva in quel frangente, per il commento divertito e dissacrante.

«In tutta onestà, non vedo l'ora di toglierlo!»

Quel tono lo confortò. Sembrava tornata come prima, come quando l'aveva conosciuta.

Lei avrebbe tanto voluto poter distinguere l'espressione di Cesare, in quel momento, mentre stava per diventare suo marito. «*Ubi tu Gaius, ibi ego Gaia...* Dov'è Cesare, lì è Calpurnia» sentenziò il celebrante, secondo il rito antico.

La frase le risuonò nella mente, si accordò con i discorsi di Aurelia e si distorse in una domanda: Dov'è Cesare? Che ne sarà di lui? E, quindi, che ne sarà di me, che sono nata con nome di Calpurnia, come tutte le donne della mia *gens*?

Fu un attimo. Poi la confusione dei festanti la travolse e lei non badò più a niente, si lasciò trasportare dagli abbracci e dalle felicitazioni, abbandonandosi alla cieca e imprevedibile corrente della vita.

Insieme a Cesare poi si avviò al banchetto tra due ali di folla che battevano le mani e gridavano i loro auguri nel momento in cui la letizia di pochi diventava di tutti.

La festa fu vivace, come tante: omaggi sinceri, finti complimenti, piatti gustosi condivisi da adulatori e scrocconi riuniti al desco. A marcarne la differenza furono le musiche: quando a oriente il cielo iniziò a diventare violetto, infiammando verso occidente la linea dell'orizzonte, mutarono ritmo facendosi basse e cadenzate, svettando in picchi che distoglievano dalla loro stessa ipnosi.

Si trattava dell'imeneo, il canto nuziale, arcaico ma sempre affascinante. Le fiaccole si accesero una dopo l'altra, come a un segnale convenuto e invisibile, e la luce ricolmò quell'angolo di Roma nella notte senza luna. Tra il fumo e il profumo di resina delle torce, il chiarore del fuoco mostrava visi accaldati, coinvolti nel canto, risucchiati nel suo ritmo fino a smarrirvisi. Battevano mani e piedi, fondendosi con la musica, improvvisando filastrocche irripetibili che s'intrecciavano ai canti.

Si formò il corteo che li accompagnò fino all'ingresso della loro abitazione; le ombre della folla si stagliavano bizzarre contro i muri bianchi della casa.

Gli sposi si voltarono e salutarono i parenti.

Due amici si levarono dal corteo e sollevarono Calpurnia quasi con troppa veemenza in rapporto al suo fisico minuto e la fecero scendere oltre la porta. Sembrò loro di aver sollevato un passerotto, fragile e fremente.

L'impatto con il silenzio e il freddo dell'androne fu quasi fisico.

«Ho chiesto a mia madre di far terminare la cerimonia a questo punto.» Cesare la accolse in casa e le offrì, come nel rito antico, un tizzone e una coppa di acqua pura. «Ecco a te. Anche se credo che nel tuo caso sarebbero stati più adeguati un rotolo di papiro e un pugno di sabbia.»

Lei accennò un riso leggero. «Hai voluto seguire le vecchie tradizioni. Come mai? Sono suggestive, certo, ma non credevo ti piacessero.»

«Piacciono alla gente e ti si addicono, perché tu piaci a loro» spiegò Cesare, sfregandosi le mani con evidente fastidio per la polvere nera lasciata dal tizzone.

Calpurnia inarcò le sopracciglia e sorrise con un vago scetticismo. Lui pensò che con il tempo si sarebbe resa conto di quel plauso non troppo nascosto e del suo valore.

«Ho una cosa da mostrarti.»

«Di che si tratta?» mentre lo chiedeva, Calpurnia si tolse quel velo tanto bello per il colore quanto fastidioso, e le sei trecce dell'acconciatura rituale ricaddero pesanti sulle spalle.

«Diciamo che sono in debito con te di un regalo, da molti mesi ormai...»

«Mi stai facendo incuriosire» gli si attaccò al braccio, perché con l'abito nuziale camminava a fatica.

«Ricordi quando venni alla villa di tuo padre, la mattina, sul mare freddo, parlammo di molte cose... e poi mi portasti a visitare la biblioteca e i giardini?»

«Sì, certo.»

«Poi ripartii, con la pioggia.»

«Era la prima bufera dell'autunno, la porta della brutta stagione: tempo di cambiamenti. Ricordo bene.»

«Già. Comunque, come ti dicevo, quella sera mi resi conto di non aver portato un regalo agli ospiti. Ero molto concentrato su alcuni discorsi che stavo facendo con Pisone... che portavo avanti...» Calpurnia si incupì per un breve istante, come il cielo velato da una nuvola di passaggio. Come dire che pensava agli affari, a trovarsi un alleato e a ripagarlo togliendogli il peso di una figlia. Non volle pensarci.

«Ma ricordo bene la figurina che mi salutava, dalla porta!» Cesare prese una torcia e congedò la servitù con un gesto della mano secco ed eloquente. «Sembravi sempre immersa nella luce, anche se era già notte. E ricordo la tua pettinatura, semplice e bella. Direi, anzi, bella proprio perché semplice. Adatta a una dea, o anche a un dio, che trae il proprio potere da un cuore saldo.» Si pose davanti alla porta della stanza. «Ora chiudi gli occhi» disse.

«Perché?»

«Chiudili e poi vedrai.»

Non voleva, ma sapeva di non avere altra scelta: abbassò le palpebre e avanzò scortata da Cesare, che la guidava con una mano sulla spalla. Dal calore del respiro, lei si rese conto che il viso di lui era affianco al suo, per controllare che non guardasse. Si sedette su qualcosa di soffice. Presumibilmente il letto. Sentì il sangue sfuggire dal viso e le girò la testa, mentre un pensiero si delineava con chiarezza nella sua mente: "potrei morire. Tra pochi mesi, potrei morire come mia madre." Doveva essere impallidita e lui le sollevò il mento con un dito.

«Aprili» le sussurrò all'orecchio.

A mano a mano che gli occhi si abituarono alla luce diversa, sulla parete si fece nitido un affresco e capì che non sarebbe morta.

Era Apollo con la cetra in mano. Era circondato dall'azzurro di cielo e mare, dal colore che lei aveva spesso indossato, aveva la sua stessa acconciatura.

Cesare aveva donato l'aspetto di lei a un dio, il più lucente. Un omaggio sconsiderato, che raccontava anche del donante: egocentrico, blasfemo, generoso e appassionato da par suo.

Un regalo bello da togliere il fiato. Assurdo come le vita che le si stava prospettando, in bilico tra il calore e il ghiaccio.

Non si chiese più, a quel punto, se esserne felice o meno, se interrogare passato o immaginare la propria sorte. Si sarebbe limitata a viverla, senza pensare a quel che sarebbe potuto accadere, perché quell'unione era speciale e terribile al tempo stesso, come quell'uomo.

# SECONDA PARTE

# CAPITOLO I

*Maggio dall'anno 695 dalla fondazione di Roma, consoli Gaio Giulio Cesare e Marco Calpurnio Bibulo, Roma.*

Superando l'imbarazzo con la spontaneità, in breve Giulia trovò il modo adatto per rapportarsi a Calpurnia, riconoscendo in lei un'amica adatta a ricoprire il ruolo di sorella maggiore. Non perché fosse più grande – anzi, di fatto erano coetanee – ma perché Calpurnia era moglie del padre e questo le suscitava una sensazione simile. Giulia ne aveva a cuore il futuro, dato che nessuno meglio di lei poteva capire cosa significasse tenere a Cesare. Ed era un pensiero che le generava una certa preoccupazione, specie dopo che il proprio felice matrimonio con Pompeo ne aveva reso più completa la vita.

Una sera, mentre teneva davanti a sé lo specchio di bronzo lucido, condivise quel pensiero che la tormentava.

«A volte credo che se papà fosse una persona sgradevole sarebbe meglio! Penso sempre a Calpurnia. Puoi essere indifferente a un marito indifferente, odiare un marito odioso, ma se lui ti mostra affetto... per noi, che siamo così sole e non abbiamo altro che lui, può essere una rovina» gemette, passandosi il pettine tra i lunghi capelli neri.

Dallo specchio vide il viso di Pompeo, già coricato,

farsi rosso per trattenere il riso.

«Ma dai, tesoro! Che discorsi!» E poi lasciò andare il suo scherno, senza più dominarsi. «È impossibile che Cesare sia affettuoso. Tuo padre è negato a livello mentale: lui vede solo Giulio e Cesare!»

Lei non replicò. "Non è vero" pensava, indispettita, fissando un punto vago della parete dipinta di porpora e stringendo il pettine tra le mani con un gesto nervoso. "Mio padre è diverso da te ma, a modo suo, sa amare." Avrebbe voluto gridargli in faccia quelle parole, ma le sciolse in una compassione distaccata, accompagnata da una languido senso di solitudine. "Tu non sai, mio dolcissimo. Non puoi sapere quanto faccia male il piccolo mondo in cui siamo costrette a vivere. E però, Pompeo mio, c'è qualcosa di atroce in questo non comprendersi, perché comunque la vita piega anche noi che non imbracciamo un'arma. E questo tu, Gneo Pompeo Magno, marito mio, non potrai mai capirlo."

All'inizio tutto aveva l'uniformità compatta e festosa delle cose nuove. Calpurnia, abituata a osservare, studiava ogni situazione e finiva quindi per comportarsi come se le fossero familiari da sempre. Cesare adorava questa caratteristica della giovane moglie e generosamente la ringraziava per la naturale inclinazione a inserirsi in ambienti a volte ostili. Quell'espansività era una ricompensa per lei. Non si poteva certo chiamare amore ma, forse, era più di quel che ci si potesse aspettare da chi, in guerra con il mondo, doveva rivolgere a sé ogni attenzione.

Se la vita fosse stata un unico giorno, quella sarebbe stata un'alba perenne. Cesare era rassicurante per chi come lei che si poneva continue domande: pareva tenere tra le dita i fili del destino. O delle persone. Era un aspetto di lui che poteva inquietare, ma dopotutto come avrebbe potuto temere quell'uomo si teneva la pancia dal ridere alle grasse battute delle commedie di Menandro?

«Non hai visto cos'è riuscito a fare ieri...» Il tono della voce di Giulia ne tradiva la preoccupazione. «A volte mi stupisco come il mio adorato papà possa essere talmente... talmente...» Non riusciva a trovare il termine adatto per descrivere in poche sillabe un mistero così disturbante.

«Cos'ha fatto?»

Giulia non le rispose. Riprese a tessere, con le labbra serrate e gli occhi ai fili.

«Io so solo», riprese Calpurnia, «che sta cercando di far approvare una legge per distribuire *ager publicus* alle famiglie disagiate.»

«E ai veterani di mio marito. Per questo l'opposizione è ferocissima. Temo possano giungere alla violenza. Non so cosa mi spaventi di più: che qualcuno faccia del male a mio padre, o che, piuttosto, lui mostri le proprie ragioni con tutti i mezzi a sua disposizione.»

Questa volta fu Calpurnia a tacere. Giulia alludeva a un aspetto della personalità di Cesare che doveva averla colpita molto e che lei, per sua fortuna, non aveva avuto ancora occasione di conoscere. Riprese la lettura da dove l'aveva lasciata, ma ormai aveva perso la concentrazione necessaria. Sentiva uno scarto disturbante tra ciò che avrebbe potuto fare, ciò che le era dato sapere e ciò che accadeva nella città. Cercò di nuovo di impegnarsi, ma spesso alzava gli occhi, li faceva vagare nella stanza e, di tanto in tanto, agitava appena le caviglie.

«Non hai motivo, per uscire.» Giulia la prevenne, quasi leggendole nel pensiero. «La scusa delle compere non reggerebbe.»

Calpurnia sobbalzò. «Non sto certo dicendo che voglio uscire a vedere che aria tira...»

«Lo stai pensando, o sbaglio?» Giulia la inchiodò all'evidenza con il più radioso e comprensivo dei sorrisi.

«Non sbagli. Ma so cosa mi è concesso e cosa no. E, soprattutto, sto imparando cosa è più opportuno fare per la figura di mio marito. Tuttavia manderò qualcuno di fiducia a fare un giro, per sentire se circolano voci sull'andamento delle sedute senatoriali.»

«Sei saggia. Anche io vorrei sapere cosa accade ora, anche se non sono più preoccupata del mio solito. Forse, a differenza di te, sono solo abituata.»

Calpurnia si strinse nelle spalle e, preso atto che lei non lo era, attuò una soluzione di compromesso: chiese a Flora di andare ad acquistare del cibo ma anche delle sementi, perché aveva idea di ricreare nel cortile di casa un ambiente familiare. Non poteva davvero accettare la mancanza di rose. Le aveva raccomandato, inoltre, di guardarsi bene intorno e di sentire se c'erano novità.

Le vie di Roma erano ingombre come sempre di una folla di viaggiatori, lavoratori, perdigiorno, curiosi e disgraziati, mentre gruppi compatti di uomini correvano da una parte all'altra, bloccando gli incroci, coinvolgendo parte sempre maggiore della calca, surriscaldando con proclami ogni passante. Erano veterani, ma anche facinorosi non interessati alla causa che però, nel disagio di alcuni, trovavano modo di esprimere il proprio.

«Quel maledetto di Bibulo! Bisogna fargliela vedere!»

«Mio fratello avrebbe diritto alla terra e il console si oppone per farci mangiare le sue amanti!»

«O i suoi amanti!»

«Andiamo a prenderlo!»

Tutte le grida erano contro uno dei consoli, Bibulo.

Gli *optimates* più integerrimi, da lui capitanati, stavano facendo ostruzionismo affinché il provvedimento di Cesare che avrebbe dovuto concedere ai veterani la terra loro spettante non venisse neanche messo ai voti.

Se in senato quella strategia poteva funzionare, per le strade aggiungeva solo legna al fuoco confuso della rabbia.

La folla urlava, si ammassava e ondeggiava rinforzandosi, unita in un moto oscillatorio, in un sali e scendi di voci tale da sembrare, dal punto di osservazione Flora, quasi una danza. L'ancella non si volle avvicinare perché era terrorizzata dalla ressa: era cresciuta anche lei in quella villa sul mare simile alla casa di un dio, frequentata da gente varia per carattere ma sempre pacifica, accomunata dalla mitezza del pensiero. Continuò a fissare il tumulto con un senso di sconfinato disagio, indietreggiando a passi piccoli e rapidi.

Il frastuono convulso non arrivava però nella Curia, almeno non ancora, e Catone continuava a parlare e a gridare anche se nessuno seguiva più i fili di quel discorso infinito, che ormai si intrecciavano in maniera incoerente. D'altronde il suo intento non era comunicare idee, ma solo far scorrere il tempo per ritardare e rendere inattuabile la votazione. Cesare lo guardava impassibile e gelido, quasi di sottecchi, con un evidente disprezzo dipinto sul volto; la contrattura della mascella e il rossore delle guance, però, svelavano quanto fosse furioso. E se Bibulo gongolava in silenzio davanti al collega in difficoltà, alcuni optimates iniziavano a preoccuparsi e a chiedersi se i mezzi usati per boicottare la distribuzione dell'ager publicus non rischiassero di divenire controproducenti.

«Non scaldarti, Cesare,» gli sussurrò Pompeo a un orecchio, «saranno qui a breve.» Gli sorrise. Cesare rimase impassibile e riuscì a non fare una piega neppure quando il clangore di armi battute sugli scudi circondò la curia. I veterani di Pompeo reclamavano ciò che spettava loro. Al suono metallico, i senatori si posero in ascolto trascurando Catone, che alzò ancora di più la voce, finendo per tossire.

«Gracchiare tanto può far male a una certa età, Marco Porzio...» Cesare colse l'occasione per scagliarli contro il suo sarcasmo. Qualcuno rise.

«Per quanto tu creda di non avere punti in comune con me, siamo perfino coetanei» ribatté lui, raschiando ancora la gola secca e sforzandosi di mantenere un tono provocatorio. Di nuovo battute e mormorii divertiti.

«Coetanei?!» Cesare sogghignò e rispose con una nota di disprezzo per nulla camuffata. «Non si direbbe!» Quindi si voltò, ignorandolo. Fece passare pochi istanti e di nuovo a voce alta, cambiando totalmente tono, parlò:

«Ora basta farse, si dia inizio alla votazione!»

«No, no!» Bibulo intervenne di nuovo, si mise davanti a Cesare a gridare le ragioni della sua opposizione.

Gli optimates si sollevarono con lui. In quella confusione rumorosa, Cesare scattò in un'azione tanto chiara quanto laconica: pose le mani sulle spalle di Bibulo e iniziò a trascinarlo fuori con implacabile grazia.

«Non vorrai...?»

«Mio caro Bibulo, sei uno strano console. Blocchi il lavoro del tuo collega. Come mai? Forse hai bisogno di riposo.»

A breve tutti i senatori si alzarono: chi protestava, chi cercava di capire cosa stesse succedendo, chi si scaldava, chi pensava fosse meglio tacere. I sostenitori di Pompeo e Cesare applaudivano e coprivano le grida sdegnose di Bibulo che, con un gesto stizzito, allontanò tutti e uscì dal senato.

Si fece strada tra la folla, senza neppure i littori con sé, sgomitando e chiedendo spazio per il mezzo console, ossia se stesso, visto che quello – come ripeteva sempre – era «l'anno del consolato di Giulio e di Cesare.»

E mentre, sdegnato, pensava all'umiliazione inaudita che gli era stata inflitta, i veterani di Pompeo si accalcarono e iniziarono a serrarglisi intorno e a spintonarlo.

Uno di loro si avvicinò al banco di ortaggi di un vecchio e, con le maniere gentili apprese in anni di legione, lo rovesciò con un gran calcio.

«Pietà di me! È il mio lavoro!»

«Tranquillo, vecchio.» Il soldato troneggiò, appoggiando il piede destro su un mucchio di carote, mentre il venditore, la cui magrezza la diceva lunga sul tenore di vita, era proteso verso di lui, in ginocchio, in atteggiamento supplichevole. «Quando avrò la terra che mi spetta, perché a Roma ho dato la mia gioventù combattendo, ti ripagherò!» Quel discorso era nebuloso come le intenzioni della folla. Il veterano poi si girò e chiamò i compagni.

«Noi, amici, conosciamo il trionfo grazie a Pompeo. Bibulo no! Mica ha mai imbracciato le armi, lui! Regaliamogli il trionfo adatto!»

E invece di petali di fiori su Bibulo in breve si riversarono cavoli e carote.

Lui corse via, coprendosi la testa, invocando l'immunità consolare; la gente, però, incontrollabile, gli scagliava contro ogni sorta di insulto e di immondizia. Bibulo giunse nella sua casa e vi si gettò quasi dentro.

Quando appoggiò la schiena alla porta chiusa pianse lacrime amare, di umiliazione e di rabbia. Urlò per l'onta e per l'odio. Non fosse stato il suo collega console, avrebbe provato un sano piacere a mettere le mani al collo di Cesare e stringere forte. Era un uomo potentissimo, ancora giovane, e aveva idea di rivoltare le tradizioni. Per il bene del popolo, diceva. Ma, indubbiamente, il bene del popolo era prima di tutto il suo.

Mentre per Roma bande armate si fronteggiavano, pedine di carne e sangue, vittime e carnefici di un gioco più grande di loro, la povera Flora ritornò a casa dalla padrona; raccontò a Calpurnia e a Giulia quel poco che aveva visto prima di scappare. A loro fu subito chiaro che tra i sostenitori della lex agraria vi erano persone pagate per aizzare la folla, come era chiaro che l'ostruzionismo dei nobili *optimates* stesse esacerbando l'animo del senatori *populares*. Le due donne non dissero nulla. Giulia ritenne opportuno andare a casa.

«A questo punto, non so quando tornerà mio padre. È inutile aspettarlo qui. Verrò a salutarlo un altro giorno. Non è conveniente rientrare con il buio». Si congedò da Calpurnia con un bacio sulla guancia.

Giulia uscì con la sua camminata flessuosa e svagata, come se le cose del mondo non la potessero toccare finché non era lei stessa a permetterglielo.

Calpurnia invece provava angoscia. Sentiva un nodo alla gola e quella notte rimase con gli occhi sbarrati, nel buio, ad attendere una notizia, un segnale da parte di Cesare.

Mandò uno schiavo presso il senato, quando ormai era al colmo della preoccupazione, e questo tornò con un brevissimo messaggio per lei.

Glielo porse. «Perdonami, ma non so leggere» disse. Aveva gli occhi rossi di sonno e l'andatura incerta. Riconobbe il ragazzo addetto alle cucine. Com'era stata egoista a inviare proprio lui! Come aveva fatto a non pensarci?

*La votazione si protrae. Non dovevi mandare nessuno. Se necessario, invierò io mie notizie a te. I miei doveri richiedano a volte impegni imprevisti.*

La durezza di quelle due righe le fece capire senza giri di parole che la moglie di Cesare non doveva preoccuparsi; lei si doveva interessare solo quando richiesto e senza dimenticare che, nella migliore delle ipotesi, il suo era solo il secondo o terzo posto nei pensieri del marito.

Per una settimana, Cesare rientrò solo per consumare una rapida colazione all'alba, quando le cucine erano ancora fredde, o addirittura dormì presso colleghi. Quando, finalmente, varcò la soglia di casa con il sole ancora nel cielo, era esultante di gioia.

Invase l'intero ambiente con la sua presenza radiosa e calda: era corso da Calpurnia, l'aveva abbracciata e sollevata dal suolo, aveva salutato la servitù e aveva baciato la madre sui capelli, con un gesto protettivo e tenero che voleva renderla orgogliosa.

«Le mie leggi sono state approvate! Sia la *lex agraria* che quella per frenare gli abusi dei governatori delle province» dichiarò. «Gli *optimates* si mangiano le mani: non possono continuare a spadroneggiare impunemente. Quindi, posso proporre la terza legge, quella che mi sta più a cuore. Resterò a casa per qualche giorno in modo da prepararmi il discorso e gli appoggi necessari. Se passerà anche questa, nessuno potrà più tagliarmi le gambe e potrò finalmente affermarmi a pieno.»

Calpurnia, soverchiata da tanto entusiasmo, non ebbe il coraggio di chiedere nulla e si limitò ad assentire con un sorriso incerto, rimandando le domande su quei giorni concitati e su quegli splendenti e misteriosi piani per il futuro.

# CAPITOLO II

Era notte alta, una di quelle brevi e preziose alle soglie dell'estate. Il cielo nero, immenso, era adorno di stelle e il canto continuo dei grilli riempiva l'aria.

Calpurnia aprì gli occhi con lentezza e rimase un istante a fissare la lama di chiarore disegnata sul pavimento dalla luna. Cesare non era ancora a dormire e lei si girò, inquieta: sventuratamente, aveva subito apprezzato il senso di protezione che offre avere qualcuno al fianco nel momento in cui ci si abbandona all'oblio della coscienza. Abbassò di nuovo le palpebre e assaporò la pigra dolcezza di lasciarsi cullare dai suoni della notte.

Quando ebbe raccolto la volontà, si alzò e, a piedi nudi, giunse alla tenda. L'aprì e la luce d'argento disegnò le forme del cortile che lei aveva fatto arricchire di rosmarino fiorito e di cespugli di rose. Raggiunse una stanza dove la luce era ancora accesa. E lì vide Cesare, intento a scrivere. Al centro del tavolo c'erano tre coppe vuote, con i bordi macchiati di vino: dovevano esserci stati altri politicanti insonni, che si erano lasciati travolgere dalla passione delle idee di lui. O che, privi della forza per sostenere le proprie, avevano approfittato dell'energia di Cesare, come arbusti in cerca del calore del sole per diventare alberi.

Calpurnia gli fu alle spalle. Dopo un attimo di esitazione e dubbio, gli cinse il collo con le braccia.

«Stai lavorando alla terza legge?»

Lui annuì.

«Dall'impegno che ci metti, dev'essere una cosa molto importante.»

«Importantissima. Se avrò successo, la mia vita non sarà più quella di prima.»

Tacque per un lungo istante. Non avrebbe voluto parlarne alla moglie, non subito almeno. Lei non chiedeva ma, era chiaro, intuiva. Evitare il discorso in quel momento l'avrebbe delusa e, ora più che mai, a lui serviva cieca fiducia. «C'è movimento a nord. Gli Elvezi si stanno spostando e questo ci inizia a creare una catena di problemi. Ho intenzione di farmi assegnare il proconsolato in Illirico e nella Gallia Cisaplina per cinque anni. Voglio cogliere l'occasione ed estendere i nostri territori.» Non mise particolare enfasi in quelle parole né fece trasparire l'entusiasmo che lo animava, ma solo la sua determinazione: gli sarebbe sembrato una mancanza di rispetto nei confronti di lei, sebbene la scelta di partire rientrasse nella logica del mondo e del ruolo che lui giocava in esso.

«Ah.»

Calpurnia non disse altro. Ma era appena appoggiata contro la sua schiena e lui ne sentì il cuore, di nuovo, battere rapido come quello di un passerotto stretto in un pugno che può liberarlo o stritolarlo. Pensò di essere stato indelicato: Calpurnia avrebbe meritato più rispetto. Ma il merito stesso era una pretesa e lui non accettava imposizioni da alcuno, nemmeno dalla propria coscienza.

«È molto tardi, vai a dormire. Ti raggiungerò a breve» le disse infine.

«Va bene» si voltò.

«A dopo. Buon riposo.»

Lei non sentì quell'augurio: era già fuori dalla stanza. Esitò per un istante, poi raggiunse a passi lenti il cortile. Socchiuse gli occhi, lasciandosi circondare dal frinire dei grilli e dal profumo delle piante che riempiva l'aria immobile. Prese qualche profondo respiro e infine si diresse più rapida verso la stanza da letto.

Non ebbe eccessive reazioni. Fu solo attenta a non piangere. Doveva sostenere Cesare, non metterlo in difficoltà con le proprie debolezze. Quello era il suo ruolo di moglie e comprendeva anche le lontananze infinite e l'incertezza di rivedersi. Doveva mostrargli che, per lei, tutto ciò era naturale e giusto, come per lui.

Si addormentò rannicchiata su sé stessa, come per raccogliersi nei suoi pensieri. Cesare fu di parola: giunse poco dopo mentre lei era sprofondata nel provvidenziale stordimento che precede il sonno. Le si coricò vicino, si girò e le abbracciò la schiena. Un gesto tenero. Si addormentò subito. Lei si voltò quel tanto per vedergli il viso: era sereno. In quel momento Calpurnia capì che quelle nozze erano state la sua condanna: non sarebbe mai riuscita a odiarlo o a disinteressarsi alla sua presenza e alla sua assenza. Forse quella era la fascinazione, l'incantesimo che Cesare lanciava su coloro che gli erano vicini: nessuno, in qualunque maniera si rapportasse a lui, riusciva a essergli indifferente.

*Caro Lucrezio, fratello mio, i mesi passano e la partenza di Cesare è sempre più imminente. La mia vita è così scolorita!*

Erano poche righe, quasi appunti sfuggiti di mano. Spesso, nelle ore solitarie, quando non poteva parlare con nessuno e un'angoscia muta le appesantiva il cuore, si trovava ad annotare i pensieri per fermarli e magari condividerli con persone fidate a tempo debito, oppure dimenticarli per sempre, come attimi incidentali di debolezza.

Spesso Cesare era impegnato in senato o in preparativi al Campo Marzio. E, in ogni caso, la sua mente era già altrove, il suo sguardo era proteso oltre il confine. E una solitudine vischiosa saliva come la marea; inesorabile, iniziava ad avvolgerla.

Ogni giorno le era più chiaro come le sue riflessioni fossero incomprensibili a chiunque. Erano pensieri da custodire nella penombra delle sue stanze. Durante il giorno li mascherava con il sorriso ma, alla sera, quando spesso era sola, si poteva specchiare nello sguardo dell'Apollo Citaredo dipinto sulla parete del letto. Quell'affresco muto significava tanto per lei ed era come se in qualche maniera le sfumature dei suoi colori, le pennellate che ne dipingevano i tratti, si trasformassero seguendo i suoi stati d'animo e le sue inquietudini.

Nonostante le inedite difficoltà del periodo, una delle cose migliori che le accadeva in quei mesi era la possibilità di passare spesso del tempo tra i poeti. Catullo e Lucrezio si erano conosciuti poco tempo prima e, dopo qualche imbarazzo e incomprensione, si erano scoperti compatibili. Era stata proprio Calpurnia a insistere con delicatezza perché si incontrassero.

Sulle prime Lucrezio si era sentito quasi aggredito dalla presenza solare di Catullo, dalla sua apparente mancanza di inibizioni. Poi, pian piano, era riuscito a intravedere un mare di fragilità dietro quella maschera spavalda. Catullo aveva ideali inconciliabili con la realtà e Lucrezio lo rimproverava con fare paterno quando finiva preda di scoramenti eccessivi o cadute di stile, incoraggiandolo a non sprecare le sue energie e a sperimentare tutte le forme dell'arte poetica. La loro amicizia era una gioia per Calpurnia, rappresentava una scintilla di quel che aveva vissuto per anni nella villa di Ercolano. Invitare Lucrezio e Catullo, incoraggiarli e ascoltarli era come ritornare in quei luoghi e a quei momenti, anche se a Roma l'aria non profumava di mare e le stanze erano più anguste. Calpurnia si sforzava di ricreare, nel suo piccolo e in punta di piedi, ciò che Lucio Pisone aveva realizzato altrove.

I giorni passavano e, inesorabili, preparavano l'ennesimo cambiamento della realtà che Calpurnia avrebbe dovuto affrontare. Era come se tutto il mondo si muovesse intorno a lei, che invece restava bloccata, impossibilitata a ogni azione che non fosse contemplare e accettare.

*Non posso fare altro*, scrisse a Catullo, *che vivere senza riserve questo periodo ricco di domande e avaro di risposte, come suggeriscono i saggi. Ma per loro è facile insegnare cose che mai hanno provato. Ora Cesare è il sole e io la sua ombra. L'ombra perfetta del sole più brillante.*

Catullo non se la sentì di risponderle come avrebbe voluto: forse si stava convincendo da sola che quello sarebbe stato il senso della sua vita. Ma quale bene sarebbe scaturito da una simile affermazione? Le avrebbe, come minimo, tolto la forza con cui cercava di prepararsi all'allontanamento.

# CAPITOLO III

Non era facile agire da saggi. Le capitava, guardando Cesare di tralice, quando magari entrambi erano affaccendati e indifferenti l'uno all'altra, di pensare che forse un giavellotto avrebbe potuto trapassarlo, un gladio mutilarlo, o che il gelo avrebbe potuto spegnere per sempre quel respiro capace di calmarla. Di fronte a questi pensieri, si lasciava sfuggire sospiro d'angoscia. Lui, allora, le passava una mano tra i capelli e sorrideva. Perché, nonostante Cesare riuscisse ad amare davvero solo se stesso come sosteneva Pompeo, a modo suo sapeva voler bene.

Alla figlia Giulia, adorata, davanti alla quale si scioglieva come se gliel'avessero messa in braccio in quel momento.

Alla madre Aurelia, la sua guida lucida e sempre salda, a volte più ardimentosa di lui.

Voleva bene alle sorelle e alla zia Giulia.

Custodiva con tenerezza il ricordo di Cornelia, la sua seconda moglie, madre di sua figlia e compagna fedele in tempi poveri e avventurosi, quando erano braccati da Silla.

E voleva bene a Calpurnia, riflessiva e sensibile, tanto esile nell'aspetto quanto forte nel carattere. Così giovane e già con fardelli grandi da portare sulle spalle. Troppo presto era giunta l'occasione di partire. Ma quando il destino chiama, non si bada a nulla. Certo, se la loro unione fosse stata consolidata da un figlio, lei avrebbe sofferto di meno per quell'allontanamento forzato; lui però era comunque tranquillo: Calpurnia non avrebbe commesso errori.

Ecco, notò che voleva bene a tante persone, ma che l'affetto più profondo lo provava o l'aveva provato solo per delle donne. Dopotutto la *gens Iulia* era una famiglia che, da Venere in giù, era stata mandata avanti dall'altra metà del cielo; mancava un maschio. Un piccolo uomo. Utile, per la sua scalata al potere. Anche se fosse già stato concepito, chissà, magari non avrebbe mai fatto in tempo a seguirlo nelle battaglie. Eppure l'idea gli piaceva. Gli avrebbe insegnato a cavalcare, forse l'avrebbe guardato correre nel Campo Marzio. O, con tenerissima complicità maschile, gli avrebbe insegnato l'arte di radersi senza affidarsi troppo alle fallaci mani dei *tonsores*.

Il filo dei suoi pensieri solitari fu interrotto di nuovo da un gemito represso per soffocare l'angoscia, mentre le mani veloci di sua moglie rassettavano i doni dei clientes nell'atrio invaso dalla luce del tramonto.

«Calpurnia, cos'hai?»

«Nulla.» Sorrise nel dirlo, senza smettere di affaccendarsi.

«Potresti quasi apparire convincente, se non capissi perfettamente la tua posizione. Ma devi essere ottimista. Certo,» sospirò, sedendosi e portandosi una mano alla nuca, «ti impongo una grande prova in nome di Roma: tu sei così da poco al mio fianco e ti sei legata a me nonostante il mio carattere e la mia vita... impegnativa.»

Calpurnia lo ascoltò sorpresa. Erano rari i momenti in cui Cesare si lasciava andare all'autocritica, in cui donava tutto se stesso, comprese le ombre e le contraddizioni.

«Eppure, se agisco così e sono sereno nonostante tutto, è perché ho stima di te.» E con la mano le fece cenno di sedersi al suo fianco. «In questi giorni non c'è stato tempo di affrontare alcuni argomenti: impegni serrati, preparativi febbrili. Eppure – pensa! – ho una tale fiducia in te che, poco fa, mentre ti vedevo indaffarata, me lo sono immaginato. Sarebbe importante, certo, ma non solo per una questione di utilità. Anche qualcosa che non so definire. Qualcosa di più profondo.»

«Cosa ti sei immaginato?» Calpurnia sgranò gli occhi, perplessa.

«Nostro figlio.» Ci fu un attimo di silenzio durante il quale lei non riuscì a respirare. «L'ho immaginato con i tuoi occhi blu scuro e i miei capelli neri, anche se spero vivamente che prenda da te la qualità della chioma. E ho ricordato quando è nata Giulia: ero così giovane e così incredulo che temetti di svenire di felicità. Non mi è dispiaciuto nemmeno per un attimo che fosse una femmina. Adoro mia figlia e sono fiero di lei.»

Calpurnia lo interruppe, agitando davanti a sé le mani con movimenti nervosi: «Cesare, non per deluderti ma io non...»

«Non ancora» lui la interruppe a sua volta, sorridente. «Ma la Fortuna mi è amica. Non parto domani e comunque porrò le basi invernali in Cisalpina: ho amici sia a Verona che a Mediolanum, tu hai terreni e parenti a Placentia che mi saranno sicuramente utili. Sarei contento se tu mi raggiungessi» si corresse, accorgendosi di essere stato indelicato. «Questo, a prescindere dal figlio. Poi, se dovesse servire, comunque saremmo insieme.»

Era un discorso contorto e disarmante che avrebbe commosso una pietra; in un certo senso, così privo di sensibilità da accenderla ed esasperarla in chi ascoltava. Quei momenti Calpurnia avrebbe preferito non viverli affatto: erano rari e rendevano ancora più affrontare il futuro. Che egoismo tremendo, quello dell'essere umano: era spaventosa la naturalezza con la quale feriva e accarezzava le ferite inferte. Era tutto così diverso dalla vita di gioie naturali e necessarie che aveva visto scorrere nei giardini della sua villa, consacrati al pensiero e all'arte, riscaldati dal sole della Campania Felix e addolciti dalla possanza del Tirreno.

Tra speranze consolatorie e tristezze soffocate, il suo tempo scorreva a fatica, in un flusso accidentato: troppo veloce nei momenti lieti, lento e pesante in quelli gravidi di angoscia. Si scoprì indifesa davanti al cambiamento che gli eventi, vissuti in pochi mesi, avevano già creato in lei. Non aveva avuto occasione di osservarsi con distacco e si trovava a vivere con un'intensità dolorosa che, lo sapeva nel profondo del cuore, non l'avrebbe risparmiata.

Ma se Calpurnia era preoccupata per Cesare, per tutti i mille e gravi motivi che potevano togliere la serenità a una donna il cui marito avrebbe guidato un esercito in terre lontane, Giulia lo era per Calpurnia, per ragioni che solo loro potevano comprendere. Anche lei avrebbe sofferto per la mancanza del padre ma, al suo fianco, c'era

140

comunque un marito innamorato e tante, a volte troppe amiche. Calpurnia, invece, era piuttosto sola. Aveva dovuto selezionare le conoscenze e, per carattere, non era incline alle frivolezze, così poteva contare su poche persone. E anche il padre di lei sarebbe partito, l'anno seguente.

Fu un pomeriggio di pieno inverno, freddo e scuro, l'ultimo che riuscirono a passare tutti insieme. Il braciere rendeva piacevole stare lì seduti, a godere del tepore, perdendosi in chiacchiere oziose. Il gatto fulvo che Cesare aveva regalato a Calpurnia qualche mese prima era acciambellato vicino al fuoco. Senza far nulla, quella creatura catalizzò pian piano l'attenzione dei presenti: sfoggiava con disinvoltura la propria inconsapevole bellezza; era incredibile pensare che quel cacciatore agile e implacabile fosse la stessa palla di pelo che ora dormiva, godendo di una beatitudine sconosciuta agli umani. Calpurnia ruppe l'incantesimo, si alzò e si inginocchiò vicino a lui per accarezzarlo. Il felino, pigramente, aprì un occhio e stese la zampina per iniziare, con lentezza sfrontata, a giocare con il lembi del vestito di lei, suscitando il divertimento degli osservatori.

«Non ti ho mai chiesto come si chiama» intervenne Giulia.

«Remo» rispose Calpurnia, alzando lo sguardo e incontrando quello di lei.

«Addirittura!» domandò Pompeo, incuriosito. «A questo punto, perché non Romolo?»

«Potrei farti la stessa domanda» replicò la cognata. Interruppe gli agguati del gatto e lo sollevò. «Perché sempre Romolo?» Rise appena, mentre il felino sembrava raggomitolarsi in aria. «Il nostro re e padre ha avuto già la vittoria e l'onore dell'immortalità. Ma Remo è stato parte integrante della vita del gemello. Il destino di Remo fu quello di soccombere al fratello per la gloria di Roma. Accettandolo, ha permesso a Romolo di diventare chi è stato. Anche se pochi ci pensano, è giusto ringraziare anche lui. Io posso fare solo una piccola cosa, per cui il mio gatto si chiama così.»

Pompeo batté le palpebre, sorpreso. «Dice parole piene di senno, tua moglie, eh Cesare?»

«Sì. Sarebbe il caso di annotarle» rispose lui, con noncuranza.

Calpurnia sospirò. «Chissà chi, tra noi quattro, avrà la sorte di Remo...» sussurrò con aria assorta, senza nemmeno preoccuparsi di essere udita. Ma se pure ciò fosse accaduto, nessuno commentò: restarono chiusi nei propri pensieri, in quel gelido pomeriggio di gennaio.

# CAPITOLO IV

Il giorno in cui Cesare partì, Aurelia non lasciò trasparire alcun dolore o emozione. Anzi, quando abbracciò il figlio sembrava fiera, ancora più forte del solito. Calpurnia si rese conto che non sarebbe mai riuscita a tenere un simile contegno; così, quando lui le pose le mani sulle spalle, trattenne il fiato per non piangere. Cesare, intenerito, le fece una carezza sui capelli, giocando un solo istante con l'acconciatura.

Di quel momento, nel tempo, Calpurnia non riuscì a rievocare altri dettagli. Come se intorno fosse stato tutto buio e lei fosse stata solo occhi e respiro; ricordava l'affanno gonfiarle il petto, il tocco della mano di lui e poi il mantello rosso che, rapido, spariva oltre la porta, inghiottito dalla luce del sole. Per un po' si trovò svuotata di pensieri. Poi si riscosse e tornò nel mondo. Andò a consolare Giulia che era a pezzi: per lei, nessuno era importante quanto il padre.

Quel giorno, il giorno in cui Cesare partì per la guerra, rientrando nella *Domus Publica*, anche Calpurnia iniziò la sua battaglia, fatta di armi sottili e micidiali, senza cimieri né squilli di trombe. La iniziò, anzi, con il banalissimo cigolio della porta che si chiudeva alle sue spalle. La continuò con il gesto usuale di sistemare una volta di più la coperta in cui Aurelia si avvolgeva da seduta, invecchiata, silenziosa e all'apparenza tranquilla, ma lontana con lo sguardo. La lotta peggiore, la prima battaglia campale fu quella contro il sonno, che si rivelò un nemico beffardo. Varcare la soglia dell'incoscienza da soli non era semplice, quando ci si era abituati con inattesa facilità al conforto di una presenza quieta, magari indifferente, ma viva, nel tepore e nel respiro.

Ricevette molte visite di cortesia nei giorni successivi. Nobili di Roma giunsero a congratularsi con lei. Di cosa, Calpurnia non riusciva a capirlo. Ma non mancava di sorridere, di affrontarli con calma educata, dedicando a ciascuno momenti di sincera attenzione. Quella considerazione li gratificava; lei però cercava anche di capire cosa significasse davvero, per loro, essere lì. Si sforzava di leggere dietro le loro parole e i loro sguardi, di memorizzare i loro atteggiamenti. Ora lei era ufficialmente l'ombra di Cesare a Roma: «Per ciò che puoi fare come moglie, sarai la mia delegata. Mi fido di te» questo le aveva detto e scritto.

Le giornate parvero all'improvviso infittirsi di doveri ed eventi a cui partecipare. Bisognava amministrare la piccola burocrazia, i *clientes*, le spese. Era necessario far sentire la presenza di chi era assente frequentando con assiduità le famiglie aristocratiche, ostili o amiche che fossero, e presenziando alle cerimonie pubbliche quando richiesto.

L'aspetto di quella nuova quotidianità che Calpurnia apprezzò di più fu il contatto diretto con alcune persone, senza la mediazione del marito. Le permetteva di capirle meglio e di imparare a conoscerle.

Ad esempio, rapportarsi con Servilia implicava farlo

con il figlio di lei, Bruto. Un uomo dall'animo pulito ma complicato. Qualcuno, rivelando uno scarso spirito di osservazione, supponeva che fosse figlio di Cesare. Anche se così non era, per Servilia Cesare era il termine di paragone cui ogni uomo romano doveva rapportarsi. E ciò valeva soprattutto per suo figlio, dal quale lei esigeva il massimo. Non era dunque strano che Bruto fosse una persona così insicura.

Incontrare Claudia voleva dire avere a che fare anche con il fratello di lei, Claudio Pulchro. Per Calpurnia, dopo i tanti pettegolezzi di Aurelia, era impossibile non immaginarlo vestito da donna e perso negli stessi corridoi di cui ora era lei a curare l'ordine. Si era convinta però che, tra i due, l'animo volitivo fosse quello di Claudia.

Ovviamente i contatti con Giulia erano quotidiani e questo voleva dire averne, di rimando, anche con Pompeo, con Crasso e via dicendo.

Era una rete di legami da coltivare con pazienza, presenza, attenzione e moderazione. E, per lei, anche con spirito di sacrificio, specie in quei momenti in cui le saliva la nostalgia e avrebbe desiderato solo leggere all'ombra di un portico, respirando il profumo del mare.


Poco dopo l'inizio della campagna gallica, quando ancora nei salotti di Roma non passava giorno senza che fosse fatto il nome di Cesare, ci fu un evento che animò per un certo periodo le riunioni delle donne.

Se ne parlava già da un po' in realtà e Calpurnia, suo malgrado, aveva notato alcune occhiate strane che le venivano rivolte. Non un solo capello si salvava dagli sguardi che celavano a stento una domanda: «Cos'avrà mai di speciale?» E poi c'era chi, invece, non perdeva tempo e manifestava senza pudore invidia o ammirazione.

Calpurnia aveva capito che la causa di tutto quel trambusto era collegata a qualcosa scritto, con ogni probabilità, da suo marito. Tuttavia, nonostante i sospetti, lei fu l'ultima a venirne a conoscenza. In un tranquillo pomeriggio d'autunno pensò di invitare un'amica per condividere il tempo della tessitura. E per rendere più piacevoli quelle ore, il tavolo vicino alla finestra era stato imbandito di focaccine, grappoli d'uva e frutta secca.

Claudia, però, non se ne curò: procedeva nel suo lavoro muovendo le mani con studiata lentezza. Piuttosto fremeva per parlare di qualcosa, aveva i muscoli del volto tesi e sembrava seduta sui rovi.

«Sto preparando un paio di tuniche pesanti da spedire in Gallia» le spiegò Calpurnia.

«Credi che serviranno?»

«Lì è più freddo.»

Claudia, contrariata, strinse le labbra come un bocciolo di rosa ancora chiuso. «Di solito agli indumenti dei soldati pensano le donne dei villaggi dove l'esercito si acquartiera. È un modo per loro di guadagnare qualcosa. E non è l'unico.» Le lanciò un'occhiata allusiva.

«Cerco di fare la mia parte» proseguì Calpurnia, lasciando cadere la provocazione. Sapeva che non sarebbe riuscita a sviluppare la malizia di Claudia nemmeno con l'aiuto di uno stuolo di precettori dedicati. Così si arrese subito. «So che mi reputi ingenua,» aggiunse, «ma credo che questo sia il mio dovere.»

«In realtà mi fai tenerezza. Ma basta ciance!» Ripiegò, senza troppi riguardi, la stoffa che non aveva intenzione di ricamare e si sporse in avanti. «Metà delle aristocratiche di Roma ne parla. L'altra metà rode in silenzio. Fammi leggere con i miei occhi.»

«Oh, Claudia... devo proprio? Non puoi fartelo raccontare dalla metà che ne parla?» Calpurnia la implorò, quasi arrossendo.

Claudia scosse la testa riccioluta e congiunse le braccia, con aria di attesa e un bel sorriso sfrontato.

«Va bene» capitolò Calpurnia.

Poco dopo Claudia teneva ancora in mano il foglio che l'amica le aveva passato e rimaneva a bocca aperta. Spostava lo sguardo da lei alle lettere, sospesa tra stupore e ammirazione. «Io non so cosa mai tu desiderassi dalla vita, Calpurnia,» riuscì infine a dire proprio lei, la cinica Claudia dagli occhi dolci, «ma questo, tesoro mio, vale molto più di qualsiasi gioiello. Lasciatelo dire da me. E fidati: di regali ne so qualcosa.»

«Dici?» Calpurnia le sorrise, imbarazzata.

«Di fatto ha dedicato una vittoria alla tua famiglia, a tuo padre, definendolo con il legame di parentela acquisita. Acquisita grazie a te! Avresti preferito forse un paio di orecchini?»

Quando parlava, Claudia si agitava come un fuoco crepitante. Tintinnavano i monili che indossava e danzavano i riccioli che le incorniciavano il volto mentre i suoi occhi scuri, costellati di pagliuzze dorate, si lasciavano ammirare.

«No, no...»

«Allora siine fiera. E vantati un po', per gli dèi: ogni tanto può solo farti bene!»

E Calpurnia, sì, ne era fiera, ma anche un po' perplessa, perché non sapeva quale senso potesse avere davvero quella gratitudine, quell'importanza che traspariva dalle righe asciutte e rapide scritte da suo marito e indirizzate ai senatori. Era incredibile quanto di Cesare trasparisse in quelle parole. Si presentava nei dispacci come avrebbe fatto di persona: con un'estrema attenzione all'eleganza, con una lucidità vivace e tagliente, pieno di guizzi di vitalità e al contempo padrone degli stessi e della situazione.

Calpurnia si sedette e, nella penombra tranquilla di quella stanza, isola di pace e riservatezza che aveva sostituito, con tutti i suoi limiti, la villa di Ercolano, lesse ancora.

*Appartenevano questi, alla tribù dei Tigurini (la nazione degli Elvezi è, infatti, divisa in quattro tribù), che al tempo dei nostri padri, usciti dal loro territorio, avevano ucciso il console L. Cassio e costretto il suo esercito a passare sotto il giogo. Così, non so se per caso o per volontà degli dèi immortali, quella parte del popolo elvetico che aveva inflitto una dura sconfitta al popolo romano, fu la prima a pagarne la pena. E in questa azione Cesare non vendicò solo le offese pubbliche, ma anche quelle private, perché il legato L. Pisone, avo di suo suocero L. Pisone, era caduto, per mano dei Tigurini, nella stessa battaglia in cui era morto Cassio...*[1]

1    Gaio Giulio Cesare, *La guerra gallica*, traduzione di

«Adesso però, Claudia, non parliamone più.» Calpurnia mise da parte il foglio, posandolo sul tavolo vicino, tra le briciole delle focaccine e i pochi fichi secchi rimasti. «Essere al centro dell'attenzione mi pesa un po'. Prima che mi sposassi, sembrava che il più grande problema di Roma fosse il fatto che ho gli occhi azzurri come mia nonna. Pensavo avessero esaurito gli argomenti e invece, dopo questo episodio, ho capito che troveranno sempre qualcosa di cui sparlare!»

«Se ascolti le chiacchiere, io mi accoppierei con mio fratello! Si chiama invidia, tesoro. Facci il callo e fanne il tuo scudo.»

Calpurnia scosse la testa: sapeva che non ci sarebbe mai riuscita.

Le giornate scandite dai quei doveri divennero poi la normalità, fin quasi a fondersi l'una con l'altra. Senza accorgersi che la vita trascorreva, Calpurnia iniziò ad andare avanti in una monotonia illuminata solo dalla luce di un assente e, sebbene i giorni diventassero mesi e i mesi – lo sapeva – mano a mano si sarebbero affastellati tramutandosi in anni, le sembrava che il tempo fosse immobile per lei.

---

Fausto Brindesi, BUR, Milano 1993, p. 31.

# CAPITOLO V

Ben presto iniziarono a rientrare alcuni legionari con ferite troppo gravi per continuare a combattere. I più deboli, forse i meno esperti e spesso, quindi, i più giovani. Un giorno Calpurnia intravide dalla lettiga un giovane zoppo e, incurante della folla che animava le strade, ordinò di fermarla e scese per raggiungerlo.

Non avrebbe saputo spiegare perché avesse calamitato così la sua attenzione, come avesse intuito che veniva dalla Gallia... ma, a ogni passo che faceva verso di lui, si chiedeva quale arma, quale incidente o scontro potesse aver generato una ferita come quella che obbligava il ragazzo ad avanzare appoggiandosi con tutto il peso del corpo al bastone. La parte inferiore della gamba era malamente amputata e avvolta ancora peggio da una pezza di canapa, lurida e ruvida. Doveva causargli una grande sofferenza e a lei pareva di andare incontro a un incubo.

Calpurnia si arrestò davanti a lui e lo osservò, contro ogni pudore. Non poteva comprendere quanto accaduto, ma capitava che nella villa di Ercolano il buon Lucrezio disquisisse anche di anatomia e così riusciva a immaginare la fatica e lo strazio di quel giovane corpo.

Con naturalezza, ma anche in preda a un immotivato senso di colpa – era la moglie dell'uomo in nome del quale quel ragazzo aveva seppellito le carni e la gioventù – si avvicinò, fin quasi a sfiorarlo con una mano.

«Dove vai? Posso aiutarti?»

Lui strizzò gli occhi. Non aveva idea di chi fosse quella matrona con il capo coperto da una stola color malva e dai modi gentili. Non capiva perché rivolgesse parola proprio a lui.

«Torno a Velletri, ma che guaio… non potrò lavorare più!» esclamò, portando lo sguardo al moncherino.

Lei scosse la testa e sospirò. «La fasciatura non è adatta» disse. «Ti ci vuole il lino. Aspettami.»

Si voltò verso la lettiga e chiamò uno degli schiavi che l'accompagnavano. Confabularono, poi quello si allontanò a passo rapido e sparì oltre la porta della *Domus Publica*.

Il ragazzo sussultò, cercò di balbettare qualcosa.

«Ma tu sei…»

«Non preoccuparti. Sono certa che, se Cesare fosse stato qui, avrebbe fatto di tutto per darti il suo aiuto.» Gli sorrise, invitandolo con un tocco lieve ad avvicinarsi alla lettiga.

«Oh, sì, *domina*, sì, è proprio così. Si vede che tu lo conosci bene.»

Lui sorrise – fu una scintilla nel gelo della sofferenza fisica – e Calpurnia sentì una stretta tra il cuore e il ventre. Non disse nulla, piegò il capo per non incrociare lo sguardo del suo interlocutore. Avrebbe voluto invitarlo a raccontare di Cesare, ma sarebbe stato un comportamento inadeguato, sfrontato, che avrebbe offeso la dignità di un soldato e sminuito la propria.

«Appoggiati qui. Tra poco arriverà il mio schiavo con delle bende di lino e degli unguenti.»

Lo aiutò, tenendolo per le braccia e, pensando che forse Cesare aveva compiuto lo stesso gesto nei confronti di quel ragazzo sventurato, Calpurnia tacque. Con che occhi l'aveva guardato? Con la paura, con il senso di colpa o con l'urgenza e l'emergenza ad animarlo? Sudato, spettinato... era difficile per lei immaginarsi Cesare così. O, forse, sì. Ma gli stipi della memoria andavano sigillati, per sopravvivere.

«Io mi chiamo Luciano...» Il giovane ruppe così il silenzio e, all'improvviso, iniziò a raccontare, come se il tacere di Calpurnia fosse un'offerta di ascolto. Ricordò gli addestramenti, le marce, la prima battaglia, la seconda. E poi la terza, quando ci fu l'incidente. Dalle descrizioni di Luciano, la Gallia sembrava un'immensa distesa di argilla scura, sciolta da una pioggia fredda e costante.

«Io vorrei aiutarti.»

«*Domina*, no, non mi permetterei...»

«Non con denaro. Posso assegnarti qualcuno che provveda alle tue necessità, fin quando ne avrai bisogno.»

Quell'ultima affermazione suonò stridente, ma il pronto arrivo dello schiavo con la benda di lino e l'unguento evitò ulteriori precisazioni e incoraggiamenti ai quali né Calpurnia né Luciano avrebbero potuto credere. Lo schiavo si chinò verso la gamba del reduce ma, senza proferire parola, con un gesto della mano, Calpurnia lo fermò. Aprì poi il palmo verso di lui, per chiedergli di passarle la benda. Aveva deciso: sarebbe stata la sua destra, che era stata unita a quella di Cesare dalla *pronuba* durante il rito nunziale, a curare quel moncherino.

Sonia Morganti

La vecchia medicazione si era attaccata alla pelle e, a ogni giro, Luciano tratteneva la sua sofferenza, mentre Calpurnia si mordeva le labbra per prepararsi all'incontro con la cicatrice: non si sarebbe mai perdonata un cedimento o un singulto. Quando infine i suoi occhi la videro, si interrogò sul proprio comportamento: stava agendo in maniera diplomatica come richiesto dal suo ruolo o era solo ipocrita? Era ovvio che quel ragazzo avrebbe avuto il dolore come compagno per il resto dei suoi giorni, insieme a un bastone abbastanza pesante a cui aggrapparsi anche solo per fare pochi passi. Di nuovo, tacque. Immerse l'indice nell'unguento e, senza fare una piega, iniziò a massaggiarlo sullo sfregio inferto a quel corpo innocente. Luciano sospirò per il sollievo e così facendo, senza saperlo, la soccorse. Calpurnia stava affogando nel proprio silenzio, nella propria solitudine. In quel momento Cesare a modo suo era presente in quelle carni lacerate, ma le mancava come il sole, come l'aria necessaria a pronunciare le mille domande che avrebbe voluto rivolgergli davanti alla prova tangibile di cosa sia davvero la guerra.

«Io la storia dei Tigurini adesso l'ho capita» disse il ragazzo, con un sguardo ancora abbattuto ma colmo di gratitudine. «Più dei dispacci, nell'accampamento girano i pettegolezzi, e a nessuno pareva il caso di andarsi ad ammazzare per vecchie rogne familiari... per Roma moriamo, ma basta. Invece era un tuo avo quello che uccisero, giusto?»

Senza alzare lo sguardo, Calpurnia annuì e prese ad avvolgere con delicatezza la benda di lino intorno alla ferita medicata. «Non l'ho mai conosciuto, ma era il nonno di mio padre.»

«Dev'essere un brav'uomo, tuo padre.»

A lei venne da sorridere. «Lo credo anche io.»

«Ma vedo che ti sto mettendo in imbarazzo e mai mi permetterei, *domina*... allora, ti racconto un po' come funziona lì. Non che ci piaccia farci sgozzare o mutilare, ma lo facciamo per uno scopo e...»

Luciano si mise a condividere i ricordi migliori del suo breve periodo in Gallia, quelli che lo rendevano fiero. Perché lui lo era. Seppur confuso, indolenzito e mortificato da una menomazione che rendeva incerto il suo domani, restava orgoglioso. E insisteva nel riportarle quell'immagine di un Cesare che, come sempre, somiglia al fuoco: dà luce e calore ma sa bruciare e devastare.

Ben fasciato, il ragazzo si allontanò con uno schiavo che Calpurnia gli aveva donato, vincendo le resistenze del reduce con un'insistenza per lei insolita. Doveva ricordarsi di avvisare Aurelia, sempre attenta a rivedere la gestione del patrimonio domestico.

Rimase sola, il rumore della folla pareva lontano, assente, come se lei fosse immersa nell'acqua densa. Non risalì nella lettiga, era praticamente a destinazione e, avvolta nella stola che pareva non proteggerla più dal vento d'autunno, nuotava nel freddo della sua solitudine.

Si ritirò silenziosa nel cubicolo a chiedersi cosa le sfuggisse di quella situazione.

*Si chiamava Luciano, era più giovane di me, avrebbe potuto essere mio fratello,* annotò con mano nervosa. *Sono rimasta sconvolta da quelle mutilazioni e da quelle cicatrici. Non riesco proprio a capire come tali offese possano essere inflitte a un corpo umano. Com'è possibile che persone che io conosco calpestino tutti i giorni un terreno intriso di sangue?*

Non riuscì a continuare. Si era tenuta per scelta in disparte da certi argomenti, indifferente alle faccende della guerra. Sapeva che, per una donna istruita, sconfinare nella politica era un facile rischio. In quel momento capì che farlo nella guerra era, per converso, impossibile anche per gli uomini più colti. Il combattimento era qualcosa – non sapeva come definirlo: un'arte? Una tecnica? – che solo pochi individui riuscivano a padroneggiare. Ma a lei sembrava assurdo che proprio Cesare, proprio suo marito, fosse la stessa persona che progettava una guerra, foriera di inevitabili lutti.

Grazie all'incontro con il giovane Luciano aveva aperto gli occhi con consapevolezza su una realtà che aveva scelto di non vedere. Si sentì coinvolta e sconvolta. Un brivido contorto le suggerì ciò che nessun poeta avrebbe mai avuto il coraggio di cantare: quello voleva dire perdere davvero la verginità. Scoprire che la morte entra in noi senza avvisare, che il male lacera anime e carni. Era molto meglio, per loro, continuare a limitarsi a quelle poesiole che aveva sempre criticato con toni gentili ma senza mezzi termini, facendo sobbalzare di tanto in tanto suo padre.

Quella notte, Calpurnia si scoprì inquieta, sentendosi nuda e indifesa davanti a quella verità. Aveva spento la lucerna, sperando di passare dal buio assoluto al sonno.

Così, in quelle ore, anche l'Apollo Citaredo dipinto sulla parete, splendente e avvolto nell'azzurro marino, venne privato dei suoi colori. Nella solitudine della stanza, con il freddo improvviso che sembrava insinuarsi fin sotto le coperte, immaginò il gelo degli accampamenti e l'ebrezza dei soldati più giovani: dovevano nutrire una fiducia incrollabile nell'onore, nella vittoria e, anche, in suo marito. Tutto le sembrò un'illusione evanescente e dovette lottare per trovare in sé la forza necessaria a vestire un sorriso coraggioso la mattina dopo, aggrappandosi al pensiero che le sorti dei reduci non le sarebbero mai state indifferenti. Era proprio lì che lei, come ombra, poteva agire. Nelle retrovie del dolore.

Erano passati due mesi da quell'incontro, il gelo dell'inverno paralizzava le ostilità e Cesare era ospite nella tenuta di Lucio Pisone appena fuori Placentia. Intorno alla villa della gens Calpurnia si stendevano vigneti a perdita d'occhio, inframmezzati dalle piccole case dei coltivatori. Quasi nessuno però era in giro. I tralci anneriti stavano immoti sotto la neve che era caduta abbondante e che rianimò Calpurnia, appena scesa dal carro, facendole dimenticare i disagi del lungo viaggio da Roma. Volle scendere prima, per sgranchirsi la schiena e le gambe e perché quel freddo asciutto le pizzicasse il viso. Il paesaggio intorno, incantevole, era così insolito per lei da farla tornare bambina. Anche per questo aveva preferito non raggiungere subito la villa, dove pure era attesa. Voleva sentirsi leggera e lasciare che il gelo e il candore la purificassero dai pensieri cupi.

Il carro era ormai giunto e la servitù domestica doveva essere abbastanza perplessa per la sua assenza, ma non se ne curò: aveva dato disposizioni perché tutti coloro che l'attendevano fossero invitati a tornarsene al caldo e stare tranquilli per lei.

Dal cielo grigio e liscio iniziarono a scendere piccoli fiocchi di neve, l'aria ferma lasciava volteggiare quei petali d'inverno.

Calpurnia aprì le mani per raccoglierli e accoglierli, mentre si adagiavano delicati sul mantello elegante, sul naso e sulle ciocche di capelli scoperte. Camminò così, indifferente al freddo e a tutto il resto – lì a Placentia era la nipote di Calventia più che la moglie di Gaio Giulio Cesare. Avrebbe incontrato solo sguardi benevoli e indulgenti – senza affrettarsi perché, ormai a poca distanza, il carro era già stato svuotato e la servitù si era subito messa al caldo. Si girò di nuovo, avvolta in quella pioggia leggiadra di gelide piume, quando sul portone vide qualcuno rimasto ad attenderla e, no, non era l'ostiario.

A braccia incrociate, stretto in almeno due mantelli di lana, Cesare la osservava ridendo.

«Hai il naso rosso e i capelli zuppi. Vieni dentro o prenderai un malanno» le disse, affabile, spostandosi di lato, con un gesto accogliente. E lei si avvicinò, felice: per lui aveva percorso tutte quelle miglia – era un dovere, ma anche un volere e una promessa – eppure si accorse di faticare a guardarlo negli occhi.

Ancora qualche ora dopo, davanti al braciere, ascoltando il marito, tendeva a evitarne lo sguardo. Cosa nascondevano quelle iridi scure? A quali orrori avevano assistito e quanti ne avevano inflitti?

«Devo farti una domanda» dichiarò allora, interrompendolo.

«In effetti mi chiedevo cosa aspettassi.» Si protese verso di lei, prendendole i polsi.

«Due mesi fa, ho donato uno schiavo a un reduce mutilato.» Si torceva le mani, parlando. «Ero quasi rientrata a casa e... non so nemmeno dirti esattamente come ci siamo visti, come ho capito chi fosse e come lui ha capito chi fossi io. Ma ho sentito di dover fare qualcosa. Ho medicato la sua ferita. Era avvolta in un cencio inguardabile, forse durante il viaggio non era riuscito a gestirla. Un pezzo della gamba era amputato. Ma in maniera anomala, la ferita pareva... non so spiegarlo. Non ho idea, non posso immaginare come gli sia stata inflitta. Non posso immaginare il dolore. Lui mi ha parlato di te, ti ha elogiato, mi ha raccontato cose belle ma... Ho capito di non sapere nulla, di non capire. E ho bisogno che tu mi aiuti, invece, a farlo.»

Per risposta ebbe un lungo silenzio, poi un sospiro. L'aria fredda si addensava attorno alla bolla di calore di cui erano ospiti. Cesare si guardò intorno, si alzò e, senza dare spiegazioni, lasciò cadere il mantello e sfilò la tunica.

Due lunghe strisce violacee gli abbracciavano le scapole. La schiena si era irrobustita, dalla pelle chiara e segnata promanava un intreccio di stanchezza e vigore, un lieve profumo di lavanda contrastava con le tracce della guerra. La contraddittorietà di Cesare era intatta, persino arricchita, dalla Gallia.

«Anche io mi sto ancora abituando» disse solo, asciuttamente. «Lo stiamo facendo tutti.»

Calpurnia, che aveva trattenuto il fiato, allora lo guardò negli occhi e vi incontrò embrioni di domande che non avevano il tempo di formarsi e nascere, di prendere senso e parola.

Si alzò e, con la punta degli indici, sfiorò anche quelle due cicatrici. «Essere in prima linea rende forse più accettabili le responsabilità del comandante? Una tua parola può decidere migliaia di destini.»

«Forse, ma non è solo questo. Anzi. Credimi: ci abitueremo, tutti.»

# CAPITOLO VI

*Anni dal 697 al 700 dalla fondazione di Roma.*

Le ancelle, che la guardavano di sottecchi senza farsi notare, si ritenevano fortunate. Nei fugaci incontri al mercato in cui le serve si raccontavano di tutto, avevano saputo che la *domina* Claudia aveva un nuovo capriccio e riempiva le proprie giornate della compagnia di un passerotto addomesticato. Creatura adorabile, di certo, e dalla voce sublime; però sporcava ovunque. E, solerti, dovevano seguirne ogni volo per pulire le macchie di guano che, inevitabilmente, segnavano il passaggio dell'uccellino.

Per loro che servivano a casa dei *Iulii* invece era tutto più facile: la *domina* era affezionata al gatto Remo. Certo, quel felino – screanzato da par suo – le dormiva ai piedi e dunque dovevano pulirlo a dovere ogni volta che rientrava dalle sue scorribande. Ma Remo lasciava fare, anzi, sembrava perfino contento essere pettinato e deterso. E poi c'erano le piante, come in quel momento.

Dapprima la servitù l'aveva osservata con occhi incuriositi, ma ormai i loro sguardi si erano fatti comprensivi. Distoglierli quando Calpurnia si sollevò e passò il dorso della mano sulla fronte, per tergersi il sudore, fu un attimo.

Era china a piantare un arbusto nel cortile, attività

insolita per una donna sposata e onorata: a sporcarsi le mani dovevano essere gli schiavi. Ma lei aveva chiesto loro, «per favore», di lasciarle lavorare in pace quel quadrato di terra profumata di pioggia, di mirto e rosmarino. Li aveva pregati – lei, la domina! – di non dirlo a nessuno, per non suscitare altre chiacchiere. E come avrebbero potuto loro, strumenti parlanti, aprire bocca davanti a una richiesta tanto accorata? Lei, dal canto suo, non aveva potuto resistere al richiamo di un'attività così concreta, che le faceva toccare con mano lo scorrere del tempo e della vita: le piante che crescevano e verdeggiavano, che foravano il sepolcro di terra scura con le prime foglie brillanti erano una compagnia e una certezza.

Erano passati due anni dalla partenza di Cesare. Più o meno.

"D'altronde", pensò Calpurnia avviandosi in casa, "i giorni sono così uguali e indefiniti."

Indefiniti, sì. Una tale vaghezza, pensava, forse era la reale condizione di tutti coloro che non possono scegliere il proprio destino. A suo modo però quella situazione immota la rassicurava: Calpurnia sentiva infatti che, se qualcosa avesse increspato la superficie stagnante della sua esistenza o avesse gettato luce sul grigiore quotidiano, sarebbe stato un evento indesiderato. Capì, a quel punto, come spesso i figli siano balocchi per far giocare le mogli durante le infinite assenze dei consorti. Per farle sentire utili a qualcosa, non ombre abbandonate dalla luce che le definisce.

Mentre le ancelle le preparavano il bagno affinché la padrona potesse ristorarsi e ritrovare l'aspetto consono al ruolo di patrizia, profumata creatura della penombra, decise di scrivere a Lucrezio. Era uno dei modi che aveva trovato per scandire il tempo: era come poter parlare, sebbene gli impegni e le convenzioni imponessero a entrambi compiti che rendevano difficile vedersi.

*Caro Lucrezio, fratello mio, se gli dèi ti conservano sano io sono felice.*

*È strano questo mondo. Da quando Cesare è partito la mia esistenza sembra essersi dilatata e ogni giorno s'è fatto uguale all'altro. Il tempo inizia ad accelerare con la stagione fredda: se programma di scendere in Cisalpina, i giorni si avvicendano sempre più veloci in vista della mia partenza per poi prendere di nuovo a rallentare quando rientro a Roma. Viceversa, se gli impegni bellici non gli permettono nemmeno un paio di mesi a Verona o a Placentia o magari a Mediolanum, la lentezza del tempo diventa immobilità.*

*Solo la sua presenza gli consente di scorrere. Tutti coloro che vivono nella sua casa, girano intorno a lui come l'ombra del sole intorno allo stilo della meridiana.*

*Le ombre siamo noi, che viviamo in funzione della sua luce: quando lui c'è, appariamo. La sua esistenza ci disegna nel mondo. Così...*

«*Mea domina...* quando vuoi, l'acqua è pronta.»

«Sì, vengo tra un attimo.»

*... a volte semino arbusti e fiori nel cortile. Non è stato facile farlo accettare dal mio piccolo mondo*

*domestico. Ma poi hanno capito i motivi. Pur trattandosi di semplici piante, loro mi aiutano molto, mi restituiscono il senso del tempo.*

«Flora?» chiamò la sua ancella fidata.

«Eccomi.» Da quando l'aveva raggiunta a Roma, sembrava ingrigita. Calpurnia si chiese se anche lei apparisse così: usciva di rado e non amava tingersi le guance più di quel tanto necessario ad accontentare le convenzioni, evitando però chiacchiere e interrogativi. Il troppo e il poco accendono i curiosi e le malelingue in pari misura. Ad ogni modo, pensò che fosse ora di far rientrare Flora a Ercolano: non si era mai adattata alla vita di Roma, soffriva nel corpo e si spegneva nel carattere.

«Congeda pure le altre. Non voglio sottrarre loro tempo prezioso mentre mi gingillo nella scrittura.» Lo disse con un sorriso.

*So che difficilmente ti rivedrò a breve. Ti sei mostrato un abile amministratore della villa rustica ed è giusto che tu ci vada spesso. Credo che la vita in campagna possa facilitare molto i tuoi studi e la tua poesia. Però vienimi a trovare quando passi a Roma! E, Lucrezio, fratello mio... posso continuare a scriverti? Ho bisogno di un interlocutore fidato e sensato a cui rivolgermi per non perdere il filo della mia esistenza in questa nebbiosa tranquillità.*

Appena fu pronta, decise di accettare uno di quegli inviti mondani che preferiva ignorare quando possibile. La sua partecipazione era considerata un onore per le altre matrone presenti e Calpurnia sfruttava quell'atteggiamento per invogliarle a darsi da fare e fornire un primo aiuto ai reduci mutilati. Non accennava mai al senso di angoscia che provava e al suo bisogno di agire, forse per espiare una colpa che non aveva e che, però, sentiva. Non era necessario insistere e tantomeno confidarsi, per convincerle. Quelle, certe di compiere un'azione elegante che si accordava al loro ruolo, accettavano sempre.

I giorni scorrevano così, alterando periodi di calma e di concitazione, ma era nei momenti di pace che Calpurnia ripensava alle testimonianze dei soldati, dei legionari e delle loro famiglie.

Voleva capire ciò che temeva, desiderava guardare negli occhi una realtà inquietante, perché anch'essa faceva parte di Cesare.

In breve la notizia di quell'attività giunse sino in Gallia, finendo per dare attenzione e lustro anche alla persona del comandante. A Calpurnia però questo non fece davvero piacere: non agiva per quel fine. La leva più profonda, la sua prima molla, era il bisogno di capire. Avrebbe dovuto comunque accettare, anzi, "abituarsi", come le aveva detto Cesare a Placentia l'anno prima. Quella era Roma, era la vita. Ma lei, nei limiti del possibile, non voleva farlo in maniera passiva.

E, a volte, finiva per pensarci. Si era davvero "abituata"? Qualche giorno dopo, mentre camminava con gli occhi bassi e fissava l'intrico lastricato della strada, Calpurnia si trovò a lasciare la mente libera di addentrarsi in percorsi impervi e i pensieri risalirono in lei come la marea. No, non era riuscita a farlo.

Rabbrividì e si strinse nel mantello.

«Stai bene?» si sentì apostrofare dal suo accompagnatore.

«Sì, scusami, Antonio. Ho solo un po' di freddo. Ma, camminando, passerà.»

«Sicura?» La voce di lui, stentorea anche quando era moderata, la riportò al mondo concreto.

«Sì, sì, credimi.» Rimase un po' in silenzio, avanzando al fianco di colui che era diventato il suo ponte verso Cesare. Lo guardò, schioccò le labbra e si lasciò sfuggire la domanda che la tormentava: «Antonio... dimmi, che succede lassù?»

«Niente di bello, lascia perdere, Calpurnia!» esclamò, agitando le mani grandi e callose. «La fortuna di non saperlo è una delle cose che invidio alle donne!»

Lei rise e abbassò lo sguardo; poi lo alzò di nuovo e fissò Antonio in tralice, con un sorriso mesto e significativo: «Comunque, non credere sia così facile. Non per me almeno.»

Antonio si grattò le guance un po' ispide guardandola con la coda dell'occhio: «Forse capisco cosa intendi! Comunque, posso suggerirti una soluzione!»

«Dimmi, dimmi Antonio.»

«Dovresti prendere un po' esempio da me e mangiarci su!»

Calpurnia rise di cuore per quella facezia infantile e le sue guance ritrovarono un po' di calore. Guardandola, Antonio si compiacque: era riuscito nel suo scopo. «Mangiarci su?»

«Esatto. Sulle preoccupazioni!»

«Ma figurati!» esclamò, scuotendo la testa. «A me

166

tolgono l'appetito!»

«Se continui così, diventerai trasparente prima che Cesare torni.» Antonio si fermò a comprare focacce nel banco al lato della strada e gliele offrì. «E comunque, ora che lo raggiungerò, devi garantirmi che ti farai arrivare le ciliegie. Altrimenti chi lo sente?»

Cesare si era raccomandato con lui di vegliare su Calpurnia, la quale lo considerava un caro amico. Forse per la sua fisicità imponente, per il suo modo di fare spavaldo e verace, così lontano dalla sensibilità poetica dei suoi maestri, ma anche dalla mente affilata e spregiudicata di Cesare, riusciva a trasmetterle un po' di spensieratezza e buon umore.

# CAPITOLO VII

Se Giulia e Aurelia avevano subito amato Calpurnia come parte della famiglia, lei continuava a provare una sorta di pudore, di reticenza nei loro confronti. La madre e la figlia di Cesare erano persone splendide, ma tra i suoi affetti erano venute dopo. Costituivano la sua famiglia secondo la legge di Roma, ma nel profondo del suo cuore la gerarchia restava un'altra. Prima di tutti venivano suo padre e Filodemo, le guide che avevano fatto di lei ciò che oggi era; poi Lucrezio, un fratello maggiore acquisito, taciturno e affidabile. Era sempre presente, con una parola di lucidità e un'altra di conforto, con la sua umana comprensione calata però nel distacco razionale dal mondo.

Fu molto gentile, mesi dopo la sua ultima missiva, ad andarla a trovare.

La vita di campagna l'aveva rinvigorito: gli zigomi mostravano la loro struttura energica e la pelle aveva un colorito finalmente sano. Le rughe d'espressione, soprattutto, non erano più enigmatiche, ma chiaro segno della vita vissuta, nei momenti lieti e in quelli disperati.

Giunse tra quelle mura mentre la fine di ottobre portava, imprevista, del raro nevischio. Quando l'ostiario chiuse il portone dietro le sue spalle, un ultimo sbuffo di fiato gli si condensò davanti al viso.

Calpurnia gli corse incontro e Lucrezio si sentì tornare

indietro di tanti anni, come se dal cuore di Roma fosse caduto all'improvviso nella villa sul mare e raggiungesse sulla spiaggia il suo precettore Filodemo.

«Piccola...» la salutò intenerito, portandole una mano alla testa e accorgendosi in quel momento di come lei fosse pallida.

«Sono felice di vederti. Il tuo poema prosegue bene, a quel che mi dici nelle lettere...»

«Sì. La pace della villa rustica mi ispira molto, il lavoro manuale mi aiuta a concentrarmi. Ti ho portato dei brani, perché tu li possa leggere.»

Non le disse che la trovava spenta, troppo diversa dalla ragazzina che aveva visto crescere. Non le sarebbe stato di nessun aiuto, così Lucrezio riprese il proprio racconto, mentre lei lo faceva accomodare nella stanza dove riceveva gli ospiti personali.

«La salute di mio padre è compromessa in modo irreversibile, ormai» le disse. «Ma cercherò comunque di recarmi a Ercolano. Tu non vai mai da Filodemo?»

«Lo vorrei molto, ma la villa è uno degli scenari più sfruttati dagli avversari di Cesare per inventare malignità. La dipingono come sede di una congrega di pervertiti che spendono le giornate in orge.»

Lucrezio si fece scuro in volto come il cielo prima di un temporale, piegò le labbra in un'espressione disgustata.

«Queste sono bestemmie!»

«Non posso farci nulla, anche se queste voci mi indignano. Papà è tornato da poco dalla Macedonia, prenderà lui stesso provvedimenti.»

Aveva l'aria severa anche lei, adesso, e battagliera, ma il

suo spirito era frustrato dall'inattività obbligata.

«In ogni caso,» riprese, «dovrò anche capire cosa è successo a mio padre. In queste poche settimane  non ho avuto ancora occasione di parlare con lui, se non in qualche incontro molto formale e volatile, in pubblico.»

«Se conosco bene Lucio Pisone, mi sembra un comportamento molto strano.»

«Esatto! Per questo ho la certezza che qualcosa non vada per il verso giusto. In ogni caso, cercherò di risolvere quanto prima.»

«Ho letto le tue lettere» riprese Lucrezio, schiarendosi la voce. «Non ti ho risposto perché sapevo che sarei giunto a Roma prima delle mie stesse missive. Mi sono soffermato in particolare sul tuo primo incontro con un reduce mutilato. Le riflessioni e le domande che poni mi colpiscono sempre. Eppure, come avrai notato, sono carente di risposte. Non ho mai marciato con le legioni di Roma e, in tutta onestà, non ho idea di cosa spinga un giovane a farlo. Posso forse capire cosa spinga Cesare. E non intendo il potere.» Lucrezio si sedette, mentre Calpurnia chiedeva a un'ancella di versagli vino caldo in un bicchiere. Guardava l'amico negli occhi, attentissima ad ogni parola che pronunciava. «O meglio, non solo quello. Credo che una forte influenza l'abbiano anche le illusioni tramandate.»

«Cioè? Cosa intendi?» Calpurnia si avvicinò al focolare, senza distogliere lo sguardo. Accanto a lei il gatto Remo continuò a sonnecchiare con algida indifferenza, dopo aver analizzato le presenze muovendo le orecchie.

«Intendo che,» Lucrezio posò il calice e si protese,

come per raggiungere la chiarezza del pensiero. Guardava la danza ipnotica delle fiamme, il loro avvicendarsi per svettare più alte anche solo per un istante, «i concetti che ci inculcano con la prima educazione sono le vere basi su cui si fonda Roma e sulle quali costruiremo il nostro destino. Discendere da Venere e da Enea è un'illusione, la gloria di Achille e di tutti i guerrieri è un'illusione. Ma in fondo, anche con la razionalità dell'età adulta, continuiamo a crederci. E finiamo per sentirci chiamati per un determinato ruolo. Lo stesso potrei dirti delle donne: la madre dei Gracchi, Cornelia, o la fedele Lucrezia che preferisce la morte alla vergogna, vengono sempre additate come esempi da seguire alle bambine, che quindi crescono interpretando come desiderio spontaneo quel dipinto abbozzato nella loro mente durante gli anni dell'infanzia.»

«È una teoria molto interessante. Come ti è venuta?»

«Osservo molto tutto ciò e tutti coloro che mi circondano. Se possibile, ancora più di prima. Forse,» sospirò, «mio padre non avrebbe potuto essere differente.»

«Però hai detto tu stesso che con la ragione e il coraggio possiamo elevarci dal nostro stato.»

«Non che sia facile.» Le rivolse un sorriso amaro come miele di castagno. «Comunque Roma cambierà quando cambieranno le illusioni dei Romani. E il giorno in cui non crederà più in sé stessa, avrà termine.»

Convennero che nessuno sforzo razionale avrebbe consentito loro di approfondire le domande inquiete di Calpurnia: solo chi è baciato da Marte può capire i guerrieri.

«Passando da Marte a Venere, hai qualche notizia del nostro Catullo?»

«È molto strano, ma non vedo da parecchio nemmeno lui.»

A quella risposta seguì un silenzio pensoso: nessuno dei due voleva riconoscersi preoccupato per il loro comune amico il quale, tra tutti, era sicuramente il più fragile.

# CAPITOLO VIII

E infine fu proprio Lucio Pisone a farsi avanti e riprendere con la figlia un discorso che aveva già cercato di accennarle per lettera. Forse l'allusione era stata troppo criptica o forse era stata ignorata per scelta. Procrastinare era stato sempre il suo forte, sicché attese l'incontro sperando che lei, più decisa, avrebbe affrontato la questione al posto suo, ma non accadde. E fare il primo passo lo inquietava. Le circostanze, peraltro, invitavano a rimandare: aveva molti affari da sistemare dopo il lungo periodo passato lontano dalla città. Ogni volta che incontrava Calpurnia, Lucio finiva per comportarsi in maniera sbrigativa e febbrile, mostrandosi più impegnato di quanto realmente fosse; gli piangeva il cuore farlo ma, prima di presentarsi da lei per sollevare certi argomenti, doveva trovare in sé il coraggio. Decise infine di lanciarsi e così fece, una mattina di novembre, assolata ma freddissima.

Mentre aspettava che lo raggiungesse, Pisone invocava tutti i ricordi migliori di sua moglie, sperando che in qualche maniera potesse ispirargli le parole più adatte. Lui voleva solo tutelare la loro Calpurnia, proteggerla.

«Papà!» Lei entrò nell'atrio, radiosa per la gioia di trovarlo lì. «Che bello vederti!»

«Sei magnifica, oggi» sussurrò Pisone estasiato, guardandola dall'alto in basso. I capelli erano acconciati con eleganza e discrezione, un nastro chiaro li coronava per poi intrecciarsi sulla nuca, la palla verde smeraldo le fasciava il corpo giocando con dei ricami piccoli e preziosi. «A cosa si deve tanta eleganza?»

«Incontri, diplomazia... doveri.»

«Sembri quasi l'ambasciatrice di Cesare.»

«O della sua immagine migliore.»

«Decisamente.» Lucio convenne, poi unì le mani e iniziò a torturarsi i pollici con metodo.

«Ti vedo in salute. Ti senti in forma, vero?»

«Grazie ai Numi, sì, sto bene.» Calpurnia iniziò subito a sospettare dove volesse arrivare il padre.

Un altro.

«Ecco, mi fa piacere. Specie considerando che tra un mese circa partirai per Verona.»

«Farò sosta anche a Placentia e sarei felicissima se tu venissi con me.» Calpurnia spostò con grazia l'asse del discorso. «C'è una tua prozia molto anziana che ti ricorda ancora con la bulla: l'anno passato me l'ha ripetuto infinite volte. Troppe anche per la mia pazienza!» rise.

«Mi farà piacere. Comunque,» Pisone fece una breve pausa, «mi dicevi che ti senti in forze per il viaggio...»

Lei sospirò spazientita e iniziò a camminare lungo il porticato, per allontanarsi dalla servitù e rintuzzare il padre con discrezione. «Papà, dimmi pure quello che stai pensando.»

«Nulla di particolare.»

«Dimmelo, per favore, prima che ti anticipi io.»

Colpito nel vivo, Lucio Pisone capitolò ed espose i sui pensieri in un sol fiato: «Pensavo che potresti fare voto a Giunone Lucina, o andare al tempio di Esculapio chiedendo agli dèi di propiziarti la fertilità.»

"Quanto avrei voluto che ci fosse tua madre in questo momento... lei avrebbe avuto le parole giuste!" pensò.

«Ma papà!» Calpurnia lo guardò quasi implorante. «Non è da te fare certi discorsi. Da quando ti vengono certe idee?»

Solo a quel punto Lucio Pisone riuscì ad aprire, senza pensarci, il cuore.

«Da quando possono proteggere mia figlia.» Le sue parole risuonarono convinte, fermissime, quasi imperative. «Qualsiasi cosa possa aiutarti e difenderti, per me va bene.»

«Finirà questa guerra, no? Ecco, quello sarà sufficiente.»

«Figlia mia, le voci corrono. Tutti sanno che...»

«Cosa sanno, cosa?» Calpurnia portò le mani alle orecchie e abbassò il viso, esasperata e imbarazzata. «La gente potrebbe occuparsi di tante questioni davvero più interessanti.» Riprese a camminare a passo così veloce che Lucio Pisone faticava a starle dietro.

«Per favore, figliola, fermati un attimo! Rallenta...»

Voltandosi, Calpurnia obbedì. Notò che il padre era affannato: non era mai stato un uomo attivo. Era un pensatore, un sognatore e un amante della buona tavola, non certo un atleta o un guerriero; gli anni, forse, iniziavano a chiedergli il conto. Gli lasciò prendere fiato.

«Calpurnia, credimi, non volevo offenderti o metterti in imbarazzo.»

«Lo so. Purtroppo so anche cosa riesce a dire la gente.

Ma ho imparato a far finta di nulla. Preferirei
che mio padre facesse altrettanto.»

«Ci proverò, te lo prometto. Però capisci anche che, proprio perché sono tuo padre, mi sento in dovere di tutelarti e di pensare al tuo bene, qualunque sia la strada per raggiungerlo. Se ci fosse stata tua madre, o se tu avessi avuto una sorella più grande, avrebbero provveduto loro. Ma io sono solo. Proprio non vorresti andare al tempio?»

«Preferirei di no.» Le sue parole erano amare. «Immagini le chiacchiere? Non mi ci far pensare, te ne prego.» Prese la mano di Pisone e la strinse con forza. «Non è facile, papà, riuscire a fare sempre la cosa giusta, essere al di sopra di critiche e sospetti. Essere solleciti, impeccabili, saggi, sorridenti. Ma è ciò che ci si aspetta da me e io sto cercando di farlo. Contro i pettegolezzi, però, non c'è antidoto. Posso sopportare di sentire sciocchezze di ogni genere. Ma ci sono cose di cui preferirei non si parlasse affatto.»

Lucio Pisone aveva voglia di stropicciarsi gli occhi per riprendere il contatto con la realtà, come dopo un sogno. Era proprio sua figlia che parlava così? Era cambiata così tanto in soli due anni? Più saggia, più concreta, amareggiata, ma anche determinata. La sua bimba, il suo bocciolo. «Accompagnerai me. Diremo questo. D'altronde non sono più giovanissimo e, guardami... sono pallido come le maschere di cera degli antenati!» gli brillarono gli occhi. «Anche questo è uno dei tanti pettegolezzi che girano a Roma!»

Calpurnia lo abbracciò: Lucio Pisone era davvero una persona amabile. «Sono così fortunata ad averti.»

«Calpurnia, io...» balbettò e cercò il coraggio, ora che la stretta della figlia gli consentiva di non guardarla negli occhi.

Non era ancora il momento di dirle che aveva deciso di risposarsi, perché quella scelta nasceva anche dalla presa di coscienza della posizione di entrambi: senza un figlio, Calpurnia era vulnerabile e così lui. L'alleanza con Cesare poteva sciogliersi con una semplice lettera; Lucio sapeva che Cesare non era ingrato – avrebbe sempre riconosciuto i meriti della figlia – ma per natura e condizione era incline a seguire l'opportunità migliore. Lucio quindi doveva proteggersi, pensare alla propria carriera e anche al futuro della sua primogenita.

Mentre camminava al fianco di lei, si chiedeva se Calpurnia avesse intuito la reale preoccupazione che lo animava e che nulla aveva a che fare con la salute. Un ombrellino la schermava dal sole crudo di novembre e gli occhi di sua figlia, così azzurri, sembravano sorgenti di pensieri trattenuti. Ci credeva davvero che sarebbe bastata la fine della campagna gallica per "sistemare tutto"? Oppure, brandiva con grazia una vaga speranza per proteggere un dolore nascosto?

Il vento alzò polvere e foglie secche, una mela caduta da un banco gli rotolò tra i piedi e il vociare della gente sommerse i suoi pensieri di padre. Roma era riuscita a sbranare anche quelli.

# CAPITOLO IX

Alla fine riuscì a scapolare, tra impegni e saluti, la visita al tempio con il padre. Sarebbe stato oltremodo imbarazzante, ma il solo averne parlato con lui le aveva sbattuto in faccia il proprio dolore, la propria solitudine e fragilità. Quel discorso aveva infranto il vero scudo di Calpurnia, togliendo forza alla frase che ripeteva sempre per difendersi da chi paventava la sua sterilità: "basterà che la guerra finisca".

Così il viaggio verso Verona fu un patimento. Se arrivare a Placentia era un'abitudine che le rinfrescava i ricordi d'infanzia, le ultime miglia necessarie a raggiungere Cesare, ospite di Catullo per i mesi di gelo, furono tormentose. L'umidità le appesantiva l'animo e tutto quel che desiderava era avvolgersi in una coperta pesante, come un baco da seta, e dormire fino a dimenticare tutto.

Anche Cesare le apparve stanco, ma in maniera diversa. La disillusione era caduta sulle spalle di Calpurnia, già provata dalla necessità di inglobare gli eventi e spegnerli in sé. Lui invece era dimagrito, forse invecchiato, ma in una condizione che qualche giorno di terme avrebbe comunque potuto migliorare. Era rapito dal ruolo di comandate, si sentiva sé stesso. Era partecipe della vita di ogni legionario, il primo a sporcarsi le mani, a farsi avanti a proprio rischio. Era abile a districare i mille imprevisti che sorgevano di continuo; deciso, implacabile, comandava con glaciale razionalità e focosa passione. I soldati lo amavano e lui amava sentirsi del tutto libero, quando il suo mantello rosso spiccava tra le nebbie del nord, quando si copriva di fango nei fossati. Era realizzato, senza le noie dei patetici intrighi senatoriali. Questo raccontava di lui il sorriso con cui la accoglieva, al fianco di un uomo che sembrava la versione canuta del loro amico Catullo e, in effetti, ne era il padre. La aspettavano un bagno caldo e profumato e un pasto ristoratore.

«Dov'è Valerio?» chiese a Cesare, che la accompagnava di persona verso la loro stanza con una gentilezza non richiesta e che, pensava, finiva solo complicare il suo stato d'animo.

«Si fa vedere poco o nulla, ma a pranzo dovrebbe esserci. Mi dirai, poi, che ne pensi...»

Annuì e non poté fare a meno di sorridere, sebbene punta dalla preoccupazione per l'amico. Sì, come Cesare stesso le aveva detto qualche anno prima, avere un cuore a Roma era un grosso problema.

L'ingresso di Catullo nel triclinio fu spettrale. Non disse una parola, non salutò; Calpurnia soffocò un'esclamazione e Cesare con un cenno le suggerì che la situazione era quella davanti ai loro occhi: il giovane poeta stava male, non parlava, non interagiva. Catullo prese un pezzo di formaggio e delle noci e se ne andò, in silenzio com'era entrato. Calpurnia seguitò il pasto, partecipò alla discussione ma aveva già deciso cosa fare e ribolliva dentro. Non male, in quel clima. Infine, passato un tempo ragionevole, chiese permesso di assentarsi e, a passo rapido, cercò il suo amico.

Quando stava per perdere le speranze di trovarlo – magari si era chiuso nel suo cubicolo o in qualche studio – lo notò, con la coda dell'occhio, su una terrazza che affacciava sul lago. Aveva lo sguardo fisso su quell'orizzonte dolcemente strangolato dalla nebbia.

Non c'erano statue a distrarre dal paesaggio quasi onirico, nessuno di quei simulacri di divinità mediterranee cui aggrapparsi per non lasciarsi risucchiare, per non cadere nella contemplazione del biancore vischioso che risaliva dalle acque. L'eleganza della villa di Catullo risiedeva nella discrezione: gli eccessi non erano adatti a quel luogo. Lo splendore doveva essere donato dal lago, fratello e onesto specchio del cielo in tutte le stagioni, persino in quella.

«Ero sicura che fossi a Roma» esordì lei con voce seria, raggiungendolo. «Lucrezio mi ha chiesto di te, ti ha cercato. Eravamo tutti preoccupati. Da quanto ti trovi qui?»

«Ce n'è sempre tanta, da queste parti... di nebbia» rispose lui, con voce stranita.

«Non mi hai risposto, Valerio. Da quanto sei qui?»

«Il cielo qui non è mai bello come a Roma.»

«Valerio, per favore, cos'hai?» Calpurnia iniziò ad allarmarsi.

Sulle ciglia nerissime di lui apparvero piccole lacrime. «Hai mai pensato, Calpurnia, che immergersi nella nebbia sia un po' come varcare la porta del regno dei morti?» A quel punto si voltò verso di lei e cercò di sorridere di cuore, perché era davvero felice di vederla, ma era una scintilla nel buio in cui era caduto.

«No. È solo un fenomeno naturale molto fastidioso.»

«Se invece fosse come dico io, ora entrerei nella nebbia e... smetterei di soffrire!» strascinò la voce.

«È successo qualcosa con Clodia?»

«Mi ha fatto molto male.»

«Posso sapere cos'è accaduto?»

Non le rispose e tornò a guardare la nebbia.

Lei insistette, con ferma gentilezza.

«Ho imbarazzo a dirtelo.»

Ma come, Claudia lo feriva e lui si vergognava? Cosa avrebbe fatto in un frangente del genere il buon Filodemo con i giovani del suo circolo? Probabilmente avrebbe tentato di riscuoterli. Decise di provarci, almeno. «Valerio, scusa se mi permetto di chiedertelo.» Gli si affiancò, iniziando a fissare come lui un punto indefinito di quel biancore filamentoso. «Secondo te, è giusto morire a causa di un amore infelice?»

«Se si ama troppo, sì.»

«Allora sarebbe logico rinunciare, piuttosto che morire. Che ne pensi? Non ti pare più saggio?»

Catullo non rispose.

«Ti faccio un'altra domanda» incalzò lei. «Cosa ti da più dolore? Amare, pur soffrendo e vivendo, o essere costretto a non amare per salvarti la vita?»

«Essere costretto a non amare. Di questo sono sicuro.»

Calpurnia sorrise: era riuscita a portarlo là dove voleva. Si accorse di avere i capelli increspati di umidità, ma ne valeva la pena

«E allora, Valerio, abbi coraggio e non varcare quel muro di nebbia.» Gli strinse le mani con vigore, per incoraggiarlo. «Saresti pavido a morire: facendolo, smetteresti di amare. E di scrivere le belle poesie che mi piacciono tanto!» aggiunse, per donargli una nota di allegria.

Catullo si riscosse, fece un pallido sorriso, primo guizzo di vita in quella grigia giornata. «E tu?» le chiese a bruciapelo.

«Io cosa?» Non si aspettava alcuna domanda.

«Ti giro la domanda che hai fatto a me. Non sei felice, vero? Non vedi mai Cesare, non hai idea di cosa vi leghi, ma credi che qualcosa ci sia, altrimenti ti avrebbe già ripudiata visto che non gli hai ancora dato un figlio. Dunque, tu, cosa preferisci fare?»

«Non so perché ti permetto di dire certe cose, peraltro neppure attinenti.» Calpurnia si incupì, scosse la testa e si ritirò di più nel mantello. «Non è così semplice e, comunque, non intendo parlarne. Né a Roma e neppure delle lettere che ti manderò già durante il viaggio, visto che ora so dove spedirtele.» Cercò di ammorbidire il tono, per non infierire. «Ma, ti prego, non pensare certe cose di te. Il grigiore smorto che ho qui davanti non merita il tuo calore e nemmeno i tuoi versi.»

Quando Calpurnia tornò a Roma, dopo aver passato un mese e mezzo a Verona, sentiva come non mai bisogno di andare a Ercolano, nella villa di suo padre, e l'impossibilità di farlo le bruciava come un'offesa personale. Le erano giunte voci, ma erano comunicazioni confuse e in Cisalpina non poteva averne il polso. Si sorprese comunque quando il padre le piombò in casa, cupo come un temporale, mentre lei doveva ancora rassettare le casse da viaggio. Lucio Pisone, di solito d'animo gioviale, quel giorno appariva scuro in volto e aveva gli occhi troppo arrossati per essere semplicemente raffreddato.

«Figlia mia, è successa una cosa molto seria. Leggi qui.» Le porse il testo di una lunga orazione.

Leggendo, Calpurnia si sentì gelare il sangue. Alzava di tanto in tanto lo sguardo in cerca di conferma e vedeva il padre fare smorfie per trattenere le lacrime davanti a lei.

«Chi ha avuto il coraggio di raccogliere tutte queste menzogne su te e Filodemo?»

«Marco Tullio Cicerone.»

«Un'orazione? Tutta contro di te?» Avrebbe voluto dire qualcosa per aiutarlo. Lui la abbracciò.

«Perdonami, Calpurnia. Quando mi parlavi dei pettegolezzi, non avevo idea di quanto potessero ferire quando toccano ciò che sentiamo come sacro. Non sapevo che potesse fare tanto male.»

«Papà, stai tranquillo.» Gli accarezzò la testa e facendolo si accorse che i capelli di lui cominciavano a imbiancare.

«Io non sono un eroe, non ho carisma né posso vantare ascendenze divine. In sostanza, io non sono Cesare. Però nella villa di Ercolano ho cercato di mettere tutto il meglio di me, per le cose che più amo. Vedere lo scopo di una vita infangato dalle menzogne mi devasta.»

Lei ripose in un angolo quei cartigli e prese le mani del padre, per fermarne il tremito e trasmettergli forza e vicinanza.

«Mi spiace, ma alcune critiche sono talmente assurde da essere ridicole: chi può crederci? Papà, tu non hai mai ballato nudo con Gabinio!» Poi, sorridendo, aggiunse: «Almeno non credo!» Risero entrambi, abbracciandosi, anche se lui ogni tanto singhiozzava ancora.

«No, no, mai fatto. Ma a questo punto glielo proporrò, ad Aulo. Per dare un senso ai vaneggiamenti di Cicerone. Il fatto è che la gente crede a tutto ciò che gli si dice e, anzi, più un oratore esagera, più ha seguito; più declama assurdità, più è popolare!»

«Ma dimentica altrettanto presto.»

«Non doveva farmi una cosa del genere proprio ora. Qualche mese fa ne avrei riso a crepapelle, tanto è caricaturale l'immagine di me che ha dipinto. Tuttavia, ora non è il momento. Vedi, Calpurnia, tu sei e sarai sempre la mia perla, la mia adorata figlia. Ma sono vedovo da troppi anni e ho bisogno di un maschio. Così ho deciso di risposarmi.» Lei, colta di sorpresa, non disse nulla. Era ovvio. Anzi, era strano che non fosse accaduto prima. Indirettamente però quella notizia le ricordò la sua situazione spinosa.

«A furia di razionalizzare il pensiero della morte, ero sicuro davvero di non temerla più. Ma a volte la vita e la filosofia fanno a pugni. Quando tua madre è mancata...» Calpurnia si accorse che il padre cercava con tutte le sue forze di non commuoversi a quel ricordo. «Io ho fatto il possibile perché tu non soffrissi della sua scomparsa.

Sono stato forte, allegro, sereno con te. Non ti sei accorta di nulla, vero?»

Calpurnia scosse la testa: non ricordava molto di quel periodo. Immagini vaghe, un senso di ineluttabilità, ma nulla di più.

«Allora ho finto bene» rivelò lui, con un sorriso amarissimo. «La sua morte mi spinse in una crisi profonda; devo ringraziare la saggezza e la pazienza di Filodemo che mi ha aiutato non solo a uscirne, ma anche a tenertene fuori. Avevo deciso di non sposarmi più. Non ho il carattere dell'avventuriero. Amo le donne, ma ho amato solo una donna. Tuttavia mi sono reso conto che la mia è stata paura di soffrire di nuovo.»

«Quello che dici mi lascia senza parole: dovrebbe sentirti Cicerone!»

Padre e figlia erano sempre stati vicinissimi, ma in quel momento vivevano una comunanza mai provata prima, uno scambio intenso e doloroso, un mettersi a nudo improvviso e toccante, durante il quale il loro comune passato, censurato e nascosto da felicità e paure, riemerse per unirli ancora di più.

# CAPITOLO X

Ci vollero mesi e mesi per avere di nuovo notizie di Catullo. Fu in maggio che arrivò una sua lettera, inattesa come la primavera che sboccia all'improvviso.

*Calpurnia, cara a me come sorella e agli dei come creatura di amabile saggezza, presto tornerò a Roma. Lesbia è venuta da me a Verona con la scusa dell'ennesimo soggiorno. Ci siamo chiariti e sono stati giorni commoventi. Prima di tornare a Sirmione, dove ci siamo incontrati, ho trascorso mesi in viaggio e pensavo di aver dimenticato Clodia: l'Asia riempie la mente, i pensieri. Durante il mio peregrinare ho potuto visitare la tomba di mio fratello maggiore, cui volevo molto bene. Pensare che di lui restino solo ceneri mi ha fatto provare una tristezza infinita. Poi è arrivata Lesbia e mi ha ricordato che sono vivo e che l'amore ci allontana dagli affanni e dalla morte. Abbiamo vissuto quei giorni con tenerezza e quotidianità, davvero sentendoci marito e moglie, fedeli e innamorati, nei giardini dell'età dell'oro. Clodia mi ha confessato di aver passato un periodo di profonda confusione... d'altronde lei è sposata. Ma ha deciso cosa vuole fare: si farà lasciare dal marito e sposerà me. Ed era sincera, te lo giuro.*

*Che gli dèi ti serbino in salute.*

Lesse la missiva nel cortile di nuovo illuminato da un sole caldissimo e limpido, mentre le erbe aromatiche concedevano con generosità il loro profumo. Quella vertigine d'inizio estate poteva quasi stordire. Sentì un tremito vitale frangere la malinconia. Si precipitò a rispondere a Catullo con una sorta di affanno emozionato e confuso.

*Ricordo bene quando mi hai raccontato il momento in cui, mio caro Valerio, desiderasti che Clodia diventasse tua moglie e non solo la musa che dà un senso alla tua vita e ispirazione alle tue poesie. È stato il momento in cui si addormentò stringendoti le mani. Mi colpì il pudore con cui narrasti quel piccolo aneddoto: tu che declami carmi sfrontati davanti a tutti, quasi volevi tenere solo per te quel dettaglio, pieno di sacra tenerezza. Perché non dedichi una poesia allo struggimento che hai provato in quell'istante? Ho desiderato conoscerlo anche io, mentre leggevo le tue parole.*

Quando la andò a trovare, due mesi dopo, Catullo teneva quella stessa lettera tra le mani. Sorrideva. Probabilmente in quel periodo aveva mangiato in maniera regolare e aveva recuperato sonno perché i tratti del viso erano di nuovo pieni e il colorito sano.

Raccontò di un ulteriore soggiorno presso Clodia, che aveva quasi ufficializzato il loro amore. In quel momento, era evidente, Catullo si sentiva appagato. Ma l'idea che la sua realizzazione fosse legata alla costanza dei sentimenti di Claudia le dette un brivido.

«E così tu, Calpurnia, la conosci...» le disse.

«Sì. Non ne ho mai fatto parola perché avreste iniziato a farmi domande l'uno sull'altra e viceversa. E io non voglio. Vi fareste del male, vi farebbe male: ci sono cose che dovete dirvi tra voi e non tramite una comune conoscenza. Non mi è stato necessario mentire, Valerio. Ho approfittato di un dato di fatto: io detesto chiamarla Clodia. Per me, lei è Claudia. Mi sembra che Clodia suoni terribilmente!»

«Non l'avrei mai detto: voi donne siete delle creature sensazionali.»

«Claudia me lo dice sempre» pronunciò il vero nome di lei con voce compiaciuta, dischiudendo il suo sorriso fresco. Riempì un calice di vino e glielo porse. «Sostiene che gli uomini siano creature semplici. E che questa vostra semplicità vi renda adorabili!» rise, mentre Catullo aveva perso l'aria smarrita e partecipava divertito a quel discorso.

Se lo sarebbe dovuto aspettare, dalla sua Lesbia. Anzi, in tanti momenti avrebbe giurato che lei pensasse così, ma immaginarla intenta a confidarsi con un'amica era davvero spassoso: Clodia scuoteva tutti i ricci neri quando parlava, e protendeva sempre il busto in avanti... E gli occhi di Calpurnia, che indagavano e, infine, ridevano prima della bocca... Poteva vederle, quelle due, nella sua fantasia.

Valerio alzò il calice: «Alla mia amatissima Lesbia, e alla mia sorellina diletta, Calpurnia!» rise ancora. «Non avrei creduto che tra voi ci potesse essere amicizia. Siete così diverse.»

«Se tu avessi seguito il *cursus honorum* invece di dedicarti alla poesia, non avresti parlato così» replicò lei.

«Ah, no?» Catullo replicò giocoso, senza prevedere, allegro com'era, dove avrebbe condotto la sua domanda.

«Avresti detto: "Fate attenzione che le vostre chiacchiere non diventino pettegolezzi e poi voci incontrollate".» Calpurnia atteggiò la voce in tono severo. «Il silenzio a volte diventa un abitudine» sospirò infine, stringendosi nelle spalle. Poi sorrise, chiamò l'ancella perché portasse via la brocca di vino mentre lei prendeva il calice ormai vuoto dalle mani di Catullo e lo riponeva in un punto più distante.

«Mi spiace.»

«No, non devi. O meglio, io non avrei dovuto lamentarmi. Scusami.»

Ma quell'accenno alla sua condizione intristì Catullo. Si sforzò di non darlo a vedere. In quante poesie lui aveva cantato la possibilità di unioni felici, nobilitate dai valori romani della fedeltà e della devozione alla stirpe, pervasi di una nuova dolcezza? Era doloroso constatare sempre come il suo ideale e la realtà si opponessero. Non era accettabile. Non per chi aveva il cuore puro come loro.

# CAPITOLO XI

Il padre di Calpurnia passava meno a trovarla da quando si era risposato.

Lei era felice che Lucio Pisone avesse trovato il coraggio di compiere quel passo. Raramente un patrizio senza figli maschi sopportava vent'anni di vedovanza, ma lui aveva sempre osservato la morte con gli occhi dello studioso epicureo. Così, quando quella gli aveva sbarrato la strada, strappandogli in un colpo solo la moglie e il figlio che nemmeno aveva visto la luce, era rimasto così sconvolto da evitare una nuova unione per il timore di soffrire di nuovo. A Pisone vestivano stretti i panni del *pater familias*, disposto a sacrificare la felicità dei cari per il dovere, per l'Urbe, per le tradizioni: aveva un cuore morbido, che accompagnava le proprie azioni con gentilezza interiore e con spirito sorridente.

A Calpurnia faceva uno strano effetto guardare la giovane donna che era diventata la moglie del padre e che aveva quattro anni più di lei. Al padre doveva almeno riconoscere un buon gusto, o una considerazione della sensibilità altrui, che ai triumviri mancava. Era sicura che quella donna sarebbe stata felice, perché Pisone era una brava persona. E le procurava quasi una vertigine pensare che, dopo decenni, lei avrebbe potuto avere un fratellino o una sorellina.

In quel momento si sentiva staccata dal padre, come

emancipata dal legame filiale che li aveva uniti fino ad allora, ma nel contempo quasi parificata e quindi più vicina alla sua essenza: lo osservava da una distanza maggiore, ma con più profondità.

La primavera era già sul finire e Lucio Calpurnio Pisone stava per partire e raggiungere la villa quando, una mattina che sembrava come le altre, mandò a chiamare la figlia con urgenza.

La fretta non era tipica di suo padre, pensava Calpurnia, preoccupata, affannandosi verso la casa di lui insieme a due ancelle: doveva essere accaduto qualcosa.

Lucio l'aspettava di persona sulla soglia.

«Vieni, vieni con me.» Le afferrò la mano destra e precipitosamente la portò verso la stanza più bella della casa, destinata a ricevere solo i più cari tra i suoi ospiti. Nessun senatore infatti aveva mai avuto il privilegio di entrarci.

Nella penombra vide una sagoma adagiata su un letto, strizzò gli occhi per osservare meglio e dovette attendere che si adeguassero alla mancanza di luce per identificare la persona che giaceva lì.

«Lucrezio?» Il poeta sembrava immerso in un sonno profondo, ma disturbato. «Cosa gli è successo?»

«Non lo so! Stavamo parlando della gestione quotidiana della mia biblioteca e del fatto che sarebbe partito con me a breve, per Ercolano. A un certo punto si è come bloccato. La coppa gli è scivolata di mano e il suo corpo ha perso forza. L'abbiamo trascinato qui a fatica perché era del tutto inerte. Non siamo più riusciti svegliarlo.»

«È qualcosa di grave, allora... Lucrezio mi ha raccontato che una cosa simile accadde alla sorella.» Pisone la guardò con aria interrogativa: non ne era al corrente.

«Hai già mandato prendere il tuo medico?» gli chiese Calpurnia.

«Sì, è sulla via.»

«Allora intanto io faccio venire anche Antistio. Se c'è un modo di aiutare Lucrezio, sarà lui a trovarlo.»

Precedendo in velocità quello di Lucio Pisone, il medico personale di Cesare arrivò in fretta. Era un uomo dalla corporatura nervosa, circondato dall'odore delle erbe e dell'aceto che maneggiava in abbondanza. Aveva consacrato la sua vita alla sua scienza e quindi era il migliore: Cesare, che non aveva mai badato a spese nemmeno quando sarebbe stato necessario farlo, l'aveva ingaggiato per questo.

Antistio dedicò a Lucrezio una visita lunga e accurata, durante la quale nessuno fiatò. Al termine si voltò verso tutti quelli che attendevano il suo responso.

«È come se avesse preso un colpo in testa, ma senza sbattere» disse. «Ciò non mi permette di intervenire: non posso sapere dov'è esattamente il problema. Questo sonno, tuttavia, è la sua medicina. Lo sta proteggendo. Non bisogna cercare di svegliarlo, non bisogna disturbarlo. La stanza deve essere fresca e buia, lui ben coperto; dovete bagnargli le labbra con acqua e un po' di miele. Pochissimo, per carità. Solo per dare forza al corpo. Niente stimoli, odori, sapori, rumori. È la sede della mente che deve guarire.»

Poco dopo Lucio e la figlia si trovarono seduti uno di fronte all'altra con la stessa aria abbattuta e smarrita. «Possiamo solo aspettare» commentò lui. Calpurnia annuì e insieme scivolarono in quel limbo d'attesa in cui non è chiaro neppure cosa sperare.

Lucrezio si svegliò a fatica solo due giorni dopo: era confuso, affaticato, incerto nei movimenti e sonnolento. Ci volle un mese perché si rimettesse in piedi; durante quel periodo, Lucio Pisone lo accudì come un figlio. Non lo andarono a trovare in molti ma, almeno, erano tutti amici sinceri. Questo fu Calpurnia a notarlo, assistendo in silenzio a quegli incontri: all'ora delle ombre, quando anche quella di Cesare si liberava dei suoi obblighi nei confronti della luce e poteva muoversi libera, andava a far compagnia a Lucrezio nella casa del padre. Se lui era stanco, lei si limitava a stare in piedi in un angolo della stanza, senza parlare.

Ma Lucrezio era cambiato dopo il malore che l'aveva colto.

Era più cupo e insieme più brillante, instabile e irrequieto, come se un pensiero lo tormentasse, gli donasse squarci di intuizione che poi venivano obnubilati da un fumo nero. Pareva vedere ciò che fuggiva e, al contempo, cercava. La tristezza si impadroniva spesso di lui: Antistio riteneva fosse un normale esito di quella malattia, che aveva osservato in molti suoi pazienti. Lo stato d'animo era peggiorato dal fatto che la gamba destra sembrava non volerne sapere di muoversi bene. La mente di Lucrezio, sull'orlo della morte, era rimasta sconvolta dal vuoto che l'attendeva?

Una sera, quasi sottovoce, Calpurnia gli chiese se ricordava cosa avesse sognato durante i giorni in cui era stato immerso in quel sonno malato.

«Ho condiviso il buio con mia sorella» le rispose, senza aggiungere altro.

Quando le forze gli bastarono, Lucrezio lasciò Roma per cercare conforto nella natura. Andò al lago, dove il frinire delle cicale era ipnotico. Mentre passeggiava, davanti agli occhi gli apparve un muro nero. Lucrezio scosse la testa, le acque recuperarono il loro posto nel mondo e il coro delle cicale riprese. Si portò una mano alle fronte. Era sudato. Aveva freddo. Che gli prendeva? Meduse si impossessarono della sua fantasia, nuotavano verso di lui come glauchi occhi di morente. «Basta! Basta!» si portò le mani al volto, per allontanare quelle immagini. Gridò e le cicale tacquero. Andò a stendersi sotto un albero. Il respiro era affannato: qualcosa gli stava sfuggendo di mano. La sua mente si inerpicava in sentieri troppo irregolari per essere percorsi alla rapidità del pensiero.

Fu Lucio Pisone a insistere perché Lucrezio tornasse a Ercolano. Calpurnia non era d'accordo.

«Se in caso di necessità mandassi a chiamare Antistio, il suo arrivo sarebbe questione poco tempo. È meglio che rimanga qui a Roma.»

«Ascolta, figliola... Io credo che Lucrezio non sia più la persona che conosciamo. So che averlo vicino ti conforta, pensare di aiutarlo ti dà forza. Ma non è quello di cui lui ha bisogno. Sarà Filodemo, il suo maestro, a donargli di nuovo pace.»

Calpurnia si strinse nelle spalle e sorrise con un pizzico d'amarezza. Stava perdendo un fratello o era tutta un'illusione, un abbaglio dei medici? Lucrezio sarebbe tornato quello di prima, come accade dopo una pur grave malattia del petto? Avrebbero passeggiato di nuovo al tramonto, tra domande inquietanti e risposte serene?

«E va bene, papà. Mi fido del tuo giudizio. Ma ti prego, vi prego: tenetemi informata sulle sue condizioni.»

Lucio annuì, con aria grave.

# CAPITOLO XII

*Anno 700 dalla fondazione di Roma (54 a.C.), consoli Lucio Domizio Enobarbo e Appio Claudio Pulcro, Roma.*

Cesare aveva fatto l'impossibile per mantenersi influente a Roma, agendo come se potesse arrivare in città, come se in un certo senso fosse lì, seppur non visibile. Tuttavia la guerra si era inasprita: le sue truppe si trovavano più distanti e tutte le energie di lui erano assorbite dalle campagne militari. Proprio in quel periodo Crasso, durante il consolato diviso con Pompeo, riuscì a farsi conferire per legge il comando delle province siriache. L'appoggio del collega, di Trebonio e di abbandonate oro a condimento delle sue richieste fecero la differenza.

Pompeo così sarebbe rimasto solo a Roma e già pregustava il pensiero di quel potere grandioso. Sembrava che la Vittoria avesse deciso di riversare ogni pienezza e benedizione su Gneo Pompeo Magno, che aveva appena eretto il primo teatro in muratura di Roma, con tanto di tempio dedicato a Venere.

E poi, a coronamento del suo potere, stava per arrivare un erede: Pompeo sarebbe divenuto padre a breve. Giulia era incinta e lui faceva in modo che sua moglie venisse trattata come una creatura di piume e cristallo. Quel bambino era prezioso per Gneo, sarebbe stato un altro viatico per una gloria salda a lungo lavorata.

Giulia invece, frizzante e vivace com'era, detestava passare le giornate a letto o seduta: tutt'al più le concedevano una passeggiata, ma sempre circondata da ancelle premurose e con un medico al suo fianco. Lei chiedeva spesso che Calpurnia le facesse compagnia: in quel periodo così incerto le dava sollievo ascoltare i suoi discorsi lineari e pacati.

Evitavano qualsiasi argomenti riguardasse Cesare. Giulia si rendeva conto che Pompeo stava cercando di esautorarlo dal potere, di isolarlo, e sapeva che questo, considerando i tanti avversari del padre, poteva dire condannarlo a morte.

«Sai, Calpurnia...» iniziò un giorno, mentre era seduta davanti a un piatto ricolmo di manicaretti. «Ho capito ora cosa intendevi per "destino di Remo", quando commentammo il nome che avevi scelto per il tuo gatto.»

Lei inclinò la testa. Non pensava che Giulia ricordasse quel discorso e, a dire la verità, nessuno ci aveva più pensato.

Giulia si portò le braccia sui reni e stirò la schiena, mugugnando: sul volto aveva un'espressione infastidita, che stonava con la sua pancia tonda e soda.

«Ho sposato Pompeo e ho fatto il mio dovere, verso mio padre e verso la mia gens. Questo è stato importante per papà, per la sua carriera politica. Ora sto facendo il mio dovere verso Pompeo e spero che il bambino nasca in fretta. Sarà molto amato, ma sarà anche importante per la carriera politica di mio marito. Che però vuole affondare quella di mio padre. Se uno vince, l'altro perde. E chi perde, muore. Se ci penso, mi sento quasi una bambola.» Rimase un attimo in silenzio. «E, a proposito di Remo, porta al tuo gatto questi pasticci». Guardò con aria disgustata il piatto e lo afferrò. «Non ne posso più, mi rimpinzano come un riccio in una giara!» Esasperata, scagliò via i manicaretti con un gesto brusco. Calpurnia ebbe la prontezza di spostarsi e solo allora Giulia si accorse subito di aver quasi colpito l'amica con quei cibi che, ora, rotolavano sul pavimento.

«Scusami» gemette, all'improvviso consapevole della propria reazione. «Mi manca papà. Mi manca tanto. Temo per lui, vorrei averlo qui vicino a me.»

Era questa, quindi, la sofferenza che univa i figli e le figlie di Remo?

Il silenzio, la nostalgia, le lacrime nascoste.

Il senso assoluto di un destino imposto, al quale è impossibile ribellarsi se non scagliando via qualcosa, come bambini capricciosi.

Essere accessori, piccoli ingranaggi funzionali alla riuscita dei piani altrui, che a loro volta paiono dominati da trame superiori... eppure, chi poteva saperlo? Forse era solo un'illusione anche quella, una deformazione dovuta alla loro limitata percezione del tempo.

Questo pensava Calpurnia, abbracciando e accarezzando Giulia, che intanto singhiozzava contro la sua spalla, senza riuscire a fermarsi. Sembrava così piccola, così indifesa... si chiese se Pompeo cogliesse davvero ciò che le stava chiedendo: dare alla luce lo strumento che gli avrebbe permesso di sopraffare, nella lotta politica, l'amatissimo padre.

Valerio Catullo era riflessivo solo con lo stilo in mano. In quei momenti di concentrazione attingeva dal profondo del suo cuore i pensieri da maneggiare e soppesare. Per il resto del tempo viveva di emozioni forti e si lasciava schiaffeggiare da sentimenti opposti. Delle tante passioni che lo abitavano, lui era semplice terreno di battaglia: il capo assoluto, il ruolo di sovrano, era affidato all'amore. Catullo si compiaceva nel dire che nessun tiranno era più benvenuto; sapeva bene che qualsiasi despota può diventare pericoloso dispensatore di condanne a morte, eppure in quel periodo si sentiva alle stelle: credeva che qualcosa sarebbe cambiato davvero, che Clodia sarebbe davvero divenuta sua moglie e che dallo scandalo sarebbero approdati a un'unione che tutti avrebbero invidiato. Ne era convinto e scriveva con più foga e lena, mieteva più successi, rideva di più e beveva di meno.

Aveva finito per credere in quel legame con tutte le fibre del suo corpo, con ogni goccia del suo sangue.

Per questo si ritrovò in silenzio, con le braccia inerti e gli occhi vuoti ad ascoltare le parole banali della donna che amava, incattivite dalla totale indifferenza e dallo sguardo sollevato che gli rivolse nel momento in cui lui aveva detto: «allora me ne vado».

Le era venuto a noia Catullo, i suoi contrasti, gli slanci, la possessività. Si era stancata di amarlo.

Ma per lui quel sentimento era come l'aria: ci si poteva stancare di respirare?

Il trauma fu tale che, per una volta, agì senza passare prima dai suoi amici, senza sfiorare vino. Si ritirò a casa, dove scrisse varie lettere di commiato, alcuni biglietti, dispose tutto per saldare parte i debiti, sistemò le sue cose perché fossero rispedite a Verona e, alle prime luci dell'alba, guardando verso est con occhi spenti, lasciò Roma senza alcun indugio.

La notizia della partenza improvvisa di Catullo raggiunse Calpurnia dopo quattro giorni. Non c'era modo, ormai, di mandare qualcuno a chiamarlo. Lei era preoccupata: su un biglietto vergato con grafia tremolante, poche righe confuse accennavano a una lite con Clodia, che doveva essere stata peggiore di tutte le altre. Catullo non lasciava indizi che potessero far immaginare una destinazione, anche se era logico credere che fosse diretto alle proprietà di famiglia.

Sperando di trovare una via per aiutarlo, lei decise di incontrare Claudia il pomeriggio stesso. Calpurnia ne aveva sempre stimato la trasparenza e non aveva mai lesinato amicizia a una donna che si sentiva padrona della sua vita e agiva, seppur in modo discutibile, come tale. Ma questo non doveva implicare la possibilità di distruggere un cuore puro come quello di Catullo.

Quando parlarono dell'accaduto Claudia si difese con un filo di annoiato disinteresse, dicendo che Valerio era troppo ingenuo; guardò quasi con stupore Calpurnia che voleva difenderlo ma cercava di contenersi, misurando le parole, ponderandole con attenzione. Tutto quello sforzo, quel limitarsi, le faceva arrossare il viso e gli occhi, che brillavano tra la fronte bianca e le guance imporporate, tradendone tutto l'impegno e la passione.

«Forse avresti potuto usare termini diversi, Claudia.

Ogni cosa che dici ha un potere immenso su di lui, nel bene e nel male. Forse capisci che...»

«Certo che capisco, Calpurnia!» La voce di lei suonò aspra, quasi seccata. «Non sarò un'intellettuale come te, ma credo di avere, quantomeno, la capacità di ragionare.»

«Scusa, non era mia intenzione offenderti. Intendevo dire che, davvero, non riesco a comprendere cosa sia accaduto.»

«Ti spiego tutto io, mia buona e ingenua amica. Io non sono fatta per la vita che vuole lui, ammesso che tale vita esista! Certo,» Claudia non abbassava gli occhi nemmeno per un istante, «a momenti mi sono illusa che potesse essere una gioia sempre nuova, che potesse essere... bello... sì, bello. Ma poi ho ripreso a vedere le cose con obiettività. Non posso lasciarmi incantare: ne va di me. In questo, se vuoi, sono simile a tuo marito.» Tacque un attimo, abbassò gli occhi e prese del tempo. La punta della lingua batteva sui denti bianchissimi. Solo dopo un po' riprese il discorso. «Non lo disprezzi nemmeno un po'?»

Calpurnia corrugò la fronte: «Cosa stai dicendo ora, Claudia? Cosa c'entra Cesare con il nostro discorso?»

Lei, però, proseguì incurante delle obiezioni.

«Ti ha sposata per avere un'alleanza, poi ti ha lasciata a Roma come un pupazzo da riproduzione. E chissà che non si compri un'altra bambolina, visto che tu non riesci ad adempiere allo scopo per cui ti ha acquistata. Cara Calpurnia, non so se credi nelle favole, ma Roma è questo. Tutto ha un prezzo. Tuo padre ha ottenuto il consolato pagando con la tua verginità. Affare fatto: nulla di più semplice, no? Ma tu non hai ancora saldato il conto dovuto per restare al fianco di Cesare... metaforicamente parlando, visto dove si trova tuo marito!» In quel momento Claudia, come una vespa aggredita, attaccava in continuazione i punti vulnerabili del suo assalitore. Ed era intelligente, sapeva bene come e dove colpire. «Non dirmi, ti prego, che non l'hai mai disprezzato. Io, una vita così, come la tradizione comanda, proprio non la voglio.»

Nella stanza calò un silenzio compatto. Le due donne sembravano statue, elementi dell'arredamento al pari dei mosaici bianchi e neri e del vaso di vetro soffiato.

Quella calma quasi innervosiva Claudia. Aveva difeso la propria condotta e le proprie idee con un attacco in piena regola.

Prima di parlare, Calpurnia strinse le labbra e ingoiò con amarezza, con una contrazione nervosa della gola.

«Non credo di meritare ciò che mi hai detto, Claudia. Se hai fatto un errore e ti senti in colpa, non devi aggredire me per averlo saputo.» Si accorse che le mani le tremavano, come se tutta la rabbia e il dolore si fossero riversati lì, e si affrettò a coprirle con la palla. «Dunque, se questo è tutto ciò che hai da dirmi, reputo più opportuno tornare a casa.»

Si voltò e uscì senza lasciarle altro spazio.

Clodia aveva notato l'agitazione nascondersi nelle dita di lei e, quando la vide uscire, ebbe l'istinto di gridare, di fermarla, di riportarla nella stanza solo per avere soddisfazione, per sentirsi dire che, sì, aveva fatto bene, aveva ragione su tutti i fronti.

Ma sapeva anche che sarebbe stato uno spreco di energia.

L'eterea Calpurnia era forgiata nel ferro, non si sarebbe mai fatta scappare nemmeno un sussurro di troppo.

Non immaginava, però, quanto a fondo fosse riuscita a entrare, con la lama delle parole, nell'animo dell'amica.

Calpurnia raggiunse la casa a passo veloce e si ritirò nella propria stanza, infuriata, umiliata e preda, soprattutto, di un inquietante senso di nudità. Claudia aveva violentato il suo animo, ferendone una parte sconosciuta persino a sé stessa. La devozione può accompagnarsi al disprezzo? Questa spaventosa metamorfosi, questa osmosi di sentimenti opposti, esiste sempre in noi? Siamo davvero merce rancorosa? Compriamo, vendiamo e odiamo noi stessi e il prossimo? Provò inadeguatezza, disgusto e confusione. Sconvolta, si chiuse in camera, chiese alle ancelle di lasciarla sola e fece buio intorno a sé. Rimase a fissare il vuoto.

# CAPITOLO XIII

L'ennesima tisana addolcita dal miele aveva portato un'effimera pace al suo animo turbato.

Lucrezio allora aveva raggiunto la spiaggia e si era seduto lì. La sabbia era umida e gli occhi di lui erano rossi; le sue braccia smagrite e le gambe deboli. Non aveva mai voglia di mangiare: ne faceva volentieri a meno, nutrirsi gli suscitava disgusto.

L'aria di Ercolano gli aveva giovato, ma forse più che del clima benevolo era stato merito dei ricordi, della quiete e della distanza da Roma.

«È che i miei anni, ormai, sono tanti...» si disse, alzandosi a fatica.

Un braccio, un altro, poi le ginocchia. Camminò incerto sulla battigia. Aveva i piedi scalzi e l'acqua fredda del mare, il suo tocco rapido e improvviso, le sue trasparenze subitanee e i luccichii che accecavano ebbero un effetto tonificante su di lui.

"Oggi sto meglio" pensò. Non gli era mancato il fiato, non si era sentito morire né la testa gli girava, come ormai gli accadeva spesso. Il sudore ghiacciato non aveva bagnato la tunica troppo larga e quella sera era quasi riuscito a scrivere.

"Ma è tutto grazie alla medicina che mi ha dato la vecchia. Mi aveva detto che era molto forte ma forse, domani, provo a prenderne un po' di più..."

Si sentiva stanco dentro. Ripensava alla sorellina, al vecchio padre, al buio e tutto gli sembrava, semplicemente, faticoso e distante.

«Non è più in lui» aveva sussurrato Filodemo, indicandolo a Pisone mentre scuoteva il capo con aria sconsolata.

«Numi, che tramonto infelice per un uomo così grande.» Pisone si coprì gli occhi.

«No, Lucio, ti sbagli. Lucrezio non era un uomo grande. Era un uomo vero. E questo lo fa valere immensamente di più.»

Pisone si irrigidì. «Filodemo...?»

«Dimmi.»

«Hai... parlato al passato. Perché?»

Lui non rispose. Non lo sapeva.

Dissero che Lucrezio era morto dopo aver usato un filtro d'amore. Raccontarono che scriveva negli intervalli di pazzia, perché solo un folle – almeno per i benpensanti, che sempre giudicavano – poteva dare valore alla sofferenza di una mucca cui è strappato il vitello come vittima sacrificale per i Superi indifferenti. Quelle furono alcune delle tante voci alle quali solo gli insipienti, che provavano gioia nel vantarsi della loro ignoranza, poterono credere.

Lucio Pisone attese a lungo prima di comunicare alla figlia quel lutto.

# CAPITOLO XIV

Il vento tra i vicoli faceva rotolare con il suo soffio foglie, terra e trucioli. Calpurnia osservava l'avvicinarsi della brutta stagione e si sentiva travolta da eventi più grandi di lei, che guardava intimorita, come un nocchiero che vede annunciarsi tempesta nel nero lontano del cielo.

Rilesse la lettera che le era arrivata pochi giorni prima, le sue parole traboccanti di impeto, dolore, rabbia.

*Calpurnia, cara a me come gli dei, dolce sorella, quando riceverai la mia lettera sarò di nuovo a Sirmione dalla mia famiglia. Ho deciso di partire perché restare a Roma senza vedere Clodia per me non ha senso. Dovrei imparare ad accettare la perdita, la fine delle cose. Ma, come un bambino goloso, io non ci riesco e divento infelice. Dovrei accontentarmi, con saggezza e distacco, di ricordare quanta sia stata la felicità che lei mi dato lei, ma non riesco e mi tormento. Lesbia è stata il mio sole: un cielo che ne è privo non ha alcun senso. Ne abbiamo parlato tanto: non dimenticherò la pazienza e la gentilezza che hai avuto nei miei confronti, affrontando persino Clodia per me. Ma non riesco a rassegnarmi.*

*E poi la notizia della morte di Lucrezio mi ha sconvolto. Roma, senza di lui, non è la stessa. Non sono mai riuscito ad accettare la morte come parte della natura, non le perdono quella di mio fratello e non gliene perdonerò mai nessuna, anzi! Io la combatterò, a furia di rabbia e di amore, le getterò luce negli occhi e meglio che non si giri di spalle! Come posso perdonare la morte di essersi presa il nostro amico Lucrezio? Era il migliore dei Romani. La città è invasa da ometti come tuo padre o paraculi come tuo marito. Lucrezio era un uomo morale, una persona seria e buona. Un fratello maggiore per te e per me.*

*Spero che i due figuri che menziono sopra non ti facciano patire troppo. Quanto a me, sarò sempre tuo amico e fratello.*

Calpurnia abbozzò un sorriso per quelle ultime descrizioni che, adottando il punto di vista di Valerio, non facevano una piega. Era una magra consolazione pensare che, se Catullo si permetteva di essere sempre così esplicito con lei, era segno di profonda amicizia e stima.

Prese tutto il tempo necessario a rispondergli: le avrebbe fatto compagnia, si sarebbe intrattenuta con i pensieri da comunicargli. Era certa, però, che non avrebbe parlato della morte di Lucrezio. Era un dolore troppo vivo, in lei, perché potesse essere di conforto ad altri.

*Catullo, fratello mio, se tu stai bene sono felice.*

*La tua decisione di lasciare Roma mi ha addolorata, ma non meravigliata. In ogni caso non ho perso la speranza di vederti ancora una volta qui tra noi, a contemplare il Tevere quando riluce al sole.*

*Io non posso assolutamente spostarmi, né per raggiungere mio padre a Ercolano né mio marito nella Cisalpina.*

*Qualcosa sta cambiando qui, Catullo, e ho paura.*

*Sono al corrente del fatto che Cesare sta preparando una spedizione in Britannia. Non perché me l'abbia scritto lui, lo so dai suoi portavoce. Se non scrive, vuol dire che è impegnato in imprese forse più grandi di lui, certo più di me che le definirei assurde. Ma io non posso capire il suo mondo, come, credo, lui non potrà mai capire il mio.*

*Io e Giulia spesso ci abbracciamo, lei piange e vorrei farlo anche io, ma non posso: ora è tutto più difficile per lei. È troppo grande il peso che porta, sul cuore e nella pancia.*

*Comunque, come ti dicevo, c'è tensione, le voci corrono, stanno cambiando molte cose. Cesare è troppo lontano ora, e Crasso è partito per la Siria in cerca della gloria di Marte ma ancora non è riuscito a eguagliare i successi dei suoi colleghi. Pompeo è solo e la cosa sembra fargli molto piacere. Immagina la condizione di Giulia, che ama tanto il padre e tanto amava il marito. Si sente usata. E in effetti lo è. Ma tutte noi lo siamo, Catullo mio.*

*Ricordo, fratello caro, una bella frase di Epicuro: "il futuro non è del tutto nostro, ma neanche del tutto non nostro". Mi incoraggio con quella. Penso quantomeno che, se Cesare dovesse tornare, vorrei fosse fiero di sua moglie. Appunto, se la sorte non dipende del tutto da me, non è nemmeno del tutto indipendente. Mi sforzo di essere costruttiva, mi occupo dei legionari mutilati, di coloro che non potranno più combattere e neanche lavorare. È un impegno comune a molte matrone. Loro, però, lo fanno per il brivido di variare la solita vita. Lo spirito che mi anima è diverso. Faccio una cosa che farebbe mio marito in persona, se avesse tempo e possibilità di farlo. Collaboro con lui e aiuto delle persone buone.*

Rimase a pensare un attimo, con lo stilo sospeso a mezz'aria. Non c'era fretta: nessuno sarebbe venuto a disturbarla, a raccontarle un evento buffo o a condividere un pensiero felice. Quel periodo sembrava parco per tutti.

*Ma forse, Catullo, anche questa è solo un'illusione. Vaghiamo da un'illusione all'altra come api sui fiori, suggiamo il dolce nettare della certezza e poi, appena si è esaurito, dobbiamo cercare un altro fiore su cui posarci. Un'altra falsa certezza, un altro nettare dal sapore della speranza.*

Sul campo di battaglia, già arso dai lunghi mesi trascorsi sotto la vampa del sole, bruciavano numerosi incendi piccoli e tenaci.

La devastazione era continua. Gruppi di soldati correvano appiccando le fiamme in altri punti, per trasformare quell'immensa spianata in un labirinto di fuochi.

Il fumo creava alte barriere oscure, che si gonfiavano e inseguivano l'esercito in rotta, aiutate dal vento. Sembrava tutto a suo favore. Lo pensava anche Cesare, mentre cavalcava tenendo le cosce serrate al cavallo, alzando la mano destra per far cenno ai suoi uomini.

La flotta era di nuovo salva e, presto, sarebbe stata messa in mare.

Dove le legioni di Roma non erano mai arrivate, lì sarebbe giunto lui.

Pregustò il momento, stendendo lo sguardo verso i campi piagati dall'insolita siccità. I suoi uomini cacciavano il nemico muovendosi in perfetta coordinazione, come demoni danzanti in una sorta di loro perversa armonia.

Un orizzonte enorme e in movimento. I limiti, le vischiosità, le tele di ragno che infestavano Roma, lì erano assenti. Digrignò quasi i denti in un sorriso feroce e felice, concentrato sulla sua impresa, serrando forte la mano sull'impugnatura del gladio.

"Sì, ho fatto bene. Ho fatto proprio bene..."

Le pareti di una stanza.

Il caldo soffocante di giorni infiniti che si susseguono sempre uguali.

La noia che schiaccia la vita.

Non cambia mai nulla tra quelle mura, sono sempre lì, ferme e mute.

"Come sarebbe più bello," pensava Giulia, accarezzandosi la pancia rotonda, "se tu nascessi su un prato con le farfalle e le api che ti festeggiano e i fiori che si agitano al vento per darti il benvenuto..." Socchiuse gli occhi, si lasciò sprofondare nel cuscino e poi si tirò su. "Ma c'è ancora tempo, piccolo... forse, quando nascerai, tuo nonno ti vorrà vedere. E allora per un po' diremo addio alle mura, al caldo, ai mattoni! Lui ti farebbe correre per i prati, ne sono certa! È fatto così Cesare, il mio papà... e lo amo per questo."

Le girò la testa e chiuse gli occhi. Si lasciò scivolare nel buio per qualche istante.

"Io non ce l'ho con te, piccino. Pompeo usa sia me che te per scavalcare Cesare... siamo nelle stesse condizioni." Si sedette, affaticata dalla calura. Allungò un braccio per raggiungere i dispacci che le avevano portato, per sapere dove fosse il proprio, di padre. "Il tuo papà non era così, anni fa: quando lo conobbi, somigliava a un eroe... ed era leale nonostante la sua potenza. Stimava i suoi amici."

«Quando partirà per le coste?» chiese, alzando finalmente gli occhi verso il messo, silenzioso e ritto davanti a lei.

«Stando ai tempi di trasporto, Cesare le avrà già raggiunte. Non so dirti, domina, quando però prenderà il mare.»

«Grazie. Sii sempre così leale e solerte, e sempre sarai ricompensato» disse, congedandolo con un gesto.

«Lo giuro, *domina*.» Detto quello, se ne andò.

Appena il messo uscì, rientrarono le ancelle che mai dovevano lasciare sola Giulia, tranne che quando lei, esasperata, si metteva a gridare. Loro attribuivano la causa di tanta insofferenza ai fastidi della gravidanza; in realtà era il solo modo che aveva per ottenere un po' di pace e di sollievo da quelle presenze che le ricordavano in ogni istante, a ogni suo passo che misuravano, a ogni osservazione che le facevano, che lei, Giulia figlia di Cesare, serviva solo a uno scopo.

Il mare della Britannia era strano. Brutto? Non poteva definirlo così. Certo era insidioso. Le maree sconvolgevano la linea delle coste e il colore della superficie poteva mutare in modo ora minaccioso, ora incantevole. Quante volte la flotta era stata costretta a rientrare, contando i danni? Innumerevoli. Ma mai lui aveva fatto una piega, mai aveva avuto un dubbio. Anche in agosto ogni giorno la pioggia sottile e insistente, quasi dispettosa, tormentava i suoi uomini.

Avevano imparato a predirne l'arrivo, d'altronde bastava guardare l'orizzonte a ponente: quando una striscia nera di nubi marciava verso di loro, inevitabilmente ci sarebbe stata pioggia, che sarebbe passata veloce com'era giunta, per lasciare posto al sole fino alla successiva striscia nera di nubi.

"È un clima esasperante. A Calpurnia non piacerebbe. Giulia passerebbe su due piedi all'odio schietto."

Avvolto nel mantello rosso che, appesantito dall'umidità, gli si attaccava addosso facendolo sudare, pensò che la figlia avrebbe presto dato alla luce un bambino. Provò tenerezza per la sua piccola Giulia, che era così cresciuta, e pensò che non la vedeva da talmente tanto tempo da ricordare più nitidamente i tratti di lei neonata piuttosto che quelli della giovane donna, bella e consapevole, che era diventata la moglie di Pompeo.

Tirò un sospiro.

"Scriverò. Appena tornato dalla Britannia le scriverò" si disse, ma presto una folata di vento, le urla dei soldati che cadenzavano lo sforzo fisico, l'industriarsi di migliaia di mani, nodi stretti, chiodi che fendevano il legno, quell'immenso cantiere, quel mondo mobile in perpetua costruzione, e quell'orizzonte vasto e inesplorato richiamarono di nuovo, esigenti, la sua mente e i suoi pensieri.

# CAPITOLO XV

Quella sera d'agosto era bella, piena di luce e di silenzio. Calpurnia guardava il disco d'argento della luna scivolare oltre gli angusti confini del compluvio. C'era una brezza leggera, che attenuava la calura estiva e faceva ondeggiare le tende. Era a piedi scalzi e il pavimento era ancora caldo. Quella pace era commovente.

In quel momento si scoprì comunque, a modo proprio, felice. Aveva trovato un senso a ciò che viveva, riempito il vuoto che le abitava il cuore con qualcosa di analogo a ciò che avrebbe dovuto esserci: l'assenza non era più una linea di confine che segnava l'inizio della mancanza, ma disegnava i contorni di chi non c'era.

Alzò il viso al cielo nero e sorrise, serena.

Decise che avrebbe scritto a Cesare di quella sera: non le importava quando e se avrebbe mai letto la sua lettera. Ma avrebbe provato a riportare in parole quelle sue emozioni, quel suo stato d'animo. Forse sarebbe stato fiero di lei.

Si voltò e vide un servitore che attendeva sulla soglia.

«Che c'è?» chiese. «Vieni pure avanti.»

«Non volevo disturbarti, *domina*, ma...»

«Dimmi pure.»

Calpurnia aveva un tono così conciliante che a lui dispiacque turbarla. Non sapeva mai se certe notizie dovessero essere considerate fonte di gioia o di preoccupazione.

«Mi si chiede di riferirti che Giulia sta avvertendo le prime doglie. Sarebbe felice di averti vicina.» Calpurnia impallidì e si trovò intimorita da ciò che l'attendeva e che lei non conosceva.

«Aurelia è già da lei?»

«No, domina.»

«Dille di aspettarmi, andiamo insieme. Non voglio che esca da sola al buio. Fa' preparare il trasporto. Sarò pronta in pochissimo.»

Aurelia aveva sempre freddo, di quei tempi, nonostante l'estate si facesse sentire in tutta la sua sorridente potenza. Fu proprio in quel momento così delicato che Calpurnia si rese conto di quanto la madre di Cesare fosse invecchiata. L'aveva vista cambiare giorno per giorno, eppure proprio allora si accorse di come quella donna energica, sempre pronta a dare aiuto alle più giovani della famiglia, ne avrebbe avuto bisogno per se stessa.

Quando la suocera la raggiunse, appariva seria e tesa. Non aveva mai parlato dell'imminente parto di Giulia, forse per scaramanzia o per discrezione.

Quando arrivarono a casa di Pompeo, c'era un correre nervoso di donne.

«Nonna! Calpurnia!» Giulia indirizzò loro un sorriso spento, tendendo la mano nella loro direzione. Aurelia gliel'afferrò, facendola sparire tra le sue, salde e nodose.

«Sono con te, bambina mia!» disse.

Calpurnia rimase un istante senza parole alla vista di Giulia, legata alla sedia da parto, con il volto pallidissimo. Sembrava indifesa, quasi persa, in quella sorta di trono massiccio.

Una schiava era dietro di lei, appoggiata allo schienale, le sosteneva le spalle.

Ai suoi piedi, seduta su uno sgabello, ve n'era un'altra, mentre intorno era tutto un affaccendarsi di donne che scaldavano olii e acqua, che cambiavano bende e coperte.

Le mani di Giulia si aggrappavano con forza ai braccioli di legno scuro, e i legacci la aiutavano a mantenersi salda in quella posizione.

Fu quel dettaglio a colpire Calpurnia: si rese conto che, a differenza delle altre donne della sua età, non aveva mai partecipato a quell'evento. Non era cresciuta in campagna, tra gli animali, ma in un villa abitata filosofi e poeti. Sua madre era morta proprio cercando di dare alla luce un bambino che in realtà non era nato e lei era rimasta figlia unica. Infine, per quanto l'avesse sperato, ancora non aveva concepito un figlio: tutto questo l'aveva resa diversa. Si vergognò di quel senso di disagio. Non doveva avere paura, anzi, doveva mostrarsi lucida e serena per aiutare Giulia, che solo questo desiderava.

«Oh, sarà come un lungo incubo, ma poi passerà tutto» esclamò Giulia. «Vero?»

«Sì, certo, certo, mia cara.»

Pompeo era fuori, già indaffarato tra i clientes accorsi nonostante l'ora, ma teneva le orecchie sempre tese alla stanza della moglie. Gli uomini, per tradizione, dovevano restare lontano dai luoghi dove si svolgeva un evento impuro, impastato di sangue e mistero.

"Quanto ci vorrà? Parecchio, ma forse non tantissimo. Giulia, d'altronde, è giovane e forte."

Nonostante si consolasse con questi pensieri razionali

e cercasse di concentrarsi sugli affari e sugli incontri, l'angoscia di Pompeo cresceva con le grida di dolore della moglie, sempre più frequenti e acute. Gli facevano venire i brividi. A volte mandava a chiamare una donna per farsi riferire la situazione.

«Dovremmo esserci quasi» era la risposta che si sentì dare parecchie volte. Troppe.

Alla fine, spazientito, Pompeo bussò alla porta della stanza che gli era proibita. Una levatrice aprì appena l'uscio e lo guardò scandalizzata, ma non le fu necessario dirgli nulla, perché a ricacciarlo indietro di qualche passo provvide il calore e la mistura densa di odori e vapori che lo investirono.

La donna fece un cenno a Calpurnia, perché raggiungesse Pompeo fuori e gli spiegasse quel che doveva.

«Non dovresti essere lì dentro ad aiutare mia moglie?» la rimbottò.

Non era la prima volta che Pompeo le si rivolgeva con tono stizzito ma, in quel momento, le sembrò inutile farglielo notare.

«Mi hanno incaricata di parlarti, c'è chi è più in grado di aiutare Giulia rispetto a me» rispose Calpurnia, chiudendo la porta alle sue spalle. Rimase un istante immobile, con entrambe le mani dietro la schiena, poggiate al legno. Il tempo di pochi battiti di cuore per fermare il flusso degli eventi. Si morse le labbra cercando le parole adatte per riferire a Pompeo quello che le era stato spiegato.

«Ascoltami» con un gesto gentile della mano gli

sfiorò il braccio per invitarlo a spostarsi fino al peristilio e, solo allora, discosta dalla gente, iniziò: «Ci sono delle difficoltà. Pare che il bambino non riesca a passare. Le levatrici sono impegnate con tutte le loro competenze ed energie.» Sentì lo stomaco stringersi, pensando a quelle donne che premevano senza pietà sul corpo esile di Giulia – "prima o poi, così facendo, la ammazzano" – «stanno facendo il necessario perché tutto vada bene.»

Per la prima volta Calpurnia si rese conto come mai Pompeo fosse paragonato a un leone dai suoi uomini. Lui alzò il mento e si scostò i capelli dalla fronte sudata e arrossata: continuava a pettinarsi in modo da ricordare Alessandro, anche se ora l'attaccatura dei capelli era risalita e il resto della chioma non era più come anni prima, quando gli fu conferito l'appellativo di Magno. Si voltò, scuotendo la testa in segno di negazione. Come se dare le spalle alla stanza dove Giulia stava lottando per la vita potesse cambiare una realtà inaccettabile. Mormorò qualcosa, un lamento che ricordava più il ringhio di una fiera sconfitta o la minaccia cupa di un temporale lontano: nessun ordine impartito con voce stentorea avrebbe allontanato Ade che, con la sua presenza, stava contaminando quello che doveva essere un giorno di gioia, il giorno della nascita del suo erede.

Giulia continuò a soffrire ancora per ore, sempre più affaticata. Calpurnia e Aurelia le erano vicine, le tenevano la mano, la incoraggiavano.

«Poi ti porteremo a incontrare tuo padre, in Cisalpina...» le diceva Aurelia, con una voce straziata che lasciava trapelare tutt'altro. Ma Giulia sorrideva, stanca, quando la nonna le parlava di Cesare. «Ce la farò, perché devo rivedere papà... è ovvio che io ce la faccia...»

«Sì, sì. E ora riposati un po' e dopo metticela tutta.»

Le levatrici si raccolsero in un angolo, confabulando. Servivano aiuti più energici, non bastavano gli oli tiepidi e la pressione sulla pancia, dovevano fare qualcosa, altrimenti il bambino sarebbe morto e Giulia con lui. Ormai era scontato che solo uno dei due poteva salvarsi.

Nel momento del massimo dolore spinsero, insieme, sul ventre di Giulia, mentre Aurelia chiuse gli occhi e chinò la testa come per proteggersi dal suono tremendo delle grida. Aveva avuto tre figli e ne aveva visti tanti altri nascere, eppure non riusciva a guardare sua nipote in quelle condizioni. Calpurnia si rannicchiò al fianco di Giulia, senza lasciarle la mano. L'insostenibilità esplose brutale con un grido che raggelò tutti. Dopo seguì il silenzio, troppo a lungo. Poi un debole, fioco vagito.

Calpurnia si girò. La levatrice aveva tra le braccia un bambino gracile, con la pelle segnata dalla troppa sofferenza, ma sembrava vitale. Giulia, invece, era svenuta.

Mandarono a chiamare Pompeo che si era avvicinato alla stanza dopo aver sentito le urla della moglie e le donne posarono ai piedi di lui il bambino livido, sofferente, ma vivo. Pompeo lo ignorò e guardò i visi cupi delle levatrici, interrogandole senza fare domande.

Poi, inflessibile come la statua di un dio potente, guardò il figlio appena nato. Non sapeva se provare odio o indifferenza, ma certo non avrebbe nutrito amore per quell'esserino che forse gli aveva appena strappato la moglie.

Senza pronunciare parole, lo alzò verso l'alto per riconoscerlo e poi si volse verso Calpurnia. «Chiama le tue ancelle e lavalo» ordinò, lapidario. «Aurelia è vecchia, voglio le levatrici qui con Giulia, e poi è il nipote di tuo marito.»

«Sì.» Lei abbassò gli occhi, in cenno di assenso. Pompeo era sconvolto e in quel momento le scortesie e le recriminazioni di lui non avevano valore.

Prese tra le braccia quella creatura esausta, innocente eppure già reclutata per una causa. Si chiese cosa significasse, che valore avesse... e che senso avesse la vita, se doveva essere usata per alimentarne altre, come legna da mettere nel fuoco: Giulia, ma anche quel bambino, per la luce di Pompeo. E quanti altri, nati nel dolore, in quella stessa sofferenza morivano e sarebbero morti per uno solo? Pensò ai legionari mutilati, che combattevano per Cesare. E a quelli di Pompeo. E ai nemici sconfitti. Alle vedove. Agli orfani. Si sentì affogare in un vortice di sangue e le girò la testa.

Giulia si riprese appena. Aprì gli occhi a fatica e chiese del bambino. Ma una macchia rossa si allargava dove le altre erano già state lavate. Le donne scossero il capo. Aurelia piangeva, ma la nipote non sentiva. Arrivò, finalmente, il medico.

Calpurnia finì di occuparsi del piccolo e raggiunse a passo rapido le altre donne, sperando di essere in tempo per portare a Giulia il figlio, lavato e profumato.

La scena che la accolse non aveva nulla di sacro: Giulia sembrava addormentata. Ma le donne, intorno, si affannavano a pulire macchie di sangue che si allargavano sempre più lente. La schiena di Giulia era inarcata e Aurelia, in un angolo, piangeva in silenzio.

«Ha avuto delle convulsioni, al momento del trapasso» giustificò il medico a occhi bassi.

C'era persino qualcosa di osceno in quella morte che definivano nobile e invece era solo ingiusta, perché Giulia era giovanissima e il bambino, tanto desiderato prima, si era già guadagnato l'odio del padre.

Il figlio di Giulia e Pompeo visse solo pochi giorni. Non ebbero la forza né le lacrime per piangerlo. La sua vita era stata come un lampo che nessuno aveva notato. Pompeo accontentò Aurelia, che chiese di organizzare le esequie.

Con occhi asciutti e schiena dritta, la madre di Cesare provvide a tutto, mostrando esperienza e capacità, senza perdere mai il suo piglio energico e preciso.

Quando il funerale terminò, volle tornare subito a casa.

«Sono un po' stanca, bambina» disse a Calpurnia. «Non avere fretta di raggiungermi. Anzi, se puoi,» con un cenno del capo indicò Pompeo, «prova a dirgli qualcosa.»

«Va bene.»

Ancora una volta le toccava prendere parola nelle situazioni più spinose: l'effimera ombra di Cesare doveva caricarsi di pesi ben tangibili. E Pompeo le si rivolgeva troppo spesso con tono sgradevole, forse scagliandole contro parte dell'acredine verso il suo antagonista. Così in quella circostanza avrebbe fatto volentieri a meno di parlare con il cognato. Ma prese fiato e gli si avvicinò.

Lui camminava avanti e indietro presso il monumento funebre di Giulia, come una bestia feroce cui hanno ucciso cuccioli e compagna.

«Vuoi che scriva io, a Cesare?» chiese.

Lui la guardò con occhi di fuoco. Non rispose e trattenne a stento una risata infastidita e fiaccata dal pianto. «Tu? Se vuoi, fai. Non mi riguarda. Cambieranno molte cose. Anche per te. Con Giulia si è spento il sole che ci illuminava tutti. Ora sarà la notte!»

Lei si allontanò senza aggiungere altro, valutando quanto Pompeo fosse sconvolto. Preferì quindi non insistere con faccende pratiche: si sarebbe occupata anche di quelle dolorose comunicazioni.

"Ma cosa cambierà, ora? La vita senza Giulia, certo, sarà più triste..."

Abbassò gli occhi e tornò piano a casa, a piedi, ammirando un tramonto sontuoso, dalle sfumature lilla e arancio tra le foschie roventi dell'estate. La stella del vespero era già lì, costante e bella come la speranza, in quel cielo che la stupiva ancora una volta per il suo splendore. La natura seguiva il proprio corso con un sorriso impassibile. Di nuovo trovò conforto nel pensiero di Lucrezio.

Quando rientrò, trovò Aurelia seduta in un angolo. Sembrava dormisse, ma non rispose ai solleciti della nuora: era svenuta. Calpurnia cercò di sollevare quel corpo fragile e anziano senza ferirlo; chiese aiuto alla servitù. Non la sorprese pensare che, ormai, Aurelia desiderasse solo morte, né si stupì quando, dopo pochi mesi, la trovò.

Quando Cesare ricevette le missive, due di Calpurnia e una di Pompeo, le lesse, come sempre, mentre camminava per l'accampamento, credendo si trattasse di messaggi ordinari, anche se rimase sorpreso dal fatto che fossero state spedite in un lasso di tempo molto breve.

Fece fatica a non lasciar trapelare nulla, ma sentì come se il mondo si muovesse sotto i suoi piedi e il sangue fluisse via dal suo corpo. Non poteva mostrarsi così: quanti soldati, tornando, non avrebbero trovato i figli e i genitori ad aspettarli? Lui non era più degli altri, voleva che si vedesse, voleva fosse chiaro che combatteva la loro stessa guerra.

Prese un respiro, andò verso la tenda. Mandò tutti via e, finalmente, poté scorrere quelle righe e piangere come non faceva da tempo immemorabile o forse come mai aveva fatto prima; sentì nostalgia per l'abbraccio profumato di sua madre, per la risata argentina di Giulia.

Mai più. Mai. Era un termine che era sempre sfuggito alla sua comprensione: Cesare non pronunciava quella parola; Cesare affrontava, Cesare voleva, Cesare decideva, agiva e vinceva! Invece, ora, era sconfitto da un nemico più potente, crudele e beffardo. Sentì freddo, tanto. Sentì il bisogno di una presenza al suo fianco. Un sonno più simile a uno svenimento cancellò con il nero tutti quei pensieri, per riportarlo al mondo di nuovo lucido e amareggiato, ore più tardi.

# CAPITOLO XVI

*Anno 701 dalla fondazione di Roma (53 a.C.), consoli Marco Valerio Messalla Rufo e Gneo Domizio Calvino, Roma.*

La notizia della sconfitta di Carre giunse a Roma come il fragore di un'onda, che si fece ancor più tremenda quando Gaio Cassio Longino e gli altri superstiti giunsero in città.

La situazione politica ormai era del tutto sbilanciata. Il popolo lo percepiva e Cassio lo sapeva benissimo. I Romani accolsero con tensione e stupore quell'uomo smagrito, dal viso scavato, che portava ancora i segni della disfatta subita tra le sabbie partiche.

A ogni passo che faceva, il suo viso sembrava indurirsi.

Non un'emozione doveva trasparire davanti al senato.

Nessuno doveva provare pietà per Crasso, per la sua morte ignobile, per la sua incapacità, per la sua inesperienza e la sua incoscienza.

Negli occhi della folla curiosa, Cassio ritrovava lo sguardo disperato di Licino Crasso nel momento in cui si era accorto che la loro guida era in realtà una spia dei Parti e che li aveva abbandonati, soli, in mezzo a un deserto immenso. Preda dei nemici che doveva e voleva sconfiggere per tornare pari a Cesare e a Pompeo, glorioso come il giorno in cui aveva annientato Spartaco. Non era possibile dimenticare il viso di un uomo perduto che sentiva nell'orecchio il sussurro della morte. Tremendo, specie se quell'uomo amava la vita e le sue gioie oltre ogni cosa.

"Era troppo alto il prezzo della gloria, per te, Gaio Licino... A comprarlo non bastarono i tuoi soldi né le raccomandazioni dei tuoi amici triumviri" si diceva Cassio.

Pompeo, in senato, lo accolse come un fratello, abbracciandolo e piangendo per la disgrazia. Ma nei loro occhi c'era freddezza. Gli eventi di quell'anno, serrati e drammatici, avevano rivoluzionato la distribuzione dei pesi sulla bilancia del potere e ciascuno avrebbe potuto di conseguenza guadagnare o perdere qualcosa.

Cesare continuava, dalla Gallia, a influenzare i lavori del Senato. Tuttavia, in una delle tante notti insonni che aveva trascorso dopo la morte di Giulia, Pompeo si era chiesto se non fosse ormai ora di slegarsi da Cesare, se non fosse più vantaggioso avere il Senato intero come alleato, piuttosto che un uomo solo, per quanto potente e capace.

Era un calcolo semplice, per un processo quasi naturale.

E ora Cassio, che si apprestava a tenere un discorso davanti al senato riunito, gli confermava la morte di Crasso, il terzo triumviro. Gneo Pompeo e Cesare erano dunque gli uomini più potenti di Roma. Ma Cesare era lontano e inviso agli *optimates*. Lui, invece, si trovava a Roma e aveva il senato dalla sua parte, sfacciatamente, come all'epoca in cui avevano iniziato a chiamarlo

Magno, il Grande, e avevano innalzato agli onori quel giovincello di origine picena.

«Mi rivolgo a voi, nobili senatori,» Cassio iniziò, «per raccontarvi l'infausto esito della campagna contro i Parti, durante la quale le nostre legioni hanno seguito i comandi di Gaio Licino Crasso.» Si prese una pausa strategica e si guardò intorno: avrebbe servito ai presenti proprio la pietanza che volevano gustare. «Come non lasciamo che un *tonsor* scriva il testo di una legge, così non è giusto che un valente affarista, quale Crasso era, tenti di allearsi con il dio Marte. Crasso fu coraggioso e si impegnò al massimo delle sue capacità. Ma la buona fede e la scarsa esperienza lo tradirono. Voglio dunque, con questo discorso, compiangere il nostro sfortunato concittadino, che intese portare onore a Roma con strumenti non confacenti a lui... Ma non certo per cattiva volontà. Piuttosto, direi, per l'idea che con la mano di Marte si possa conquistare anche quella di Giove e che, tramite gli allori del combattente, si possano raggiungere le corone dei re. Nessuno di noi mai più si illuda che sacrificando i nostri giovani soldati si possa raggiungere il potere assoluto! Maledizione e disgrazia si riversino su chi ancora verserà sangue romano, inseguendo il potere! Il senato tuteli i suoi figli e pianga Crasso, vittima dell'errore e della sbagliata valutazione del fine di ogni azione, sbaglio tanto diffuso in questi tempi bui per la Repubblica!» Abbassò strategicamente viso e voce, ma alzò gli occhi quel tanto necessario per incrociare fugacemente gli sguardi degli astanti. Erano soddisfatti? Aveva detto ciò che volevano sentire. Se poi la fine di

Crasso era stata un evento dal sapore fatale e beffardo, a lui non importava, né avrebbe interessato il suo uditorio. Per Cassio, Crasso non era un ingenuo ma un borioso che voleva accrescere il proprio potere, eguagliando gli altri triumviri in conquiste. Nel suo discorso le allusioni a Cesare erano state chiare e questo aveva deliziato le orecchie di senatori, che non desideravano altro.

Raccontò poi delle due false guide che avevano portato le legioni fuori strada, della sete e del calore insopportabile del deserto d'estate, dei sentieri impervi e sospetti. E poi descrisse gli attacchi improvvisi dei Parti, la perdita delle speranze, la fuga nella notte che aveva portato in salvo lui e una legione. Si diceva che la morte di Crasso fosse stata abominevole e, a suo modo, metaforica: i Parti gli avevano colato oro fuso in gola, uccidendolo con lo stesso metallo che tanto potere gli aveva concesso in vita.

I senatori inorridirono, piansero, pregarono, ma in cuor loro provarono una specie di cupo piacere nel poter trarre conclusioni positive per il loro status: ora bisognava unire Pompeo alla loro causa, dargli sufficiente onore e renderlo importante, fino a estromettere dalla dinamica del potere quel sovversivo di Cesare.

Troppi addii in poco tempo, troppo vuoto intorno. La casa era deserta e i passi di Calpurnia risuonavano cauti in un silenzio denso di ricordi. Sapeva che il dolore, nel suo morso spietato e genuino, era identico sia per chi combatteva a viso aperto che per chi, come lei, viveva in solitudine custodendo la promessa delle nozze. Ma cosa avrebbe dato, in quei giorni, per poter avere Cesare vicino!

Quell'anno, il settecentesimo dalla fondazione di Roma, tutto era stato spaventoso e Calpurnia sperava finisse davvero in fretta. L'autunno indorava le foglie lungo il Tevere e spesso scendeva una pioggerella sottile, ma l'aria era ancora tiepida. Calpurnia era preoccupata anche per Catullo: gli scriveva spesso, ma da molto non otteneva risposta.

Giunse, un giorno, una novità che le riaccese la vita.

Una missiva di Cesare le annunciava la propria intenzione di farsi realizzare un ritratto a figura intera e, per serbare la discrezione, il laboratorio sarebbe stato posto in una sala della loro casa. Le raccomandava, inoltre, di trattare con ogni cura coloro che avrebbero lavorato all'opera, scultori, pittori e apprendisti, e di pagarli bene affinché non rivelassero a nessuno il progetto.

*Tutte le parole che uso a riguardo sono, tuttavia, superflue: so che tu sarai perfettamente in grado di gestire questa mia necessità, come finora, in questi anni, hai fatto. Per ogni altra questione, parleremo personalmente appena potremo vederci in Cisalpina.*

Quelle poche righe erano il laconico commiato di Cesare.

«Non un accenno a Giulia, né a sua madre Aurelia. Serba per sé il dolore.» sussurrò e posò la lettera su un tavolo, distrattamente, uscendo dalla stanza.

Pochi giorni dopo piccoli blocchi di marmo bianco vennero portati, nella notte, nell'ala della casa che lei aveva fatto sgomberare e predisposto per le manifatture, pagando diarie aggiuntive a coloro che avevano lavorato a tal fine, in cambio della riservatezza. In breve il silenzio parve riempirsi di un'allegria fattiva e concreta. Giunsero i pittori, disegnarono schizzi e presero misure, mentre gli scultori si dedicavano a realizzare bozzetti.

Calpurnia amava molto osservarli. Vedere quella realtà farsi tangibile e modificarsi era confortante: quell'esistenza piena di materia, volumi e sfumature era così diversa dalla sua, scolpita dai vuoti, rifinita di attese, riempita da slanci.

Inoltre c'era di nuovo una presenza amichevole in casa, e ancora di più, sentiva di nuovo un esile ponte collegarla a Cesare.

La pioggia picchiava sul quartiere invernale e Cesare la contemplava, quasi ipnotizzato. Con quella tranquilla concentrazione, dettava ai suoi scrivani due diverse missive. La sua situazione era diventata critica e lui ne era consapevole: nulla tratteneva Pompeo dal raggiungere il potere esclusivo con il favore del Senato. Non era un tradimento. Era sempre stato chiaro a tutti loro che l'accordo triumvirale aveva, tra le sue componenti, una dose di competizione serrata e un equilibrio di forze molto delicato. Ora era del tutto alterato e i legami tra lui e Pompeo erano rotti: Crasso, che fungeva da collante e bilanciere tra loro, era stato ucciso e Giulia... la sua adorata bambina era morta della più atroce fine che potesse toccare a una donna. Scosse la testa per allontanare quel pensiero.

Doveva prendere provvedimenti per poter ultimare la campagna di Gallia. Proprio ora che tanto era stato fatto, sorgevano le prime ribellioni e le difficoltà si facevano più aspre. E Roma rischiava di voltargli le spalle. Non c'era tempo per i ricordi dolorosi: avrebbe pianto i suoi morti una volta rientrato nell'Urbe. Ma non farlo né da sconfitto né indifeso.

«La prossima lettera» disse, risoluto, allo scriba di destra, «sia indirizzata a Lucio Calpurnio Pisone Cesonino. La voglio in tre copie, delle quali una rimarrà a me e le altre due verranno inviate a Roma e a Ercolano, perché raggiungano il destinatario senza ulteriori perdite di tempo.»

"Lucio capirà. È un uomo saggio. Capirà che è meglio non solo per me, ma anche per lei..."

# CAPITOLO XVII

Fu nella prima parte della mattina che Lucio Pisone andò a trovare la figlia. Avanzava con la schiena un po' inclinata in avanti, come se assecondasse il peso del cuore, cosa che accadeva ogni volta in cui affrontava i più ingrati doveri di padre. Se solo avesse potuto, si sarebbe sottratto a quella prova con qualunque mezzo, ma un Romano non fugge. Così gli era stato insegnato quando era un ragazzo e quello avrebbe riferito a Calpurnia.

La trovò un po' smagrita e provata dagli ultimi eventi.

"Sì," ribadì a sé stesso per l'ennesima volta, perché quel pensiero gli aveva fatto compagnia dalla sera precedente, "è la cosa migliore anche per lei."

«Figliola...» la chiamò, com'era solito fare, accompagnando l'appellativo con un sorriso che però si aprì smorto. Allora spalancò le braccia per stringerla a sé e quella manifestazione era sincera: la dolcezza che ancora provava alla vista della sua primogenita gli fiaccava le gambe. La abbracciò a lungo, tenendo una mano sulla sua testa in segno di protezione, donandole affetto e calore.

Lei gli offrì una bevanda tiepida per ristorarlo; si sedettero e presero a parlare.

Pisone accolse il racconto degli ultimi mesi, un resoconto lucido di vicende crudeli, che Calpurnia sciorinava con voce tranquilla. Ancor più dei fatti, lo spaventava la naturalezza con cui la figlia gli riportava episodi di una vita che mai avrebbe immaginato per lei.

"Con che coraggio glielo dirai? Fai e disfi, Lucio Pisone!"

«... ma sto andando avanti; cerco un modo di vivere pienamente lo stesso. Vorrei che Cesare fosse fiero di me al suo ritorno» diceva. E lui, all'ascolto di quelle parole, sbiancava.

"Non avercela con tuo padre. Oh, se avessi saputo! E se anche Cesare avesse saputo!"

«Papà, sei pallido! Cos'hai?» Si sporse verso di lui. «Stai forse poco bene?»

«Calpurnia, io... in realtà sono qui per comunicarti una cosa.»

«Dimmi.» In un istante, la tensione le serrò in un unico morso viscere e schiena. Si piegò verso il padre, come per consentire al corpo di cogliere prima quelle parole che già l'angosciavano al solo loro annuncio.

«Come sai, la disgrazia di Giulia e quella di Crasso non hanno avuto solo riflessi affettivi nelle nostre vite, ma anche politici. Forse, dal tuo punto di vista, è atroce, ma per noi una nascita e una morte hanno conseguenze prosaiche. Ora che Cesare e Pompeo sono rimasti soli, hanno gettato le maschere: per vie diverse, vogliono la stessa cosa ed entrambi sono in grado di ottenerla. Non li unisce più nulla e li divide l'ambizione. Giulia e Crasso erano legami comuni che li rendevano compatibili. Ma loro non ci sono più...»

«Cosa vuoi dire?»

«Ecco,» Lucio si torse le dita e si umettò le labbra,

«lontano da Roma tuo marito è indifeso. Vulnerabile. Credo tu sappia la piega presa dal Senato dopo quanto avvenuto a Crasso.»

«Sì, ne sono al corrente. E sono preoccupata per lui. Anche Giulia, mesi fa, mi confidò di essere delusa da Pompeo. La morte l'ha liberata del peso di rendersi madre di un bambino che il marito avrebbe usato per schiacciare Cesare. Una cosa del genere l'avrebbe fatta soffrire troppo: nessun uomo avrebbe mai potuto prendere il posto del padre, nel suo cuore. Giulia amava immensamente Cesare. E, quando lo rivedrò, gli testimonierò che tutti i suoi ultimi pensieri sono stati per lui...» Lucio Pisone prese fiato e cercò di darsi un tono il più calmo possibile. Doveva parlare a nome del suo alleato e benefattore, senza pensare a ciò che, in veste di genitore, stava comunicando alla propria figlia. E se il cuore gli suggeriva di abbracciarla e portarla via, di proteggerla dal male, il suo dovere era un altro: non aveva mai sopportato quella dicotomia tra il padre e il *pater familias*, che lo costringeva a nuocere alle persone per lui più care.

«Mi è arrivata una missiva urgente di Cesare con una proposta, alla quale ho deciso di dare il mio assenso dopo aver a lungo pensato al tuo bene. Cesare ha deciso di divorziare da te e di sposare una figlia di Pompeo, per ricreare un legame tra loro e dunque proteggersi. Ti fornirà lui stesso una cospicua dote; il coraggio e la dignità che hai mostrato non ti faranno mancare pretendenti. Hai dato una splendida prova, anche Cesare l'ha detto. È fiero di te, molto. Mi ha detto di riferirti che...» esitò, vedendo l'espressione della figlia cambiare. Ma ritenne che, anche se quel dettaglio l'avrebbe addolorata, era meritevole di essere riferito, «che sei la migliore moglie che abbia avuto e un'amica fidata.»

Calpurnia si sentì mancare. Mai si sarebbe aspettata di ascoltare delle parole così ciniche e l'aspetto più incredibile della vicenda era che si trovava di nuovo parte di una decisione già presa, uguale e contraria a quella che l'aveva condotta lì.

Pisone abbassò lo sguardo: non poteva accettare di vederla così, ma non aveva neppure modo di agire diversamente. Forse, davvero, superata la sorpresa e la mortificazione, per lei sarebbe stato meglio. Una vita normale, tranquilla: un nobile di Ercolano con poche pretese e sporadiche ambizioni, un paio di bimbi da accudire e la villa, di fatto, tutta per lei.

«No, papà. Io non voglio!»

Lui si avvicinò, con lentezza: «Figliola cara, certi eventi non fanno piacere a nessuno. E mi addolora doverti dire queste cose... è una sua necessità, e, che tu voglia o no, è indifferente. Qui si tratta di politica, il sentimento purtroppo non conta nulla» allungò una mano, timidamente, per accarezzarla.

Calpurnia scattò in piedi. Il suo sguardo, di solito dolce e ragionevole, sembrava tuffarsi negli occhi del padre, come un rapace alla ricerca di una briciola d'anima. Pisone si ritrasse, stupito.

«Papà, ma come puoi?»

Lui non la lasciò finire. «Se tieni a lui,» intervenne, «dovresti capire che senza una nuova alleanza con

Pompeo potrebbe essere vittima di sicari, perdere tutto o addirittura potrebbe scoppiare una guerra civile! Mi fa male dirtelo, ma credo sia vero: tu saresti più felice con un altro uomo.»

«Adesso la questione è la mia felicità?» ribatté ispose lei, con nota amara. «Come puoi non capirlo? Se vogliono la guerra, la faranno lo stesso. Non sono le donne a fare la differenza. Lo credete, perché vi è comodo, ma non è così!» Cercò di trattenere le lacrime, coprendosi il viso con una mano. Lo sforzo di mantenere la calma era inutile: si sentiva umiliata nel profondo.

Il padre si alzò e la abbracciò.

«Sapevo che sarebbe stata dura. Ho sofferto per te ma poi mi sono chiesto, davvero, se tu possa essere felice nella vita che Cesare ti impone. Non lo vedi mai, non è mai con te, e...»

«So benissimo com'è fatto, so come agisce, come pensa... Ma credo di essere rimasta l'unica persona, ora, a volergli un bene sincero.» Pisone sentì il cuore trafitto da quelle parole: in modo imprevisto, Cesare era diventato la ragione di vita di sua figlia. E questo la rendeva vulnerabile agli eventi e alle decisioni di lui. "Meglio, mille volte meglio sarebbe stato il noioso senatore che temevi e che io temevo con te." pensava.

Calpurnia si impose di ritrovare il controllo, ricacciò indietro lacrime. Non si era mai sentita un'eroina fiera di saperle trattenere e non vi riusciva mai, quando era triste. «Certo, so cosa posso fare e cosa mi è precluso. E agirò al mio meglio, comunque, anche in questo frangente. Ma c'è una cosa che non farò, puoi star sicuro. Non mi risposerò. Digli che, con la dote,» la voce esitò, «ci faccia qualcosa di meglio.»

«Non dire così, Calpurnia! È il tuo futuro che è in gioco!» Pisone cercò di trattenerla, ma lei si alzò di scatto e se ne andò, lasciandolo solo nell'*atrium* silenzioso. Nella stanza vuota, Lucio Calpurnio Pisone si sentì infame, complice e carnefice, e fu il suo turno sciogliere l'amarezza nelle lacrime.

Calpurnia camminò a lungo.

Soffiava un vento furioso che, con il suo grido, sconvolgeva i capelli, le vesti e gli animi dei passanti, chini sotto il peso dei pensieri, indifferenti al mondo intero.

Sul Gianicolo era ancora più teso e implacabile. Lei fissava il cielo negli occhi, perché poteva davvero averli, splendido e cangiante com'era, senza traccia di foschia.

«Anche tu qui?» Una voce ben nota risuonò alle sue spalle. Si girò, tra le ciocche che ondeggiavano davanti al viso, agitate dalla tramontana, e vide Pompeo. La fissava con un'espressione impenetrabile e contrita, in un mista tra furia e pietà.

«Magno...»

«Hai qualcosa da dirmi, vero?» provocò Pompeo.

«No. Nulla che rilevi.» Calpurnia alzò le spalle. «Ma se me lo chiedi così, immagino che tu sia qui in cerca di solitudine per il medesimo motivo che ha guidato i miei passi. E quindi saprai già che ciò che vorrei dirti sarebbe... aria nel vento.» Con un gesto della mano, muovendo le dita, parve accarezzare le sferzate impietose di Borea.

Pompeo non poteva prendersela con lei. La missiva

in cui Cesare si proponeva come marito di una delle sue figlie lo aveva oltremodo irritato, ma lei non ne aveva colpa, anzi.

«Sembri distrutta» sussurrò, abbozzando un sorriso di cortesia piuttosto amaro.

«Non così tanto.» Si sfregò gli zigomi con le mani, per sentire un po' di calore.

«Capisco. Sei vittima di giochi crudeli, Calpurnia, ma da questo ti salverai.»

«Che vuoi dire?»

Pompeo sorrise. «Questa volta il nostro Cesare dalla gran faccia di bronzo ha sbagliato i suoi calcoli. Questa volta, decido io per me.»

Calpurnia restò in silenzio, non capì e lo fissò farsi sempre più piccolo, sempre più distante, nell'orizzonte liquido del tramonto.


La lettera che le giunse un mese dopo era priva di pudore, ma anche di malizia. Celava tra le righe goffe un sottofondo di imbarazzo, di difficoltà.

*Vieni a Ravenna. Ti aspetto per qualche giorno, così potremo parlare meglio. Resterai mia moglie e ne sono felice, ma è meglio vederci. Sarà un incontro rapido: resterai da me una settimana e porterai a Roma mio nipote Ottavio, il figlio di Atia, la primogenita di mia sorella Giulia. Si fermerà nella nostra casa per qualche mese e sono sicuro che allevierà le tue pene. Mi fido di te e sono certo che andrete d'accordo.*

I giorni, invece, furono solo tre e sembrarono infiniti.

Sonia Morganti

Si guardarono a lungo, in silenzio, e pensarono a Giulia. Seduti vicini, senza piangere, senza commentare lutti o lamentare delusioni. Che cosa si poteva dire? Che cosa avrebbero cambiato le recriminazioni o le lacrime?

Furono tre giorni nel segno di un dolore non detto, ma vissuto. Lui, con il mantello rosso del comando, sembrava quasi inerme con la testa sulla spalla della moglie. Giulia, Aurelia, Pompeo, la stessa Calpurnia abitavano il suo cuore che, in quella tregua dall'azione, si scopriva pesante. Si sentiva macchiato e solo. Non aveva detto addio a sua figlia, non aveva stretto le mani della madre nell'ultimo istante. Per cosa? Per la gloria. E per la gloria stava immolando Calpurnia che gli era comunque al fianco. Per quello stesso potere che Pompeo – l'amico, il genero – aveva deciso di sottrargli comunque, forse insieme alla vita stessa. Ora la vittoria non preludeva il trionfo, ma la sopravvivenza.

«Non ci rivedremo presto. La situazione è critica» le disse. «Se tornerò, lo farò da vincitore. Mai da fuggiasco. Se non mi rivedrai vincitore...»

Lei interruppe il discorso portandosi un dito sulle labbra.

Di nuovo, ci fu un silenzio appesantito dai pensieri taciuti: avevano dato voce alle loro perdite, restava da parlare di loro.

«Non possiamo proprio dirci nulla?» le chiese Cesare, invitandola ad avvicinarsi al braciere.

«No. Non penso» rispose. Non si mosse, ma si strinse di più nel mantello come se potesse proteggerla da tutti i brividi del mondo.

«Questo silenzio mi fa sentire a disagio, per certi versi, e colpevole, per altri» ammise lui, con amarezza. «Non posso chiederti scusa: sappiamo entrambi come vanno queste cose. Posso solo dirti che, in questo disastro, l'averti ancora al mio fianco è l'unico aspetto positivo. Non ci crederai e ne hai tutto il diritto, ma è così. Sei forse l'unica, ormai, a sapere chi sono davvero e a potermelo ricordare.»

Calpurnia sorrise, sussurrò senza malevolenza né dolore. «Catullo dice che certe parole *conviene scriverle nel vento e nell'acqua che scorre.*»

# CAPITOLO XVIII

"Parole da scrivere nel vento... parole che, tuttavia, mi mandano avanti." Era quel che riusciva a pensare, rassegnata al fastidio per i sobbalzi del carro che tormentavano il suo viaggio. Vicino a lei c'era il piccolo Ottavio, che invece doveva trovarli molto rilassanti, visto che si era addormentato in posizione di vedetta, proteso verso quel paesaggio che aveva contemplato con taciturna curiosità. Ottavio aveva una decina d'anni e pesava, avrebbe detto Antonio, come una manciata di lupini. La magrezza e il pallore gli davano un'aura di fragilità che avrebbe potuto ispirare tenerezza. Sembrava un fiocco di neve in procinto di sciogliersi; la cifra distintiva della sua persona però era un'altra. Gli occhi grigio pallido erano seri e dalla sua bocca, piccola e rosea da far innamorare ogni nonna, uscivano parole semplici unite in frasi spiazzanti. Se a un'occhiata sommaria chiunque avrebbe potuto esclamare «Che bel bambino!» dopo una breve frequentazione avrebbe corretto la frase in «Che bel vecchietto!»

Lucio Pisone era quasi disturbato da quella presenza, infantile solo nell'età, lo sopportava per dovere verso il genero, perché era fonte di gioia per Calpurnia e soprattutto perché gli sembrava sciocco mettersi in competizione con un bambino. Ma in cuor suo aveva già una rosa di soprannomi adeguati a quel piccolo saccente.

Eppure i due mesi passati con lui furono, per Calpurnia, pieni di sole. Il piccolo nutriva una sconfinata venerazione per il prozio Cesare, ma esponeva, nel modo colorito dei più giovani, prese di posizione che sembravano uscire dalla mente di un adulto.

Era riflessivo e acuto osservatore: parlarci era piacevole, rispondere alle sue domande era impegnativo e stimolante. Ottavio aveva trovato in Calpurnia una guida affettuosa. E lei aveva trovato in lui una compagnia. In breve tempo tra loro nacque un legame quasi genitoriale: Ottavio incarnava alla perfezione l'immagine del figlio che lei avrebbe voluto. Calpurnia lo portava al teatro, a passeggiare nei giardini; insieme improvvisavano giochi, leggevano e commentavano per ore ciò che avevano letto. Riuscì anche a portarlo a Ercolano: Ottavio lì non giocò con la sabbia, ma tempestò Filodemo di domande sull'utilità del mare per gli approvvigionamenti e sull'armonia dei remi e delle vele. Interpretava in maniera estensiva la definizione di "sapiente": un filosofo deve sapere tutto e, se non è così, deve essere in grado di trovare chi gli fornisca le conoscenze mancanti.

Quando fu ora, per lui, di tornare, lei lo spinse con un gesto amabile verso i servi che lo avrebbero accompagnato. Il piccolo Ottavio la abbracciò forte, nascondendo il viso tondo tra i drappeggi della stola di lei.

«Sono contento di averti conosciuta, zia! Non ti dimenticherò mai.»

«Come sei serio, Ottavio! Parli come se non dovessimo più rivederci...»

«Ci rivedremo, ma allora io sarò cambiato e lo sarai

anche tu. Quindi, in un certo senso, non saremo più gli stessi.»

«Su, muoviti!» gli rispose Calpurnia con un sorriso ampio. «E non pensare troppo! A volte, credimi, piccolo, non ne vale la pena.»

Gli accarezzò la zazzera chiara, salutandolo e pensando che, sì, se avesse avuto un bambino, l'avrebbe proprio voluto così.


Calpurnia camminava pensosa sotto la statua di Cesare che era appena stata sgrezzata. A quel punto il marmo aveva una vaga forma umana, inquietante alternanza di vitalità e parti ancora informi e inerti.

Tra le sue mani, poche rapide righe. Catullo non c'era più. Era morto alla fine dell'anno precedente, nel cuore dell'inverno.

Aveva contratto il mal di palude tornando a Sirmione e non era riuscito a superarlo, indebolito com'era dalla vita sregolata e dall'infelicità. Non c'era stato tempo per prepararsi, nessun sentore: la febbre lo aveva stroncato così in fretta che la famiglia non aveva potuto nemmeno avvisare della malattia le persone alle quali Valerio era caro. Calpurnia era tramortita. Perdere sia Catullo che Lucrezio nel giro di un anno e mezzo, proprio quando aveva detto addio a Giulia e Aurelia, era più che un lutto: era la fine di un mondo. Tutti loro non erano stati semplici amici per lei, ma guide rassicuranti durante un periodo delicato della sua esistenza.

Quell'anno era stato terrificante e tra morti e tempeste a lei restava, come unico segno, un gran silenzio nella casa. Dedicava le sue attenzioni al cortile, che verdeggiava sotto il sole di Roma, e al gatto Remo. Continuava ad aiutare i reduci mutilati delle campagne galliche. Era tra i suoi doveri e, quando possibile, cercava di portarlo avanti senza la presenza di ricche signore ciarlanti, ansiose di mostrarsi agli occhi dei mariti come donne di squisita sensibilità. Lei agiva per i suoi motivi, per completare quella che presumeva sarebbe stata l'opera del marito; ma soprattutto per umana compassione. Si sentiva legata a quei drammi, e in fondo li vedeva con occhi più prossimi rispetto agli altri Romani.

Si rese conto che, in quegli ultimi anni, la sua anima era stata permeata da una vasta gamma di sentimenti. Dalla levità speranzosa e compatta dell'adolescenza era giunta prima allo slancio costruttivo verso il matrimonio, poi alla disillusione, alla riflessione e alla presa di coscienza di non essere immune da rancori, infine alla capacità di superarli. Si era scoperta, soprattutto, disarmata davanti alle malignità mondane, che faticava ancora a gestire. Colpa, se così poteva essere definita, dell'educazione impartitale dal padre, della sua splendida infanzia trascorsa sempre al fianco di lui, tra persone che più del denaro e del lustro ricercavano il sapere, amavano il bello e l'armonia. Era un mondo a parte, la villa di Ercolano. La nostalgia per quei giorni era come la tortura di un ago sottile, delicato ma implacabile, che trafiggeva il cuore. Ricordava gli istanti trascorsi lì e percepiva la levità serica del suo pensiero di un tempo, privo delle smagliature di interrogativi e angosce. Allora, intorno a sé, immaginava il profumo delle ginestre nell'aria tiepida e salmastra.

Ora che erano passati anni, quella le sembrava la vera età dell'oro: solo la nostalgia testimoniava che la bellezza di quel periodo era stata reale e che lei l'aveva vissuta.

Quella sera, prima di chiudere gli occhi, immaginò di scendere le scale che dalla villa di Ercolano la conducevano alla piccola spiaggia eletta a suo rifugio. Presto quell'immagine familiare si insinuò nel sonno, che scese su di lei ancora leggero.

Era notte, il cielo era scuro e senza stelle, il mare calmo. Qualcuno la chiamava, ma lei sceglieva di non voltarsi. Camminava decisa sulla sabbia, entrava nell'acqua immobile senza esitare. Le voci erano lontane e lei non aveva intenzione di ascoltarle: guardava avanti mentre continuava ad avanzare nel nero.

# TERZA PARTE

# CAPITOLO I

*Gennaio dell'anno 705 dalla fondazione di Roma, consoli Lucio Cornelio Lentulo Crure e Gaio Claudio Marcello, Roma.*

Calpurnia indugiò sull'uscio ancora per qualche momento, spaziando con lo sguardo intorno a sé prima di rientrare. Nemmeno il vento da nord svuotava così le strade di Roma.

Le era stato riferito il ritorno del padre da Ravenna. Pisone era partito di sua spontanea volontà, con una determinazione insolita: lo scopo era parlare di persona con Cesare, per tentare un'ultima mediazione tra lui e Pompeo ed evitare una guerra civile. Pisone si accaniva raramente: quando voleva un buon libro, quando voleva un buon vino, quando voleva mantenere un accettabile stato di pace.

Non era ancora passato a salutarla e lei lo aspettava a momenti. Sperava già di vederlo per strada, una presenza amichevole in quei giorni così confusi, in cui anche essere cordiali creava imbarazzo. I pochi rimasti in città la evitavano per il timore di compromettersi.

Appena dentro casa l'alito continuava a condensarsi in una nuvola bianca. Quelle gelate, però, avrebbero fatto riposare la terra e reso croccanti i suoi frutti. Si consolò con quel pensiero così concreto, tangibile, per ingannare l'attesa.

Lucio Pisone la raggiunse solo nel primo pomeriggio. Era trafelato e sbuffante come nei tempi migliori, per questo la figlia, vedendolo, trattenne a stento un sorriso.

«Papà, sei arrivato!»

Gli andò incontro e avvolse le mani di lui, gelide, nelle sue.

«A dir la verità sto già ripartendo e vorrei che tu venissi con me.» Concitato, si liberò di quella presa gentile e fece qualche passo verso uno scranno. «Torniamo a Ercolano.»

«Cosa?» Calpurnia era interdetta. «No, io... io non posso. Non adesso. E poi non vedo perché dovrei andare via.»

In quel momento Lucio Pisone sentì tutta la stanchezza del suo viaggio e lasciò andare come se, all'improvviso, l'energia l'avesse abbandonato. «Cesare è determinato a non lasciare il comando dell'esercito: rientrerà in Italia con i suoi uomini al seguito.»

«Evidentemente non può fare altro» rispose lei, serafica, congiungendo le mani.

«Significa la guerra! Io non posso accettarlo. Ma perché si ostina? Così testardo! Ho cercato una soluzione: ero disposto a tutto. Insomma, un compromesso si può sempre trovare.»

«In ogni caso, non c'è motivo di lasciare la città. Vanno via in tanti. Perché dovresti farlo anche tu?» gli domandò Calpurnia.

Lucio Pisone non poteva credere alle proprie orecchie: «Da che parte stai?»

«Se non volevi che io fossi dalla parte di Cesare, dovevi pensarci anni fa. Sapevo che sarebbe finita così dall'ultima volta che ho parlato con Pompeo. In un certo senso è qualcosa cui avete concorso tutti. Dovresti avere il coraggio, papà, di prendere posizione.»

Lui scosse la testa. «È questo che non vorrei fare: siamo tutti Romani, per Giove!» La sua voce aveva un tono avvilito e incredulo. «Testarda, anche tu...» disse, tra i denti. «Perché non mi capisci?»

«Oh, papà!» sospirò, sorridendogli con dolcezza e baciandogli la fronte. «Non puoi chiedermi di farlo. Sai che crollerei. Ma, ti prego, resta: non hai davvero nulla da temere.»

Pisone inspirò forte e si prese la testa fra le mani: la figlia non aveva mai avuto paura dell'imprevedibile forza del mare, come poteva aspettarsi che temesse quella di un uomo? Lei lo spinse a parlare degli acquisti che avrebbero fatto per la loro collezione di testi e questo distrasse piacevolmente entrambi.

Poi, quando fu l'imbrunire e il padre se ne andò, Calpurnia si ritirò nella sua stanza. Il silenzio perfetto e pesante che ancora una volta l'avvolse le toglieva il fiato.

Decise di scrivere una lettera destinata a chi non l'avrebbe mai letta.

*Catullo, fratello mio che mai più potrai rispondermi, siamo in una situazione drammatica. Questo atto della tragedia era ormai pronto: il senato ha chiesto a Cesare di rientrare a Roma come privato cittadino, senza esercito né trionfo. Chiaramente alla mercé del primo sicario o come carne da processo. Preso tra due fuochi, Cesare ha scelto di gettarsi in quello dal quale ha qualche speranza di uscire vivo: se non è già in marcia oltre il Rubicone, lo sarà a breve. Molti hanno paura. Io non temo le proscrizioni né le vendette dei pompeiani. La moderazione che ha mostrato mio padre lo mette al sicuro, anche perché ha cercato una mediazione fino alla fine. Quanto alla mia vita, penso sia dimenticata anche da mio marito... figuriamoci dai suoi nemici.*

Si sentì, per un attimo, sciocca. Scrivere a un amico morto da cinque anni... Ma la profonda solitudine in cui viveva, a Roma, la giustificava ai propri stessi occhi.

Chinò di nuovo la testa e una ciocca sfuggì dall'acconciatura. Non amava ricorrere alle ancelle per pettinarsi in maniera elaborata, se non quando costretta dall'ufficialità della situazione. I capelli le erano cresciuti molto; non li aveva più regolati senza un particolare motivo. Forse l'aveva inteso come un inconscio segno di lutto. Pensava che privarsi del cibo e graffiarsi fosse sciocco. La morte, come le aveva insegnato Lucrezio, era parte del supremo e inesausto ciclo della vita; la crescita dei capelli, a differenza di gesti più plateali ma solo distruttivi, in un certo senso lo ricordava.

*Il copione,* riprese, *fu scritto quando vennero distribuite le parti ai primi attori. Pompeo, il glorioso, pupillo del senato. Crasso il ricco, che fa politica a suon di sesterzi. Cesare, il giovane aristocratico con la genialità e l'energia di chi sta iniziando la scalata. Era implicito che uno di loro avrebbe lasciato la recita in maniera prematura; ma, per un meccanismo perverso di questo supremo scrittore che è il Fato, sono venuti a mancare non uno, ma due attori che riequilibravano la scena. La vera tragedia, infatti, ha avuto inizio quando Giulia e Crasso sono morti. Cesare e Pompeo si sono trovati soli sul palco della Storia, il primo ormai consapevole del suo accresciuto potere, teso verso il futuro, ma troppo lontano per metterlo in atto. Pompeo, invece, consapevole di aver perso ascendente sulle frange attive della popolazione, ma ancora influentissimo sul Senato e presente a Roma.*

Posò lo stilo, per cercare il filo dei pensieri. Mosse alcuni passi nella stanza e la sua attenzione fu catturata da una moneta dalla parte opposta del tavolo. La prese tra pollice e indice. Era straniera: su un lato era raffigurato un uomo a cavallo, sull'altro un volto, forse di un dio o forse di un guerriero. Gliel'avevano portata dalla Gallia, ma nessuno era stato in grado di riferirne la storia o il valore. Erano tutte informazioni che Cesare possedeva di sicuro; peccato però che dalla grande rivolta in poi i loro contatti fossero diventati così sporadici che le sue curiosità sarebbero state uno spreco di tempo per entrambi. Aspettava, certa che prima o poi sarebbe tornato e le avrebbe raccontato di persona da quale regione venisse quella moneta, chi fosse raffigurato sul recto e sul verso e perché, come una delle tante storie di terre lontane.

Riprese a scrivere.

*Cambiando argomento, credo avresti provato*

*una segreta simpatia per Vercingetorige, fratello mio, se tu fossi stato ancora in vita. Forse perché come te, che facevi tutto a modo tuo, ha avuto il coraggio di opporsi a Cesare. Io non so cosa pensarne. Avrà avuto le sue ragioni, ma sono felice che sia stata sconfitto.*

*Ora, Catullo, tu sei lontano dalle umane preoccupazioni, dagli affanni, ma ti assicuro che la rivolta delle Gallie è stato un momento tragico e di estrema tensione. Pensavo che Cesare sarebbe morto. Invece Cesare ha vinto. E sta per tornare...*

*Sai, nella mia mente piagata dalla prolungata solitudine, si sono formate le immagini di due Cesare. Il guerriero invincibile, sempre in prima linea, senza cedimenti. E poi mio marito, crucciato per i capelli che cadono in fretta, in grado di spaziare dalla speculazione più seria al più sfrenato riso. Non ho passato tutti questi anni a tessere una vana tela, come Penelope. Ho imparato molto su me stessa, sul mondo, sulle cose degli uomini e della natura. In ogni caso mi sono sforzata di vivere a pieno la mia situazione così particolare, sebbene il mio destino sia sempre stato e sia ancora incerto. Spero che, se rientrerà vivo a Roma, Cesare sarà fiero di me.*
Trattenne una lacrima.

*Se mai riuscirò a parlargli di te, Catullo, lo farò con amore fraterno. E gli dirò che mi hai sempre offerto una parola di conforto, nei momenti difficili. Mi piace sognare che un giorno verremo insieme a Sirmione, a recare omaggio alle tue ceneri come tu facesti con tuo fratello nella Troade.*

Si stava facendo buio, dalla finestra si vedevano le stelle, minuscole e pulsanti, decorare il cielo, mentre sui colli poche luci tremule brillavano spaventante nell'immensità notturna.

*Il tuo tempo è eterno, ma ora io devo lasciarti. Devo dormire perché voglio essere lucida per capire il mondo in cui ancora vivo, per vedere con occhi attenti le violenze, le paure e le menzogne che la Storia ci porterà domani.*

Rilesse il foglio, sorridendo, e poi con un gesto asciutto della mano lo portò sul braciere.

Pompeo aveva proposto a Cesare, che frattanto aveva varcato il Rubicone, ulteriori trattative. I termini sembravano ragionevoli, ma erano comunque nebulosi e inaffidabili. Alla risposta secca del rivale, Pompeo lasciò Roma e si diresse a sud.

A metà febbraio Cesare occupò Corfinio, in Abruzzo, dove catturò e lasciò liberi i pompeiani, iniziando ad attuare la sua strategia di clemenza. Fu una mossa intelligente ma Calpurnia, che comunque lo conosceva in maniera diversa degli altri, pensò che fosse anche un'azione sentita. "Magari in cuor suo avrebbe preso per il collo qualcuno di quegli uomini, altri li avrebbe bonariamente rimproverati come figli che hanno preso un abbaglio." Cesare aveva scelto il perdono, stornando così da sé le accuse, i sospetti e gli spettri legati al nome di Silla.

Roma si era svuotata comunque e il vento di febbraio,

le sue nuvole uggiose, le piogge sferzanti che giungevano dal mare accentuavano la sensazione di tragedia incombente.

I consoli erano fuggiti, tra i senatori quasi nessuno aveva deciso di restare; chi possedeva ricchezze le aveva portate con sé temendo disordini e saccheggi. Vedere quelle strade di solito piene di gente diventare semivuote, il Foro che s'era fatto spazioso all'improvviso, libero com'era da parassiti e dai politicanti, sentire i passi echeggiare tra gli archi e i portici era straniante, sembrava di essere caduti in un incubo senza fine.

Calpurnia cercava di non pensare: sapeva che Pompeo stava cercando di ricongiungersi con le sue legioni e creare un immenso esercito; rifiutava ogni incontro e, incalzato dalle velocissime marce degli uomini di Cesare, continuava la sua corsa verso Brindisi.

Raccontavano che le forze unitesi a suo marito erano spaventose, che tutti coloro ai quali, per un motivo o per l'altro, la Roma degli optimates non andava giù, chiedevano di schierarsi con lui e venivano accolti.

Quando Pompeo riuscì a salpare da Brindisi, poco prima che Cesare assediasse la città, Calpurnia capì che era giunto il momento in cui, dopo anni, avrebbe incontrato di nuovo suo marito a Roma.

Si stupì scoprendosi inquieta e angosciata al pensiero. Una domanda, che non si era mai posta, si stagliò nella sua mente con lucida chiarezza: conosceva ancora Cesare?

# CAPITOLO II

Calpurnia aprì gli occhi con lentezza. Passi rapidi, cadenzati, si avvicinavano alla sua stanza come in un sogno. Il fermarsi dello scalpiccio, il ritorno del silenzio nell'aria quieta del primo pomeriggio significava che qualche schiavo aveva interrotto quell'avanzata, facendo domande, chiedendo garanzie, prima di acconsentire al passaggio.

Pensò, nel torpore che se la riprendeva, che quei servitori erano davvero magnifici. Sapevano che, con Cesare in armi oltre Rubicone, bisognava proteggere dai nemici la famiglia del loro padrone. Almeno quel che ne restava, ossia lei. Le palpebre, vinte da una stanchezza superiore, assecondate dal tepore della stanza e dal languore di un sonno tanto atteso, si richiusero di nuovo.

I sogni si snodavano in armonia con il suono e così in prati assolati correva un cavallo nero come la notte, dal manto lucente. La sua corsa prendeva il ritmo della camminata che si avvicinava e che pareva sempre più veloce, come se da un momento all'altro dovesse tramutarsi in un salto e il salto in un volo.

La porta si spalancò e l'uomo che era avanzato con rapidità le giunse al cospetto: «*Domina*, porto notizie da Gaio Cesare!» disse.

A quel punto Calpurnia si svegliò del tutto e il messo restò a guardarla. Non era al suo primo incarico, ma gli faceva sempre uno strano effetto irrompere nelle vite degli altri, atteso eppure imprevisto. Lei era seduta su uno scranno, con la schiena appoggiata al muro, la testa reclinata di lato e, sulle gambe, tratteneva con una mano un volumen prossimo a scivolare.

Si risollevò, lo fissò con occhi grandi, desti, in attesa.

«Parla» lo invitò, con la voce un po' arrochita.

«Il nostro comandante è a un giorno di marcia da Roma.»

Si alzò di scatto e il volumen le ricadde ai piedi.

«Ti prega,» continuò, «di non comunicare a nessuno questa notizia, perché date di arrivo diverse sono state riferite ai sostenitori e soprattutto al senato, in modo che sia già riunito al suo arrivo.»

«Ci sono altre notizie?»

«No, *domina*.»

«Se la tua mansione è terminata, ti prego di accettare un pasto ristoratore. E un compenso, ovviamente.»

«Accetterò volentieri il pasto, ma il compenso no, domina.» Sorrise, gli brillarono gli occhi. «È stato un onore, per me, servire Cesare.»

Quel senso di familiarità, quella fedeltà cocciuta accompagnata dal sorriso la spiazzarono per un istante. Chiamò le sue schiave più fidate perché si prendessero cura del messo.

Quella notte Calpurnia si coricò tardi, restò a guardare il quadrato di cielo pieno di stelle offrendo il viso all'aria fredda della sera.

Sognò il ritorno di lui. Era giunto improvviso come luce in un ambiente buio, con la sua abitudine sconveniente di entrare nelle stanze altrui con disinvoltura, senza annunciarsi o senza chiedere il permesso; camminava verso di lei, le tendeva le mani e le sorrideva. Ma quelle mani erano macchiate di sangue. E mentre lei, vedendolo così, gridava, lui la guardava deluso, non capendo quella reazione, forse nemmeno rendendosi conto di com'era diventato.

Calpurnia si svegliò coprendosi il viso con le mani, per proteggersi dal suo stesso timore.

Cesare, che le aveva cambiato la vita già dalla prima apparizione, stava per tornare. Ne era felice. Avrebbe ritrovato quel sorriso generoso e una presenza amica nel buio della notte. Avrebbe rivisto suo marito.

Ma aveva paura. In Gallia il tempo era trascorso rapido come un fiume in piena, ricco di eventi e ostacoli. Lì, a Roma, sembrava essersi addensato, come uno stagno immobile.

Quanto l'aveva cambiato la guerra? Il Cesare trionfatore delle Gallie sarebbe stato lo stesso uomo spiritoso e ambizioso che l'aveva sposata in un giorno d'aprile?

Anche lei era cambiata, sì, ma lui l'avrebbe riconosciuta certamente. Lì era la differenza: lei era vissuta aspettandone il ritorno e, facendosi coraggio con quell'unico pensiero, aveva affrontato giorni e stagioni; mentre Cesare a tutto aveva pensato, forse in ultimo anche a lei. Li univa il lutto per le persone care, cui lei aveva dovuto dire addio a nome di entrambi.

Erano sopravvissuti affrontando la vita con fini e modi diversi e, ora, si sarebbero ritrovati. Dal loro ultimo, brevissimo incontro erano passati quattro anni. Cosa avrebbe provato, vedendolo dopo così tanto tempo, dopo eventi aguzzi come le montagne che lui aveva varcato? La fugacità della vita, in quell'istante, parve colpirle la pelle come sabbia rovente scagliata dal vento. Nelle fiamme del tempo le loro esistenze erano scintille effimere in balia dell'aria gelida e del vuoto intorno. Pensò a una poesia di Catullo, mai abbastanza pianto.

*Soles occidere et redire possunt*
*Nobis cum semel occidit brevis lux*
*nox est perpetua una dormienda*
*Da mi basia mille...*

In quel momento capì quanto doloroso e reale fosse il sentimento che aveva ispirato quei versi al suo amico.

Fumo che si perde nei decori delle nubi, grido e volo di rondine, tepore e brivido di carezza imprevista: quante cose durano un attimo e si perdono? E quante, si chiese Calpurnia, erano quelle che lei non aveva vissuto in nome di Roma?

Avrebbe pianto vedendolo? Probabilmente sì, ammise. Ma forse, nello stesso istante, si sarebbe sentita sopraffatta dalla gioia.

Cosa avrebbe detto lei? E lui, che parole le avrebbe rivolto? Cosa possono fare a un uomo anni di guerra e massacri? Cosa avranno visto quegli occhi a lei cari?

Oh, dèi, quanto siamo fragili.

# CAPITOLO III

Dopo due giorni finalmente a Roma tornò il rumore, gente che parlava concitata, gridava, correva. C'era paura e speranza. I nobili erano spiazzati dal comportamento di Pompeo, non comprendevano la sua strategia: Magno però era un militare e aveva scelto un campo di battaglia vasto come il Mediterraneo per sconfiggere il nemico, per questo non aveva organizzato alcuna resistenza nell'Urbe. Il suo scopo superava la città. Come Cesare, era riuscito a vedere oltre le pareti della Curia ed entrambi erano pronti a lottare per quella loro visione. Ma agli occhi di quei ricchi ottusi e tremebondi, il mondo intero si limitava a Roma.

Come ogni mattina, Calpurnia controllò che tutto nella casa fosse in ordine prima di dedicarsi alla lettura o alle piante. Dopo la morte di Giulia aveva escluso la tessitura dalle sue mansioni: per anni l'aveva praticata con devozione e pazienza, assimilandola a una forma di meditazione simile a quelle narrate dai viaggiatori che, dal lontano oriente, sbarcavano a Neapolis per proseguire via terra le loro esplorazioni, facendo a volte tappa a Ercolano. Le mani impegnate in uno schema di movimento favorivano la libertà del pensiero. Ma dopo l'orribile anno dei lutti, era stato meglio evitare momenti simili.

Si trovava nella stanza dove, un dettaglio dopo l'altro, parte dopo parte, la statua di Cesare prendeva vita. Il braccio era già scolpito e il muscolo sembrava pronto a scattare in un energico gesto oratorio. Il viso era abbozzato e gli occhi, ancora candidi nella pietra, apparivano già animati da una segreta, inquietante vitalità. I lavori andavano a rilento perché alcuni assistenti dipendevano da nobili fuggiti portando con sé la *familia*. Eppure poteva contemplare l'articolazione delle dita e le unghie... già, avevano scolpito persino quelle.

"Le unghie!" pensò, con meraviglia, accennando un sorriso e tendendo una mano verso la statua. I raggi del sole iniziavano a occhieggiare dalla finestrella. "Che bravura... le unghie!"

Non si era accorta che qualcuno era sulla soglia e, in silenzio, la guardava.

Entrando in casa, Cesare aveva chiesto agli schiavi riservatezza e pace. Non aveva voglia né tempo per le feste. Ci sarebbe stato il momento, ma non era quello. Quello era l'attimo dedicato alla malinconia, alla nostalgia dolce e amara per le cose sfumate.

Anche lui protese la mano, senza fare alcun rumore, come i tanti anni di guerra gli avevano insegnato; le sfiorò la spalla. Calpurnia si voltò spaventata, sussultando.

Non ci credeva quasi.

Rimasero a fissarsi per un po', increduli; a studiare, occhi negli occhi, com'erano cambiati negli ultimi quattro anni.

Calpurnia ruppe l'immobilità focalizzando l'attenzione su un dettaglio che la intenerì e la immalinconì al contempo: le guance di Cesare erano scavate, gli zigomi parevano più sporgenti. "I suoi denti: gliene sono caduti." Ricordò la fierezza dei reduci, orgogliosi di aver combattuto con un uomo che scendeva tra loro e viveva come loro, nella fame, nel freddo.

"Tutto questo... per cosa?"

Tese timidamente la mano in una carezza lieve e fugace. Chinò il capo. Si strinsero in silenzio mentre lei piangeva piano.

Calpurnia quasi scivolò dall'abbraccio, sedendosi sotto la statua e sfregandosi il viso con le mani, per togliere le lacrime e vedere meglio. Fece per aprire bocca, ma le parole mancarono.

Da quanti anni non parlavano davvero, faccia a faccia? Era come dover riprendere a camminare dopo una lunga convalescenza.

E, nell'animo, c'era tutta una confusione di pensieri e ricordi e dolori e rancori.

«Sanno che sei qui?» chiese, infine.

«No, ma sono sicuro che la voce si sta già diffondendo.»

«Se reputi sia più opportuno, posso andare da mio padre questi giorni. Se vuoi... acquartierarti qui, dico.»

Cesare sorrise. «*Acquartierarmi*. Hai imparato bene il linguaggio dell'esercito.»

Si prese tempo per rispondere. Cercavano entrambi, come due lembi di papiro strappato e consumato, di riavvicinare i margini quanto possibile.

«Ho studiato a fondo tutti i tuoi dispacci per il senato. Mi dava – lo troverai un pensiero stupido – la sensazione di accorciare le distanze. Non di capire, no. Ma di avvicinarmi, quello sì.»

«Siediti» le disse, accomodandosi e invitandola a imitarla, ai piedi della sua stessa statua. Lei obbedì. «Comunque no, non sono qui per acquartierarmi. La situazione si muove frenetica e io volevo essere certo di poterti salutare e... ascoltare. Raccontami, ti prego.»

«Cosa?»

«Di questi quattro anni.»

Di nuovo silenzio. Qualche voce animata dall'esterno faceva capire che, sì, Cesare era stato scorto o qualcuno non aveva saputo tenere a bada la lingua.

Cosa rispondere? Ormai Calpurnia l'aveva capito benissimo: quel che poteva fare non era ciò che fa ogni moglie. Non avrebbe scaldato abbracci e partorito figli. Delle tante battaglie, quella le sembrava ormai senza speranza. Ma Cesare era diverso da tutti, per una mancanza di ipocrisia che poteva renderlo all'apparenza crudele, mentre in realtà non aveva remora a nominare le proprie passioni, le scelte e i desideri. Calpurnia l'aveva guardato negli occhi e l'aveva scoperto così, mentre lui sghignazzava nel buio di un giardino profumato di salsedine e si definiva "una prospettiva non così tremenda". Doveva custodire la verità su chi lui fosse davvero. Questo era il dono che poteva fargli: non lasciare che si smarrisse del tutto nel turbine delle proprie battaglie.

«Non saprei cosa dire. Ci sono tanti eventi eppure ora mi sembrano pochi, come riassunti in un lungo attimo.» Sospirò, si morse le labbra, pensando.

Lui le prese la mano, come per farle coraggio.

«Sai, mi sono messa in testa un'idea certo sciocca, ma che mi ha aiutata tanto in questi anni...»

Gli confessò di aver cercato di agire e comportarsi come riteneva avrebbe fatto lui o, almeno, come le avrebbe chiesto di fare. Cesare sorrise.

Lentamente riuscirono a ritrovarsi, a parlare. Fino al tramonto rimasero seduti lì, sotto la statua non del tutto scolpita, con le prove di colore che donavano balenii di vita a quel corpo di marmo.

All'improvviso gli anni si erano riassunti in un giorno, perdevano significato visti dall'alto, tanto da poterli chiudere in un pugno. Ma, aprendo le dita al palpito del tempo, potevano estendersi tra picchi d'emozione per i ricordi più nitidi e accompagnarsi alle lacrime per quelli più tristi.

Cesare raccontò dolori, esaltazioni troppo grandi per appartenere a un uomo, o almeno così le avrebbe forse intese il mondo.

Calpurnia, invece, le accettava come parte incredibile e reale di un destino capitato loro, e da loro vissuto. In certi istanti sembrava che gli anni non fossero neppure trascorsi ed entrambi si trovassero a Ercolano, seduti davanti agli scaffali della stanza adibita a libreria, ancora incompleta e spoglia, ma ricca di tutto quel che desideravano, accomunati com'erano da curiosità, senso critico e testarda meraviglia. Come quando Cesare le raccontò delle maree che divoravano la costa della Britannia e di un messaggio segreto, legato a un giavellotto che, però, si era conficcato non visto su una torretta. Calpurnia sgranava gli occhi immaginando quegli episodi, catapultata in un mondo diverso. A stento, poi, cercò di raccontare altri dolori, altre situazioni. Non era facile trovare le parole adatte per rievocare il mondo umbratile e malinconico delle figlie di Remo, un mondo fatto di nascite e di morti, forse noioso agli occhi di un condottiero... ma così doloroso! Potevano, anche quei racconti, sembrare un'ordinaria condanna della natura agli occhi di chi non era parte di tale sorte. Ma Cesare ascoltò la voce pacata della moglie narrare quegli eventi, immutati dalla notte dei tempi eppure, in quel frangente, tragicamente diversi. Parlarono fino a notte alta, vicini, finché il sonno non chiuse loro gli occhi e li riaprì con il dovere, l'impulso, di recarsi alle tombe di Giulia e di Aurelia.

Fu l'ultimo momento intimo che vissero, l'ultimo di pace. Cesare rimase muto, davanti a quell'ara di marmo dipinto dei colori che più Giulia amava; corrucciava la fronte e serrava le labbra in una smorfia tesa a trattenere chissà quali parole.

Avevano ricucito il loro passato, si erano confortati e sentiti di nuovo vicini. Ma, dopo quel momento, toccò al futuro. E il futuro era tutto di Cesare.

La mattina successiva lui si recò in senato con l'autorevolezza e la tranquillità dei giorni più comuni e, con un discorso energico e a tratti persino aggressivo, illustrò agli unici tre senatori che non erano fuggiti da Roma, le ragioni che l'avevano costretto a violare il senatus consultum ultimum. Tutti lo guardavano smarriti e annichiliti; ma ancor più sorpresi erano i suoi uomini. «È bene che parta presto» commentò Antonio. «Le bassezze della politica non fanno più per lui, è diventato intollerante. Comprimono la sua intelligenza... che si ribella e scatta.»

L'ombra perfetta

Cesare iniziò a perdere quel suo controllo glaciale e infallibile quando le discussioni per inviare a Pompeo l'ennesima e, lo si vedeva dal tremito incontrollato delle palpebre, ultima delegazione si protrassero con i tempi snervanti ed estenuanti della politica romana.

Interpretò quella lentezza come mancanza di volontà e subito decise di partire per raggiungerlo. Andò nel tempio di Saturno per prelevarne le ricchezze e minacciò di morte Metello che cercava di sbarrargli la strada. «Mi è più difficile minacciarti, che ucciderti!» gli disse, lapidario. Era un altro Cesare. E quel Cesare prese il tesoro del tempio, che forse i consoli avevano abbandonato nella fretta della fuga, e partì di nuovo, verso l'Adriatico e poi diretto in Grecia.

Mentre solcava il mare e fissava accigliato l'orizzonte, sorrise senza accorgersi di farlo. Voltandosi vide i suoi uomini affaccendarsi e la loro fatica agevolare il movimento della nave. Collegò le loro azioni fattive al fendersi delle onde a prora. Quest'immediato riscontro all'applicazione della volontà lo inebriava. Era la sua vita e la decideva con le sue azioni, non con gli intrighi, con le alleanze immeschinite dall'ipocrisia piccola e pavida. Quello che era lì, con i suoi soldati, era un altro Cesare ancora, quello che si sentiva vivo.

*Le comunicazioni di Cesare sono sporadiche. Teme lo spionaggio o forse non ha tempo o, persino, la situazione potrebbe essere così grave che non vuole arrischiarsi in giudizi avventati. La guerra civile è differente, Lucrezio, fratello mio. Credo che, nella mente di un soldato, uno straniero non appaia molto diverso da un animale feroce che può aggredirci.*

*Pompeo e Cesare invece sono cresciuti nello stesso posto, facendosi le ossa nel Campo Marzio, attraversando al galoppo le stesse campagne, nuotando nello stesso fiume; hanno pianto la stessa donna, l'uno come figlia, l'altro come moglie. Ma ora guidano due eserciti avversari. E invece sono eserciti di fratelli. Mi rendo conto ora, Lucrezio, quanto sia doloroso sentirsi Romani quando c'è guerra in seno al nostro stesso popolo. Ci fa male vederci scissi e, nello stesso tempo, ci accaniamo in fazioni: cesariani, pompeiani, come ci furono i mariani e i sillani... e chissà quanti altri ancora ce ne saranno.*

*Cesare ha portato ricchezze e riforme; Pompeo sicurezze e glorie. Il popolo non è indifferente. Ma il senato si è limitato, per decenni, ad accumulare per sé agi. Così, fratello mio, è quasi un sollievo sapere che la morte ti ha evitato di assistere a questo ennesimo, tristissimo scempio.*

*E possano gli déi, dei quali tanto ragionammo insieme, vegliare sulla tua pace.*

Calpurnia alzò gli occhi dal foglio. La statua del marito, sotto la quale spesso si sedeva a scrivere, non era progredita di molto. Ora il viso mostrava lineamenti precisi, ma la spalla era ancora posseduta dal blocco di marmo. La gente che passava lì davanti a volte guardava verso l'ingresso della domus con speranza, altre con disprezzo. Contemplò per un istante quell'ennesima lettera che aveva scritto a chi non c'era più. La tenne ancora un po' tra le mani, per sentirsi meno sola e poi, con un sorriso, ripeté il gesto usuale: la accartocciò e la adagiò nel braciere.

# CAPITOLO IV

*Autunno dell'anno 706 dalla fondazione di Roma, consoli Gaio Giulio Cesare e Publio Servilio Vatia Isaurico.*

«La Spagna e poi la Grecia... Cesare e Pompeo si sono inseguiti senza badare alle distanze. Ma ho ragione di credere che questa guerra finirà presto» azzardò Pisone mentre passava con estrema delicatezza il proprio figlio neonato a Calpurnia. Cullandolo, lei lo scrutò con curiosità: quel fratello così giovane non pareva somigliarle molto. Aveva gli occhi di loro padre, ma il naso prometteva di essere quello materno.

"Sei il benvenuto, fratellino. Anche se è troppo tardi per crescere insieme, penserai tu ad allietare nostro papà al posto mio".

«Non sta bene parlare di guerra mentre teniamo tra le braccia il piccolo Lucio,» si oppose Calpurnia, «incupisce i nostri pensieri.»

«Questo non è un discorso da te.»

«Probabile» replicò alzando le spalle, mentre il fratellino la guardava con gli occhi stupefatti di chi si è appena affacciato al mondo. Calpurnia lo salutò con un sorriso estatico. «Lo porto a tua moglie, papà. Quello è il suo posto, ora. Si goda gli anni beati in cui basta la pelle calda della madre a dare felicità assoluta. Poi, invece, vorrò sapere da te gli ultimi eventi senza ulteriori distrazioni.» Rientrò poco dopo nella stanza dove il padre stava scartabellando dei dispacci.

«Prima che Lucio si svegliasse, ti stavo accennando a una mia speranza: credo che la disfatta di Pompeo a Farsalo metterà fine a questa guerra» riprese Pisone.

«Quando è avvenuta?» gli chiese la figlia.

«Il nove di Sestile. Cesare ha combattuto alla testa della Decima e ben due legioni di Pompeo sono passate dalla sua parte durante la battaglia stessa. Ha ordinato che nessun Romano venisse ucciso, a meno che non accadesse in normali atti di battaglia. Pompeo è fuggito e i sopravvissuti si sono uniti a Bruto, che ha chiesto perdono a Cesare.»

«E lui? Gliel'ha accordato?» Calpurnia parlava con calma, cercando di sembrare disinteressata, come se quegli eventi non riguardassero l'uomo che, forse a giorni, si sarebbe presentato alla porta di casa. Come se, tra le vittime e gli sconfitti, non si contassero persone che con lei avevano mangiato, parlato, riso e pianto.

«Ovviamente.» Lucio sorrise. «Devi esser fiera di lui.»

Calpurnia rimase indifferente. Quando si parlava di certe battaglie, preferiva estraniarsi.

«In ogni caso,» riprese il padre, «Pompeo è fuggito verso l'Oriente. Ha ancora delle legioni con sé; forse vuole organizzare una resistenza. Questo è tutto quello che so, figliola.»

«Bene.» Lei tradiva l'aria di chi vuole aggiungere qualcosa, ma si trattenne e Pisone la guardò con gli occhi di chi, al contrario, invita a continuare il discorso.

«Papà,» sussurrò, senza più il distacco che si era imposta in precedenza, «sono contenta per te... per tuo figlio, intendo.» Si abbracciarono. Ed era veramente felice per le nuove scelte del padre, per la nuova vita di lui. Ma si rendeva conto di essere anche sottilmente sollevata: con una nuova famiglia, non le avrebbe più chiesto sacrifici... Ora nell'altra stanza Pisone aveva una moglie che lo seguiva ovunque e un piccolo futuro console da far crescere forte e sano, retto e furbo quanto basta per poter entrare a pie' pari nel cuore della politica romana.

La costa egiziana appariva all'orizzonte come una linea sottile di luce, una catena d'oro al collo di una donna. Questo pensò Pompeo guardando verso est, ma poi sul collo sentì un tocco freddo. Si voltò e sentì dolore.

Non fece in tempo a capire perché, ma l'intensità della fitta e il rumore della lacerazione gli chiusero presto gli occhi, mentre erano volti al cielo violetto che precede un'alba di settembre. Cesare era ignaro di tutto.

E giunse in Egitto inseguendo il rivale. Non voleva ucciderlo, ma perdonarlo. Desiderava dargli una seconda possibilità, proporre una nuova geometria all'interno della politica romana, nella quale il vertice sarebbe stato lui. O, magari, avrebbero condiviso il potere con proporzioni rinnovate. Forse c'era un modo per ottenere una pace vera per Roma, lui era disposto a cercarlo. Aveva visto il crollo di una classe dirigente meschina, ma Pompeo era altro, era di più. Al di là dei giochi di potere, lui lo sapeva e, in sincerità, ci sperava.

Quando giunse ad Alessandria fu colpito da quella

città così orientale, organizzata in base alla logica greca, ma cresciuta in maniera caotica. Lo intrigarono i suoni e i colori che univano in nozze splendenti Ellade ed Egitto. Su tale e tanta beltà vi era l'alone dorato della luce struggente che prelude al tramonto.

Quella civiltà splendida stava morendo e la contesa per il trono, assurda e a modo suo patetica come tutte quelle che vedevano i Tolomei protagonisti, finiva di fiaccarla.

L'estate volgeva al termine astronomico, ma lì non si avvertiva: il caldo rendeva avvolgente l'aria pregna di salsedine e del profumo di spezie che, da tutto il mondo, giungevano al porto. Il faro, opera incredibile per maestà e luminosità, era visibile ovunque.

Forse in quella terra d'incontro, in quella città figlia del grande Alessandro e abitata da egizi, lui e Pompeo avrebbero potuto di nuovo trovare un compromesso.

Potino gli andò incontro con aria zelante non appena mise piede al suolo. Cesare capì subito che si trattava di lui già per quell'aria viscida che sembrava accomunare gli eunuchi di corte, invischiati com'erano nelle guerre sotterranee per il potere. Gli si inchinò davanti con gesti teatrali, che con ogni evidenza nella corte di Alessandria erano la norma, e gli offrì doni, una marea di doni... l'ultimo, contenuto in una cesta di vimini, era la testa livida di Pompeo.

Per un attimo il gelo si impossessò di Cesare. Poi fu come fuoco da un vulcano. Gli avevano tolto la possibilità di salvarlo, di salvare Roma, di portare una nuova pace. Avevano ucciso un amico, un parente, un uomo con cui, come alleati o come combattenti, aveva diviso la vita. Lui poteva salvarlo, lui voleva che vivesse, lui doveva parlargli. "E questo stupido senza palle ha rovinato tutto!" pensò. La rabbia che provava gli offuscò la vista come mai era successo prima: prese a calci un'anfora, che cadde e si ruppe, rovesciando prezioso vino sul molo e minacciò di riservare a Potino lo stesso trattamento. L'eunuco, avendo compreso di aver sbagliato i suoi calcoli, fece un balzo indietro.

«Incapaci!» li apostrofava Cesare. «Un Paese governato da bestie stupide e nemmeno commestibili!»

Quel gesto inutile avrebbe avuto conseguenze negative per tutti. Si sentì frustrato da un terribile senso di impotenza; la rabbia gli fece venir voglia di assestare sonori ceffoni ai due bambini inetti che si contendevano l'Egitto. Scornato dalla reazione inattesa del vincitore, Potino si dileguò. Aveva sperato in un Cesare compiaciuto e pieno di riconoscenza verso la sua fazione, invece quel Romano sembrava fuori di sé. E chiunque sia abituato a trattare con i sovrani sa bene quando è il momento di raggiungere la porta in silenzio e a passo veloce.

Arrivato negli alloggi offerti dal sovrano, Cesare si sedette cercando di dominare l'ira che gli faceva serrare le mascelle fino a provare dolore. Cercò di scrivere delle parole che spiegassero l'accaduto, prima che venisse deformato da altre voci. Fu uno sforzo immane.

Ed era sicuro che le notizie fossero ormai prossime alle coste italiche: il liberto Filippo e la moglie di Pompeo avevano assistito da una barca alla rapida e atroce agonia dell'uomo che fu chiamato Magno, il Grande. Di certo avrebbero imputato a lui l'idea del delitto.

Invece Cesare non avrebbe mai voluto per Pompeo una fine tanto oscena. Se fosse morto per mano sua, sarebbe accaduto in battaglia. E magari la sorte avrebbe invertito i loro ruoli, ma quella trappola tesa da un cappone ingioiellato aveva privato di ogni dignità e sacralità alla loro lotta.

Si arzigogolava la mente pensando come arginare le conseguenze negative del possibile equivoco, tanto era furioso.

Scrisse senza sosta finché, quando la luna piena era ormai sorta, qualcuno bussò alla porta, chiedendo di poter entrare.

«Santi Numi» si portò una mano alla fronte, esasperato. «Avanti.»

Un uomo scuro e tarchiato avanzò di pochi passi per poi posare a terra, con insolita delicatezza, un tappeto, di certo l'ennesimo omaggio da parte di qualche notabile di corte. Mugugnò qualcosa circa il mittente con una pronuncia incomprensibile e, senza aspettare di essere congedato, se ne andò.

«Il primo regalo di buon gusto» sentenziò Cesare, voltandosi solo un attimo. Decise che lo avrebbe esaminato più tardi e si concentrò di nuovo sulla scrittura. Ma non passò molto tempo che dal tappeto iniziarono a provenire dei rumori. Bastò un istante a Cesare per uscire dalla sua concentrazione e scattare in piedi con la mano sull'impugnatura del gladio, pronto a difendersi.

«Questo paese è folle» mormorò, mentre qualcuno si liberava a fatica dalle spire del tessuto. In breve il tappeto fu del tutto srotolato intorno a una ragazza rannicchiata che si alzò senza fretta, rassettandosi come poteva. La mano di Cesare scivolò lenta dall'arma.

La fanciulla pareva molto giovane ma non era acerba; aveva il fisico flessuoso, la pelle ambrata dal forte sole d'Egitto e i capelli castano chiaro. C'era oro in lei. Fece un passo in avanti prima di prendere parola, i suoi movimenti sicuri toglievano importanza alle vesti semplici e stropicciate di fuggitiva.

«È il paese di cui sono la legittima regina, Cesare. Sono Cleopatra VII Thea Philopatore e per l'Egitto mi presento a chiederti aiuto.»

Gli occhi smeraldini da macedone apparivano allungati e vagamente orientali grazie al trucco, mentre gli zigomi forti e il naso aquilino indicavano con chiarezza la sua appartenenza alla stirpe dei Tolomei.

Ma tutto il suo portamento regale perse importanza quando Cleopatra aprì bocca. Se fosse stata solo voce, avrebbe potuto dominare il mondo e far inginocchiare al suo cospetto ogni uomo. Aveva parlato con calma e fermezza, in un latino pulitissimo, privo di inflessioni. Il tono melodioso e sicuro imponeva ascolto.

Da quel momento, agli occhi di Cesare, l'Egitto non fu più un luogo di folli, ma diventò il paese della magia e della passione.

# CAPITOLO V

Era dicembre quando le notizie amare che Cesare aveva scritto quella sera giunsero in Italia dall'Egitto e quel dispaccio passò di stanza in stanza nella grande villa di Ercolano. Vi era narrato un accadimento orribile, eppure lasciava più domande che indignazione: la guerra era dunque finita? Si poteva essere sollevati di questo? L'atroce morte di Gneo Pompeo addolorava tutti. Era un generale di Roma ma soprattutto una persona che aveva incrociato le loro esistenze.

Calpurnia si era recata per pochi giorni dal padre, ma decise di tornare subito a Roma in caso di nuove comunicazioni da parte di Cesare.

Pensò, inoltre, di poter richiamare gli artisti che stavano lavorando alla statua di Cesare, fuggiti al rientro in Italia di lui.

"Una mano differente può notarsi" si diceva. Così nella loro casa, in quel mondo immobile in cui Calpurnia era piombata, ben presto il tempo tornò a scorrere e ad aver bisogno di misurazione: sorgevano di nuovo le luci e i contrasti cromatici dell'esistenza quotidiana.

Cesare poteva scrivere da un giorno all'altro, tornare da un giorno all'altro. Non solo lei, ma tutti i Romani iniziavano a pensarlo e il movimento in città aumentava, mentre la statua prendeva forma in fretta, per essere pronta anch'essa al suo imminente arrivo.

Ma Cesare non tornò e lettere con disposizioni non ve ne furono. Dapprima si attribuì il fatto all'inverno, che rendeva il mare ostile alla navigazione. Poi sopraggiunse la preoccupazione. C'era stata una rivolta ad Alessandria, l'Egitto era sempre stato un Paese così instabile... dicevano fosse bruciata parte della biblioteca, o il palazzo reale... i soldati romani volevano forse pacificare il ricchissimo regno dei Tolomei per poi annetterlo? In quel caso vi sarebbe stata una comunicazione ufficiale.

Calpurnia cercava di non angosciarsi, ma dopo qualche mese le voci si fecero elusive: notizie dirette non le arrivavano più e quelle che riusciva a intercettare erano vaghe. Era chiaro che i suoi contatti le celassero qualcosa in maniera così energica da rendere l'omissione ancora più evidente. Poi, pian piano, tra battute grasse e allusioni continue, iniziò a emergere una verità facile da intuire.

Ma poteva considerarla una certezza? Dopotutto Cesare era un guerriero, ma, ancor prima, era un politico fin troppo scaltro.

"Se avesse appoggiato il fratello di Cleopatra, come minimo avrebbero presunto una relazione tra loro" pensava Calpurnia, cercando di rifiutare la realtà finché le occhiate della gente non iniziarono a bruciarla al suo passaggio. Far finta di nulla divenne impossibile in quell'imbarazzante assedio di sorrisi pietosi, di sguardi maliziosi o allusioni sdegnate. L'atteggiamento dei Romani era molto peggio di quella certezza che ormai le si era insediata nella mente e che lei doveva scacciare con energia per poter continuare ad adempiere quanto richiesto dal suo ruolo.

"Devo portare alto l'onore di Cesare, devo avere fiducia finché lui non mi comunicherà qualcosa di ufficiale. Se cedessi ai sospetti, tutti interpreterebbero il mio comportamento come un'ammissione."

Ma era diventata una tortura assistere ogni giorno a rappresentazioni ironiche, a sbeffeggi e canzonette, all'acido sarcasmo dei senatori.

Pisone cercava di proteggere la figlia, distraendola e chiedendole spesso di aiutare sua moglie con il neonato. Ma era una battaglia persa: lei si fermava qualche ora, poi insisteva per tornare ai propri doveri.

Farsi forza per Calpurnia era diventato un imperativo sempre più faticoso, un fardello logorante, che non voleva condividere con nessuno.

Finché un giorno non giunse l'annuncio inequivocabile della nascita dell'erede al trono d'Egitto: Tolomeo XV Filopatore Filometore Cesare, figlio di Cleopatra VII e di Gaio Giulio Cesare.

La notizia giunse a Roma come una piccola onda dei mari lontani che, avvicinandosi alla costa, cresce e crea fracasso. Le parole partirono da un banco del mercato e viaggiarono con il profumo della frutta matura e calda di sole, varcando cortine della lettiga di Calpurnia. La loquela popolare della venditrice dipingeva, con dovizia di particolari, la nascita di questo bambino, figlio di una regina giovane e bella e così identico al padre da meritarsi un appellativo inequivocabile. «E così adesso abbiamo pure *Cesaretto*!» aveva esclamato.

Sentire il fiato mozzarsi, far fermare la lettiga e scenderne furono due azioni svolte in un unico attimo.

Sonia Morganti

L'ancella di fiducia provò a dirle qualcosa che lei non udì. Le ronzavano le orecchie e fece qualche passo incerto in direzione della donna che, come una dea opulenta tra i pomi, continuava a tenere banco con la descrizione di questo neonato che pareva plasmato da una maschera degli antenati paterni.

Calpurnia avrebbe voluto avvicinarsi, chiedere e sapere, ma le girò la testa. Non si sarebbe mai perdonata un mancamento e non poteva né voleva farsi notare. Fece qualche passo indietro finché una mano gentile, forse di un servo, non le afferrò il polso e la aiutò a salire in lettiga.

Giunse a casa e, con un gesto, chiese alla ancelle di farsi da parte. In quel momento il vuoto era una benedizione e una condanna.

Aveva bisogno di condividere con qualcuno il dolore e lo stupore.

"Scriverò una lettera! Come ho sempre fatto!" pensò; prese un rotolo e lo stese di fronte a sé. «Ma a chi?»

Una lacrima macchiò il foglio. Con una mano asciugò altre che sfuggivano con insistenza e scorrevano lungo le gote. Posò lo stilo che aveva già impugnato. "Sono tutti morti! Scrivere loro era la mia ultima illusione!" Accartocciò il papiro con rabbiosa disperazione. «Sono sola! Sono rimasta veramente sola!» gemette, prima di scoppiare in un pianto dirotto, che si era fatto attendere per troppi anni.

# CAPITOLO VI

*Anno 708 dalla fondazione della città, consoli Gaio Giulio Cesare e Marco Emilio Lepido, Roma.*

Sentiva la coscienza in frantumi, come un orcio schiantato al suolo. Su ogni scheggia era dipinta una scena che non avrebbe voluto vedere e che adesso invece si trovava a immaginare. Non avrebbe mai creduto alla fedeltà di Cesare, così come a quella di ogni altro uomo. Ma c'era qualcosa di diverso, questa volta. Il piccolo Cesarione non era stato concepito da una schiava o dalla moglie di un capotribù sconfitto, sotto una tenda o in una capanna, scaldandosi mentre la neve cade intorno. Il mondo intero lo indicava, questa volta. Lo riconosceva, lo nominava. C'era un figlio, un maschio, partorito da una regina la cui ascendenza risaliva ai diadochi di Alessandro, alla luce del sole, in una reggia.

«Era il mio dovere...» La voce, fragile e incerta, si perse nel suono del temporale estivo che imperversava su Roma.

*Dovere.* La mente distorse quella parola, la plasmò come creta e la colorò, spingendo Calpurnia al ricordo della propria infanzia felice, con Lucio Pisone che l'amava di amore paterno e materno, con il canto del mare ad ammonirli e i filosofi a educarli. Le suscitava disagio pensare ai neonati utili a uno scopo, soppesati da tutti e per tutti tranne che nell'amore. Eppure, nella vita reale quel suo pensiero non aveva alcuna rilevanza. Nel *cursus honorum* una figlia femmina era un inciampo, figuriamoci non riuscire a concepirne qualsivoglia.

Quindi lei era un doppio inciampo per persone che non avrebbe mai voluto far cadere.


Trascorse giorni di prostrazione. Il padre, preoccupato, si recò a trovarla e rimase colpito dall'attività in cui era immersa: stava di nuovo tessendo.

«Ma... Calpurnia?»

«Sì?» voltò appena gli occhi verso di lui.

«Non lo facevi più da quando... »

«Da quando è morta Giulia, sì. Ma non ho la forza di concentrarmi nella lettura.» La sua risposta fu laconica.

Pisone, sempre lacerato tra i doveri di pater familias e la forte affettività che lo legava alla sua prima figlia, non sopportava di vedere Calpurnia così spenta e abbattuta. Qualcosa, dentro di lui, ruppe tutti gli schemi cui era sottostato per una vita e si ribellò senza possibilità di controllo.

«Io ti ho cresciuta come si addice a una donna romana, ma ti ho anche insegnato a vivere a testa alta! In questi anni ho sempre ammirato la tua capacità di guardare avanti, invece così non ti riconosco!» Il tono severo, il viso arrossato del padre prima che le sue parole, colpirono Calpurnia. Si alzò, incredula.

«Ma, papà, che dici?»

«Io non so cosa speri, cosa vorresti... anzi, mi chiedo se tu stessa lo sappia. Potresti iniziare con il chiedertelo e condire i piatti che ti stanno facendo sopravvivere con una manciata abbondante γνῶθι σαυτόν. Sei sempre stata brava a farlo, ora forse è il momento di ritornarvi su.»

Pisone si rese conto di essere stato brusco. Aveva scaricato sulla figlia l'umiliazione che lei stessa subiva e che cadeva solo per riflesso su di lui. E il senso di impotenza, sì. Vederla soffrire lo straziava, ma non poteva, non doveva aiutarla: avrebbe rischiato di far entrare un affare privato nella lotta politica, finendo così per penalizzare l'intera famiglia. Ma perché Calpurnia non lasciava quella casa quasi disabitata, dove era pian piano divenuta anche lei un suppellettile vuoto, e non tornava da lui?

Solo lei poteva rispondere a quella domanda. Se la figlia avesse voluto, lui l'avrebbe accolta a braccia aperte. Le aveva porto l'attrezzo per scavare: γνῶθι σαυτόν. Ora stava a lei capire e decidere.

«Scusami. Non meritavi questi toni, ma ti prego di valutare bene come comportarti. Io ti sosterrò, in ogni caso.»

Mortificato dalla propria mancanza di controllo, Pisone si voltò e se ne andò, senza attendere risposta o reazione dalla figlia.

Calpurnia lo chiamò, cercò di fermarlo, ma Pisone si era già dileguato perché non voleva si vedesse che gli veniva da piangere.

# CAPITOLO VII

Si cambia così, all'improvviso.

Come quando, dopo un lungo inverno, ci si sveglia una mattina e si nota un odore differente e appena percettibile nell'aria, un ritmo nuovo nelle cose del mondo. Come quando, al contrario, è il colore delle onde lontane, al termine di una lunga estate, ad annunciare con una tonalità più cupa che è quasi arrivato l'autunno.

Anche per lei fu tutto improvviso: rialzò la testa, senza un motivo particolare a darle la forza di farlo. I pensieri che aveva nella mente e i consigli mai ascoltati, mischiati insieme per giorni e giorni, ebbero l'effetto di un farmaco discreto.

Raccolse il coraggio, restaurò la dignità e lucidò la sua inclinazione a parlare con delicatezza, ma senza ipocrisie. Riprese a uscire, a essere presente dove era richiesta, come se nulla fosse. All'inizio fu difficile. Ma vivere a testa alta era la sola via per poter guardare Cesare negli occhi e chiedergli di persona la verità. Non l'avrebbe interrogato né avrebbe valutato i suoi motivi. Le interessava, semplicemente, capire... capire cosa significava lei, Calpurnia, a cosa serviva più e, di conseguenza, quale sarebbe stata la sua sorte. Comprendere e capire, per poter vivere con consapevolezza ogni cosa. In onestà e chiarezza. Accompagnata da tali pensieri, riprese a far fluire la vita.

Si impegnò affinché la statua di Cesare fosse terminata

quanto prima, entro la fine dell'estate.

Non sempre riusciva a imporsi tanta forza, a volte scivolava in profonde sacche di rabbia e tristezza. Si aggrappava a qualunque pensiero, dal vano orgoglio della gens alle antiche complicità, per uscirne. E, quando lo faceva, si trovava inzaccherata di scomodi interrogativi.

Aveva ragione suo padre: perché era ancora lì? Se fosse tornata, in lacrime, a casa di famiglia, nessuno l'avrebbe rimproverata, anzi. Forse era quello che ci si sarebbe aspettati da lei. Perché teneva a Cesare e continuava a essere la sua ombra perfetta a Roma? Non trovava risposte, solo ipotesi. Forse avevano condiviso periodi così brevi e distanti tra loro che le speranze in lei erano rimaste vive. E, se siamo fatti di emozioni e missioni che ci assegniamo, la materia di cui era fatta la sua vita era dunque Cesare stesso. Cleopatra aveva trovato in lui un re consorte e un padre per suo figlio, forse anche un compagno. Lei, invece, aveva trovato un mondo. Era un'ipotesi, una delle tante.

Non mancava molto però alla verità.

Era fine ottobre del settecentottesimo anno dalla fondazione dell'Urbe e l'autunno romano, ritardatario come sempre, quando Cesare tornò si era appena annunciato.

Sentendo il carro arrivare, Calpurnia avanzò ben oltre la porta, nonostante la pioggia battente offuscasse i contorni del mondo.

Anche la sagoma che la raggiunse a passo veloce e che la spinse indietro con premura – «prenderai un malanno», disse – era confusa tra le fitte traiettorie argentate delle gocce d'acqua, ma lei riconobbe benissimo Cesare.

Ora che era giunto il momento di parlarsi guardandosi in faccia dopo quel che era accaduto, Calpurnia si sentiva calma: qualunque cosa fosse avvenuta, qualunque cosa avesse saputo, era preparata e sarebbe stata forte.

Cesare avanzò come un naufrago verso le stanze interne, lasciandosi dietro una scia di acqua piovana che gli aveva inzuppato il manto. Si sedette di peso, stremato, sul primo sgabello e portò la mano sulla fronte. Lei rimase sulla soglia.

«Vieni, Calpurnia… raggiungimi tu, io sono esausto.»

Cesare aveva la pelle colorita dal sole, ma era anche dimagrito, aveva più rughe e quanto ai capelli, ormai si potevano contare e lei si chiese se, di tanto in tanto, lui lo facesse ancora, concedendosi momenti di umana e ironica frivolezza. Sospirò, avvicinandosi. Non stava bene, era evidente. Tutto sembrava meno che conquistatore di terre e regine.

«Cos'hai?» gli chiese, mettendogli una mano sulla fronte. «Non c'è febbre.»

«È solo emicrania, non preoccuparti.»

«In ogni caso,» iniziò a slacciargli gli spallacci, «togliti l'armatura e mettiti disteso. Vado a vedere se ci sono gli ingredienti necessari a uno di quei decotti di Antistio.»

«C'è la servitù per questo, sta tranquilla.»

"Se avessi ragionato così, sarei morta di noia in tutti questi anni e sarei diventata flaccida e inetta come quel genere di persona che tanto biasimi" pensò, smussando una punta di irritazione, ma non la lasciò trapelare.

«Lascia che sia io ad aiutarti» disse, solamente.

Non era il caso di affrontare un discorso diretto con Cesare in quelle condizioni, pensava Calpurnia mentre lo guardava dormire e la bevanda medica doveva ancora freddarsi un po'.

Dopo mesi di fatica era riuscita a imbrigliare l'affetto che provava per lui. La atterriva sapere che un chiarimento sarebbe stato sufficiente a liberarlo di nuovo. Seduta vicino al letto, osservava annoiata i disegni del vapore che proveniva dal bicchiere, finché non reclinò la testa e si addormentò anche lei, appoggiandosi al tavolino.

Quando si svegliò era già sola nella stanza.

Si stropicciò gli occhi e si massaggiò la schiena indolenzita.

Il sonno era stato profondo ed era riuscita perfino a sognare: immagini dai colori cupi o lampanti, dove concetti si accavallavano a voci e a pensieri.

Le era stato riferito che Cleopatra alloggiava in una villa negli Horti, oltre il Tevere, e lei si rese conto di non aver avuto la minima idea di dove si trovasse con esattezza questa residenza di prestigio. La regina d'Egitto era a Roma in veste non chiara: prigioniera o amante? Forse alleata da tenere al guinzaglio? In che cosa consisteva il legame tra lei e Cesare? Forse un gioco ambiguo in cui l'attrazione, il potere, la ricchezza, il calcolo e l'istinto si fondevano in una miscela unica e inebriante? Forse agivano entrambi come due leoni che si studiano e si misurano? Perché era strano, davvero strano, immaginare un Cesare innamorato: avrebbe dovuto dimenticare se stesso. O, ancor peggio, Roma. E Cesare amava Roma in maniera possessiva e passionale.

Calpurnia scosse la testa, come per allontanare i pensieri ancora sonnolenti, vischiosi e confusi che la attanagliavano. Non erano quelle ipotesi a interessarla. O meglio, la toccavano solo marginalmente.

Non voleva sapere cosa legava Cesare a Cleopatra, cosa c'era tra loro due. Voleva capire cosa aveva legato il marito a lei e se quel qualcosa ancora li univa.

Con passo deciso, entrò nell'altra stanza.

Lo trovò in piedi, assorto a guardare la pioggia. La mano destra era poggiata sul muro a fianco alla finestra, come un sostegno discreto. Quella piccola insicurezza la ammorbidì, ma non ne mutò i propositi.

«Ti sei già alzato...»

«Credo di essermi svegliato subito, ma non ho voluto chiamarti.»

«Non vuoi riposare ancora? Non hai neppure preso il medicamento.»

«Non mi serve, grazie.» Il sorriso accennato prese una piega amara. «Eri stremata e sei crollata dal sonno. La tensione, ho dedotto, logora...»

Lei evitò, ma solo di poco, lo sguardo diretto. «In tutta onestà,» si passò una mano tra i capelli e umettò le labbra, «non sono stati mesi facili.»

«Sono rimasto stupito dal fatto che tu mi sia venuta incontro, sotto quel diluvio. Immaginavo che...»

«Che fossi a casa di mio padre?» Allora si decise a fissarlo e lui ne incrociò lo sguardo. «No, non sono quel tipo di donna. E, soprattutto, non mi permetterei mai di trarre conclusioni affrettate nei confronti di una persona cui ho dedicato la vita.»

Lui abbassò la testa; il viso si chiuse, difensivo, in un'espressione dura «Spero di non dover ricevere attacchi. Come sai, non ho nulla di cui giustificarmi.»

«Questo lo so benissimo, Cesare. Ad ogni modo,» si avvicinò, «sarò molto chiara. Ovviamente, le notizie dall'Egitto sono giunte anche a me. Ma io non ti voglio chiedere di lei. Non mi interessa.»

Il marito la scrutò, stupito per il suo sangue freddo. Calpurnia era misurata e della sua trasparenza, in quel momento, non restava nulla: il viso aveva un'espressione diretta, ma impenetrabile. Cos'era stato di quella ragazzina che gli parlava di poesia in riva al mare di Ercolano? Di quel sorriso spontaneo, degli occhi limpidi e incontrollabili?

Era cambiata, anche lei... come lui e a causa di lui, di quegli anni di guerra e di gloria. La ragazza vestita d'azzurro, nella villa di Pisone, era dove si trovava anche l'aristocratico brillante e provocatore: nel passato, ormai.

«Cosa intendi?»

«Io non so cosa tu voglia fare, ora. È chiaro che sei libero di ripudiarmi. È nei tuoi diritti, come sempre lo è stato» controllò a fatica la voce, che ebbe un tremito. Cesare fece per parlare, ma gli occhi di lei fiammeggiarono mentre gli posò l'indice sulle labbra per bloccarlo. La punta morbida del dito era calda ma la decisione del gesto lo privava di ogni tenerezza. «No, silenzio! Io voglio solo capire» ribadì. «Il resto, credimi, non mi importa: non ho rivendicazioni o pianti: quelli li trovi nei carmi di maniera, non in me.»

«E allora, dimmi... dimmi tu cosa pensi.»

«Cleopatra è intelligentissima e ha un carattere di ferro, ambizioso, lungimirante, anche se non privo di contraddizioni. Ricordo le mie, quando avevo la sua età. Anche se, a differenza di lei, l'unico veleno da cui dovevo guardarmi era quello delle vespe in estate... dev'essere difficile imparare da subito a non fidarsi nemmeno dei familiari. È vissuta difendendosi. Quando ha trovato qualcuno in grado di proteggerla, sotto la cui ala poteva riposare, è rinata. Ed è in tali momenti di serenità che nascono i bambini.»

«La tua analisi è notevole, considerando che è basata solo sul sentito dire.»

Cesare incrociò le braccia, quasi compiaciuto, ma si chiese quante notti insonni avesse passato lei per trovare quelle parole, per ponderarle, per raccogliere le forze e infine prendere la decisione di affrontarlo

«La cosa che però voglio davvero capire è...» la voce di Calpurnia divenne più dura e gli occhi, pur umidi, lanciarono uno sguardo che non faceva sconti, «perché non mi ripudi? Io... sono una persona tranquilla. Ma ho passato questi anni a custodire e accrescere la tua dignità,» di nuovo si interruppe un istante, invocando la calma. «Vorrei solo sapere qual era la base di questo legame... per cosa ho vissuto come tua moglie. E come mai è finito.»

Cesare fu sorpreso e amareggiato. Si era riproposto di passare sopra le scene di pianto che ci si aspetta da una donna tradita in maniera troppo plateale. Invece quel discorso dignitoso e saggio lo colpì. Si chiese forse per la prima volta che battaglie combatta chi resta a Roma e quali fossero toccate a lei per diventare, in quegli anni, una stratega della quotidianità, una tattica della sopravvivenza, come lui lo era nella guerra.

«Calpurnia, tu dici così... eppure sai bene che, se volessi ripudiarti, potrei farlo in ogni momento. E senza bisogno di Cleopatra.»

Non voleva dirglielo a chiare lettere: sapeva quanto l'avrebbe ferita. Lei, che sempre ci sperava, che aveva ancora il cuore rapido come quello dei passerotti ogni volta che la stringeva tra le braccia. Ma ormai era chiaro: sua moglie era sterile. Ora aveva trent'anni, ma quando l'aveva sposata ne aveva appena diciotto. Esattamente come Cleopatra, la quale non aveva nemmeno avuto bisogno del batticuore da volatile emozionato, per concepire. E se ci pensava, cosa che evitava di fare, gli faceva rabbia quella beffa degli dei. Sarebbe stato tutto perfetto. Invece, era andata diversamente e gli avevano anche strappato Giulia.

«Al momento, Cleopatra resta a Roma. Per mia decisione» disse. «Ho provato attrazione per lei, non credo sia necessario spiegare i motivi. Siamo stati amanti. Ma ora io devo prendere tempo e fare assolutamente una legge speciale perché Tolomeo Cesare possa regnare sull'Egitto per poi far annettere il suo regno a Roma. Senza guerre, con una transazione, capisci? In fondo, pare che la mia unica vera passione ormai sia questa. A ogni modo, ho pensato a tutto e quindi troverò una soluzione legale, perché io...»

Lei socchiuse gli occhi, con aria spazientita.

«Mi hai soppesata con uno sguardo di compassione

che ho imparato a conoscere, in questi anni. Mi guardano tutti così, quando pensano che io sia sterile. Tuttavia... se tu avessi avuto più tempo per me... forse avremmo scoperto che non lo sono. Ma è stato bene così. I figli non si crescono per lettera. Hanno bisogno di affetto» mantenne il silenzio per un attimo. «Quante volte hai detto io?» Cesare la guardò e notò come quel contegno gelido, imposto a fatica, fosse scalfito da lampi di spontaneo dolore. «Per quale motivo non mi hai mandata via? Quali frutti ti posso aver dato?»

«La sicurezza di potermi fidare di qualcuno. Il privilegio di potermi mostrare senza maschere e senza armi. L'affetto disinteressato, la sincerità, l'amicizia. Quando si arriva dove sono, questi doni diventano impagabili. Quanto al piccolo Tolomeo... un giorno regnerà su un paese destinato a diventare di Roma. Che sfortuna per quel bambino, chissà se per lui è stato un bene nascere! I genitori hanno la testa altrove e non hanno la minima intenzione di cambiare. Invece, come hai detto tu, i figli hanno bisogno d'amore.» Cesare strinse un pugno, lasciando trapelare per un attimo la sua frustrazione: era tutto giusto eppure così beffardo e sbagliato. Se invece di un Tolomeo fosse nato un altro Gaio Giulio Cesare, cresciuto tra l'amore della madre e le potenzialità infinite del padre, tutto sarebbe stato perfetto. Trasse un lungo sospiro. «Le cose che hai detto, Calpurnia, sono giuste. Sei molto cambiata e mi amareggia vederti, a tratti, così dolente. Ciò che abbiamo passato ha segnato anche il tuo animo, come l'acqua che scorre continua nel fiume scavandone il percorso. Ma non si può tornare indietro. Ti chiedo solo di sopportare e di avere pazienza. Se non per me, almeno per Roma.»

Lei non rispose. Era come se fosse svanita, pur essendo lì. Cesare si avvicinò e, portando la mano alla spalla di Calpurnia, si accorse di un leggero tremito. Singhiozzava. Ciò che le aveva detto era troppo, tutto insieme, dopo tanto. Erano le frasi che avrebbe voluto sentirsi dire? Forse no. Ma erano meravigliose e assurde.

«Piangi?»

Lei scosse la testa per negare l'evidenza che le inumidiva le gote.

«Perché? Ho detto qualcosa di così orribile?»

«No, no... non lo so. Ma no, direi di no.»

Lui si arrese. Poteva immaginarne la tempesta nell'animo, sotto la pelle, la confusione che agita i pensieri come il vento fa con le foglie cadute.

«Ascolta, Calpurnia, io devo riposare un po'. Solo il tempo di iniziare i nuovi lavori in senato e poi verrai con me, nella mia villa di Baia, per una manciata di giorni. Sei mai stata a Baia?»

Lei scosse la testa. «No, non era opportuno: o ci si va con il marito o per cercare un amante» rispose.

«Allora vedrai Baia con tuo marito. Lì, avremo tutto il tempo di parlare. E ora, su, basta piangere.» La avvolse in un abbraccio sincero, con gli occhi bassi e lo sguardo pensoso.

Il gatto Remo, percettivo e attento agli stati d'animo di chi lo accudiva, si avvicinò in silenzio e fece sentire la sua presenza strusciandosi lento alle caviglie di lei.

# CAPITOLO VIII

La villa di Baia spiccava per la sua eleganza. Mosaici, affreschi e statue raccontavano del mare e delle sue creature. Lo facevano con opulenza imperiosa, ma senza appesantire l'ambiente profumato di salsedine.

Il tempo per Calpurnia aveva ripreso a scorrere con rapidità, i giorni a estendersi come onde lunghe e poi a contrarsi, riassunti in un solo istante di luce.

Cesare poté finalmente parlare con chi sapeva e voleva ascoltarlo, come uomo e non come invitto generale.

Una notte scoppiò un temporale terribile, i lampi illuminavano a giorno un mondo sconvolto. Cesare prese Calpurnia per mano e la portò sulla spiaggia, indicandole l'orizzonte. Il mugghiare delle onde si univa allo strepito della pioggia e al borbottio dei tuoni.

«Se lo guardi bene, è stupendo» disse.

E lei, dopo aver protetto il volto contro la spalla di lui, guardò quello spettacolo e ne rimase estasiata. I dolori passati e quelli futuri non avevano valore, in confronto a tanta forza: erano polvere. E si assolse, si compiacque. Era stata una brava auriga, per anni aveva saputo domare il cavallo nero e quello bianco della sua anima, addestrare i sentimenti spontanei con la forza di volontà e la riflessione, per non esserne distrutta, anzi, per proteggere.

E ora era lì, viva. Erano lì.

Assediati dalla pioggia, zuppi nelle vesti, non

avevano parole, mentre i fulmini, con gelida violenza, si aggrappavano al ventre nero del mare.

Quei giorni a Baia gettarono le basi per ricostruire anni di lontananza. Una parentesi di pace, avulsa dal mondo, destinata a finire in breve.

Ritornati in città, Cesare si riposava di rado, sembrava quasi una macchina uscita dalla mente tremenda di Diade, l'ingegnere di Alessandro Magno: sempre in corsa verso un obiettivo, superava gli ostacoli con ferrea volontà. Ripartiva in fretta poi, perché i figli di Pompeo continuavano la guerra in nome del padre.

Non c'era ancora pace, a Roma. Ogni giorno celava una lotta e ogni lotta celava un progetto. Cesare ne aveva infiniti.

Le nuove costruzioni procedevano. Anche in sua assenza, Roma iniziava a cambiare volto. Quei mutamenti continui non permettevano che il tempo rallentasse di nuovo ed evocavano lui, continuamente. Tutto ciò che i pompeiani in fuga avevano abbandonato, era stato acquistato, destinato a nuovo uso e veniva reso produttivo.

Il trionfo, poi, richiese uno sforzo organizzativo fuori dall'umano. Ma d'altronde nulla di umano c'era in quell'evento che Cesare attendeva e che gli spettava, sommato e moltiplicato, per le guerre vinte. Anche se non erano ancora finite.

La città che aveva tremato, paventando ritorsioni e proscrizioni, ora poteva lasciarsi andare alla gioia. I soldati che avevano combattuto e stretto i denti con lui, ora con lui dovevano ridere.

## L'ombra perfetta

Era qualcosa che bisognava fare, che fremeva nelle coscienze. Nessun uomo poteva considerarsi un dio ma, se era in grado di vivere senza riserve i doni che gli dèi concedevano, poteva davvero avvicinarsi a essi. E allora giù, in processione, a espiare sotto l'arco il sangue versato, a condividere la ricchezza e l'esuberanza sfrontata della vittoria con tutti i cittadini. E poi su, verso il Campidoglio, offrendo alla città le ricchezze conquistate e, agli dèi, armenti e alloro.

Era una cosa che persino Lucio Pisone, dopo anni in politica, guardava da lontano. «Io non sono un guerriero, non sono un eroe» chiosava spesso, nicchiando un po' prima di farsi avanti e sbrigare qualche piccola questione organizzativa legata a quell'evento.

Tanto a tutto avrebbe pensato volentieri Antonio, gli ribatteva la figlia. Carico di energie e di entusiasmo, si muoveva nell'ambiente militare con una leggiadria che non gli si riconosceva in nessun altro frangente.

Calpurnia era incuriosita, orgogliosa, ma anche intimidita all'idea del trionfo di suo marito: davanti a un evento di quella portata, si sentiva percorsa da un sottile disagio. Quella cerimonia era smisurata e tirava le somme di anni di sacrifici, pur travalicando gli intenti iniziali. Cesare aveva deciso di celebrare, con l'occasione, anche dei giochi funebri per Giulia: da ciò che aveva sentito, sarebbero stati memorabili. Non avevano parlato più di quel lutto, ma poteva immaginare una recondita inquietudine in Cesare. Se Pompeo, che di Giulia era stato il marito, aveva trionfato nello splendore, ora lui stava per fare altrettanto e questo lo avvicinava al pensiero di sua figlia, al ricordo di lei mai sopito.

Per Cesare la morte della madre Aurelia, soprattutto senza un ultimo saluto, era stata un dolore che, però, rientrava nello scorrere della vita. Morire a ventidue anni, partorendo il primo figlio, invece, no. Non doveva toccare alla sua Giulia.

Cesare pensava a quelle e a tante altre cose, mentre camminava verso il carcere Mamertino, con lo sguardo rivolto in basso, catturato dai propri calzari dorati che, per la foggia, lo riportavano ai ricordi di guerra. Quando si aprì la grata, i suoi uomini spinsero fuori una figura più simile a un fantasma che a un principe fiero dai capelli di rame. Dopo sei anni di prigionia Vercingetorige era ingrigito e sembrava sul punto di soccombere al sole che torturava le sue pupille non più avvezze alla luce. Cesare lo guardò e si chiese cosa vedesse l'avversario di una volta. Forse il vincitore, suo legittimo carnefice. O, forse, una proiezione di sé, di quel che sarebbe potuto accadere.

Si voltò senza fare una piega: la Fortuna aveva diviso i ruoli. In modi opposti, sia Cesare che Vercingetorige a breve avrebbero sfiorato gli dèi.

Raggiunse il suo esercito, i suoi ragazzi tirati a lucido e splendenti di orgoglio, che lo aspettavano al Campo Marzio.

In quel momento, dopo le giornate buie passate ad ascoltare suppliche e a mediare tra le esigenze snervanti e le minuzie dei senatori, sentì il cuore aprirsi. Com'era facile, lì, essere diretto: era una sfida onesta quella con la morte, era una solidarietà vera quella che cementava gli animi di coloro che avevano condiviso le battaglie.

Il Tevere, dietro di loro, curvava con la dolcezza di un fianco e splendeva alla luce del sole maturo.

I senatori lo raggiunsero. L'odore dell'eccitazione nell'aria dava alla testa. Il rosso che un sacerdote gli stese sul viso era un impiastro pastoso e grumoso. Gli porsero l'alloro e lo scettro e, con un gesto ampio, lo invitarono a salire sul carro trainato dai cavalli bianchi. Nei panni di Giove, avrebbe restituito al Padre degli dèi i segni della vittoria a fine percorso.

Il corteo si mosse subito. Non c'erano bambini riottosi da affiancare sul carro al padre trionfatore e i familiari erano ormai pochi.

Ma, in quel momento, a Cesare sembrava non importare. Presente a se stesso, appariva distante da tutti, concentrato, ripiegato su quel momento eccezionale.

Come un serpente animato e rumoroso, quella fila di uomini, animali e cose trascinate iniziò ad approssimarsi al Circo Massimo mentre gli squilli delle trombe si propagavano nell'aria. Era impossibile restare distaccati e non lasciarsi ipnotizzare, anche se chi vi prendeva parte e chi guardava dai lati della strada poteva vedere ben poco: teste, spalle, *pila* che disturbavano la vista dei tesori, e poi catene, trombe, metallo e cuoio.

Quando il corteo passò sotto l'arco del trionfo fu come varcare la soglia di un mondo diverso, dove i profumi e gli odori erano più forti: la folla accalcata ed eccitata, il letame delle bestie, ma anche i fiori e le ghirlande avvolti alle colonne e ai tralicci che circondavano le tante opere in costruzione. Anche i suoni rimbombavano tra gli edifici di Roma, sfumando in un delirio confuso ed estatico.

Calpurnia non aveva mai pensato di poter vedere con i suoi occhi un evento simile e, addirittura, di esserne pur piccola parte.

Era qualcosa di così anomalo da ricadere fuori da ogni giudizio. Le lezioni di Filodemo, la moderazione, il senso di disagio... tutto quello che la vita le aveva insegnato era sospeso, rimandato di qualche ora. Le porte dei templi erano aperte: in quel momento, uomini e dèi si mischiavano e festeggiavano, insieme, la vittoria.

Si procedeva con lentezza: il corteo era lungo e si snodava a fatica sulla Via Sacra, verso il Campidoglio. Quasi si fermò nella strettoia davanti alla Basilica Emilia, tra la gente assiepata fin sui piedistalli delle statue. Molti, specie i più giovani e sfrontati, scesero i gradini e corsero a toccare le corazze dei legionari, surriscaldate dal sole, le stoffe ruvide sui corpi dei prigionieri pallidi e spaventati mentre i tori albini già muggivano sofferenti. Il loro lamento era inascoltabile, soffocato tra le acclamazioni della folla, gli stornelli dei soldati festanti e gli squilli di tromba.

Le porte del tempio di Giove Capitolino, sulla collina, erano spalancate come fauci esigenti, in fervida attesa di ciò che spettava loro. Lo scettro e l'alloro tornarono al loro titolare, a Giove che dall'alto concedeva pienezza e splendore. Ciò che accadeva nel sacello della divinità non poteva essere visto da fuori, ma quando sugli scalini iniziò a colare il sangue denso degli animali sacrificati, fu chiaro che il rito avrebbe ceduto il passo ai festeggiamenti.

Calpurnia pensò che quel momento era come una metafora della vita stessa di Cesare: tutti pensavano di conoscerla dalle voci, dalle leggi, dai racconti di guerra e dai discorsi, cedendo alla seduzione del gran rumore intorno. Ma solo lui poteva sapere quel che era celato nel proprio silenzio.

# CAPITOLO IX

*Anni dal 709 al 710 dalla fondazione di Roma, console sine collega Gaio Giulio Cesare e, a seguire, Gaio Giulio Cesare e Marco Antonio, Roma.*

L'autunno si prospettava piovoso: le nubi nere sgomitavano, si accalcavano come folla in tripudio per coprire fette di cielo.

Cesare aveva appena rimesso piede a Roma dopo la difficile guerra in Spagna e già aveva annunciato la sua decisione: il 18 marzo sarebbe partito per una campagna contro i Parti.

«O io adesso, o mai più nessuno» aveva detto e tutti, in cuor loro, sentivano che era vero.

Calpurnia non si permetteva nemmeno di scuotere la testa. Dissentire? Esprimere preoccupazione? Che voce aveva, in capitolo, una figlia di Remo?

Ciò che faceva era il massimo che le era concesso. Ma ora aveva la certezza di quanto fosse prezioso. Sapeva ascoltare, consigliare, criticare. E, ancor di più, sapeva osservare. I lunghi anni di solitudine interrotta solo dagli obblighi sociali avevano esasperato la sua naturale attitudine a cogliere le sottili sfumature del comportamento umano.

Quindi per lei non fu difficile notare tensioni, sguardi fugaci, impercettibili irrigidimenti al suono di certi nomi.

«Cassio è arrabbiatissimo perché ho concesso a Bruto la pretura urbana» le confermò Cesare, meditabondo, mentre finiva di leggere una breve nota. «Lui si ritiene più in gamba di Bruto.»

Calpurnia gli rassettava, con pazienza, gli appunti. «E lo è. Ma è anche più contorto.»

«No, Bruto è più in gamba di Cassio. Ha stoffa, vedrai. È così, lui: qualunque cosa vuole, la vuole fortemente.»

*Quidquid vult, valde vult.* Lei alzò gli occhi, sospirò: quante volte ho sentito questa frase? Perché mai Cesare amava Bruto come un figlio? Cosa avevano in comune, se non il legame con Servilia?

«Dissento di nuovo» rispose Calpurnia con dolce, sorridente fermezza, posando accanto a lui alcuni

rotoli. «L'unica persona in grado di volere con estrema forza ciò che desidera, è tuo nipote Ottavio.»

«Già.» Cesare sorrise con un'espressione strana, vaga. «Antonio lo prende sempre in giro, lo chiama il *bimbo*. Sembra più giovane della sua età ma ha un carattere notevole: non vorrei mai trovarmelo come nemico!»

«Con quegli occhioni grigi... la pelle diafana, delicata!» scherzava Calpurnia, e coloriva la descrizione giocando con il tono di voce, acceso dalla dolcezza dei ricordi. «Ma quando prende parola si mostra più duro di un sasso. Forse avrai notato che ho fatto ridipingere alcuni soggetti in questa stanza.»

Con occhi rapidi, Cesare indagò le cornici color porpora che riempivano le pareti.

«Sì, lo noto ora. Lì,» indicò un riquadro, «ci sono dei fiori che prima non c'erano.»

«Esatto. Prima era raffigurata della selvaggina. Finché Ottavio non ha iniziato a criticare la realizzazione delle orecchie della lepre. E sai qual è il punto, Cesare? Che aveva ragione. Il pittore era stato goffo e impreciso e io non ci avevo fatto caso. Mi sono sentita così sciocca!»

Cesare rise ancora e, mentre la risata si smorzava, divenne pensoso. «Vuoi bene ad Ottavio?» le chiese.

Calpurnia accennò un sorriso, mentre preparava la mistura d'erbe che il medico aveva prescritto a Cesare per alleviare il dolore delle cicatrici che aveva collezionato in quegli anni. «Che importanza ha?» ribatté lei.

«Potrebbe essere tuo figlio.»

«In ogni caso... sì, io amo molto Ottavio. Anche lui mi vuole bene ma, se sarà necessario, non esiterà a mettermi sotto i suoi piedi. Potrebbe essere tuo figlio» concluse amaramente, dopo un attimo di silenzio.

«È un'allusione?» domandò Cesare, alzando il sopracciglio destro.

«Perché non lo adotti?» Calpurnia lo chiese di slancio, con genuina passione, perché non aveva alcuna intenzione di far cadere il discorso in sterili rivendicazioni e aveva in testa tutt'altro.

«È affar mio, questo.»

«Ai Romani Tolomeo Cesare non piace! Non parlo, ti giuro, a nome mio. Rispetto il figlio che Cleopatra ti ha dato, ma non sono sorda né cieca. In questi anni ho imparato a percepire anche i bisbigli più sottili, a decifrare gli sguardi più enigmatici. Io voglio capirti: quel bambino ha il tuo sangue e sangue reale di stirpe nobilissima, eppure la gente di Roma è molto più interessata al popolo di appartenenza. Se sei Romano, appartieni in un certo senso alla stessa famiglia. E poi devi pensare in prospettiva: Ottavio è già grande, se lo adotti avrai subito un erede che, in ogni caso, potrà provvedere all'Egitto.»

Cesare si alzò, malfermo sulle gambe. «Mi stai dicendo che una guerra è pur sempre una guerra e che non si sa mai chi vince o chi perde, se uno ritorna o se muore. E io non sono più giovane. Pensi questo, giusto?» parlò con voce ferma, quasi addolorata, ma consapevole della concretezza di quel discorso.

«In parte, Cesare...» Calpurnia ebbe una stretta al cuore e, per una volta, la sincerità estrema le costò sofferenza. «Se gli dèi esistono, essi ti amano. Se non esistessero, non basterebbe il mio affetto a proteggerti. Posso solo darti pallide opinioni... però, Cesare, io...»

Lui scosse le spalle e si stiracchiò. «Usciamo a respirare un po' il profumo della terra bagnata» disse, senza aggiungere altro, perché non serviva. «È prezioso.»

Lei lo seguì, in silenzio.

Cesare respirò a fondo l'odore sano e rinvigorente dell'aria aperta e, subito, riprese colore. «Va meglio, adesso» commentò.

«Non ti sentivi bene?»

«Un altro attacco di emicrania.»

«Perché non me l'hai detto? Avrei evitato discorsi così pesanti. È un periodo di stanchezza, ti sei fermato per la prima volta dopo anni e la guerra in Spagna è stata dura: adesso hai bisogno di raccogliere le forze!»

«Dai, dillo: hai sposato un vecchio che si è riempito di

acciacchi» mugugnò lui, con un filo di tristezza.

«Sì, anche se li maschera da vero attore!» scherzò Calpurnia. «Per questo, se mi consenti, nei prossimi giorni vorrei essere al tuo fianco. Se dovessi sentire le forze venire meno, credo sia meglio appoggiarti a me, piuttosto che ad Antonio. Quantomeno» aggiunse, divertita, «faresti una miglior figura!»

Anche Cesare rise di gusto.

«Poco ma sicuro! Quali altre bestialità, altrimenti, verranno inventate e messe in versi dai miei soldati, per divertirsi durante il prossimo trionfo?»

«Ho sviluppato una salvifica sordità a richiesta!» esclamò lei. «Non ho sentito nulla.»

Tanto Calpurnia riusciva a farsi rasserenante e collaborativa con Cesare, quanto era divenuta guardinga e attenta verso le persone che lo circondavano, impegnata come sempre ad aumentare la dignitas del marito, ma anche a proteggerlo da comportamenti ambigui.

Dopo una guerra civile le ferite sono coperte di sale. Cesare aveva perdonato, aveva concesso fiducia e teso mani. Per strategia ma, lei ne era consapevole, anche per sincera inclinazione. Quanti, però, lo sapevano? Non era facile muoversi in quelle circostanze eccezionali.

Se essere la prima donna di Roma le concedeva come solo vantaggio il potersi rapportare direttamente a persone eccezionali, l'aver sempre coltivato modestia e discrezione continuava a garantirle la possibilità di osservare senza essere notata, di immergersi tra la gente e quasi di annusarne l'umore senza destare sospetti.

Per caso, in una giornata gelida, dopo una cerimonia pubblica, la sua attenzione fu attirata da Bruto. Lei stava camminando per rientrare a casa e, senza altro motivo che il proprio istinto, si voltò e lo vide. Immerso nei pensieri, la fissò con un'aria strana: indecifrabile e, per un istante, confusa e torbida. Fu solo un attimo, meno di un battito di ciglia, perché poi la salutò con il più cordiale dei sorrisi, informandosi della sua salute e portandole gli omaggi della moglie Porzia. Ma quel momento iniziale aveva colpito Calpurnia.

Così cominciò a osservarlo.

Bruto era sempre nervoso, spaventato dalla sua stessa immagine, forse sotto pressione. «Come se dovesse prendere una decisione terribile, e una parte di lui l'avesse già presa mentre l'altra no» spiegava Calpurnia al suo amico Antonio, camminando per un viale assolato con il cielo turchese che si specchiava, incantevole, nelle pozzanghere del precedente acquazzone.

«Non mi preoccuperei troppo del comportamento di Bruto». Antonio scosse la testa. «Cosa vuoi che possa combinare di così importante? Starà decidendo quale volume acquistare!» Nella voce aveva un'inflessione di biasimo e pietà.

«Eppure Cesare osserva Bruto, pur senza spiarlo perché ha giurato di accordargli stima. Dice di temere di più le persone pallide e magre, che si consumano in pensieri nascosti, piuttosto che le persona robuste e vitali che agiscono allo scoperto.»

Antonio non celò una goliardica nota di soddisfazione. «Voleva farmi un complimento!» rise. «Ormai sono il suo braccio destro!»

Calpurnia accennò una risata e Antonio le rivolse un sorriso comprensivo e addirittura affettuoso.

Quell'atteggiamento la sorprese e la inquietò: non l'aveva mai visto così.

«Piuttosto,» glissò quindi lei, «che ne pensi di Cleopatra?»

«Bah!» Antonio era solito esprimere così la sua disapprovazione, iniziando il discorso con una smorfia. «Quella ragazza ha un carattere tremendo, di ferro: da vecchia diventerà una megera rugginosa!» esclamò. «E poi, credo che se ne vada.»

«Se ne va? Cesare non ne ha fatto parola!»

«Come console e braccio destro, sono stato incaricato da Cesare stesso di spiarla. Se qualcuno fa i bagagli, io lo so prima di tutti. Certo, è proprio un fatto strano. Sto disponendo indagini prima di disturbare Cesare con una preoccupazione in più.»

Calpurnia salutò Antonio e si avviò verso casa, attraversando il Foro. L'imbrunire che stava arrivando raffreddava in fretta l'aria, così si avvolse ancor più nel mantello, coprendosi bene la testa e aggiungendo stoffa intorno alla gola e alla bocca. Procedeva con passo rapido, ma la punta del naso, ghiacciata, si era già fatta insensibile. Le strade si stavano svuotando in fretta e lei non vedeva l'ora di rientrare a casa e concedersi un bagno caldo e profumato, per dimenticare tutto.

D'un tratto, in un angolo, notò un gruppo numeroso di persone intente a confabulare, strette l'una contro l'altra. La tensione tra loro era tale che qualsiasi passante l'avrebbe percepita e, istintivamente, avrebbe girato al largo, magari per schivare una rissa nascente.

Lei invece rallentò, ma solo di poco, per non farsi notare. Occhieggiò con discrezione tra i mantelli.

"Ma quello è... Cassio!"

Lo riconobbe, al centro del gruppo, mentre gesticolava come un esagitato. Bruto, con le braccia conserte e il capo chino, gli girava attorno. Era un fascio di nervi, cupo, molto diverso dalla persona pacata e sensibile che pensava di conoscere. Quante volte li aveva visti filosofeggiare o discutere persino con ferocia di decisioni politiche? Ma ora c'era qualcosa di differente. Il tono della voce? Il modo di guardarsi attorno? Non capiva.

Calpurnia accelerò di nuovo il passo.

"Qualcosa non va." si disse, senza avere la minima idea del perché.

# CAPITOLO X

Gridò con quanta forza aveva in corpo, scattando a sedere sul letto.

Cesare si girò pigramente e la guardò con occhi assonnati. «Che c'è?» disse. «Vipere, ancora?»

Abituata al cattivo sonno – negli anni di solitudine, gli incubi delle giornate riuscivano a distendere le loro ali nere fino alla notte – Calpurnia aveva già ripreso il controllo di sé.

Annuì.

«Un tempo, appena arrivata a Roma, sognavi il mare, non le vipere.»

Lei strinse le spalle e sorrise, disarmata e disarmante. Era un dato di fatto.

«Comunque, meglio sognarle che incontrarle.»

Calpurnia si alzò, come in cerca di aria fresca. «È che le ho incontrate, Cesare.» Il gelo della notte la fece rabbrividire e tornò subito sulla sua decisione. «Vipere con due gambe e una toga.»

«Se è per questo, il mondo ne è pieno. Imparerai mai a non turbarti per le malignità? Il pensare troppo ti dà un vantaggio e uno svantaggio. Il primo è che ti ho sempre stimata, il secondo è che fai brutti sogni» lui cantilenò quella sentenza, sorridendole.

I capelli castani di Calpurnia, ormai lunghissimi, erano sciolti lungo il corpo, l'abito azzurro e il pallore ereditato dalla nonna richiamavano associazioni tra lei, quei colori e la misteriosa purezza dell'acqua.

Cesare ci pensò guardandola. Provò tenerezza e tristezza. Non  era come Cleopatra, splendente della propria regalità, frutto maturo dei successori di Alessandro, ma le era profondamente grato per l'attaccamento e la fedeltà che gli aveva sempre dimostrato. Era forse l'unica persona che poteva chiamare amica, l'unica sulla cui intelligenza e riservatezza poteva contare senza timore. Non si sarebbe mai aspettato tanta dedizione; si era anche reso conto di non meritarsela. Gli era stata solo donata da una forte volontà.

Non se la sentiva di condividere quelle riflessioni: avevano il suono di parole ultime e definitive... Gli venne in mente che forse, però, sarebbe valsa la pena almeno fargliele capire.

«Il nostro amico Antonio tesse sempre, a ragione aggiungo io, grandi elogi di te.» Sorrise maliziosamente. «Ora che parto, dovrò preoccuparmi?»

«Ma io sono al di sopra dei sospetti!» protestò lei, scaldandosi subito, protendendosi come in un giuramento «Antonio è un amico. Come lo furono Lucrezio e il povero Catullo. Non darai tanto peso a un'amicizia?»

Cesare la punzecchiava, divertendosi a notare come a quelle beccate scherzose lei reagisse come un passerotto che gonfia le penne.

«Vedi che pensi troppo e prendi tutto troppo a cuore? Per questo sei preda degli incubi!»

«Ah, basta con questa frase!» sorrise, scuotendo la

testa al ricordo. «Tanti anni fa, non saprei dire nemmeno quanti, soffrii di insonnia per un periodo. Forse mia mamma era appena morta. E papà cantilenava sempre "Devi dormire, non devi pensare".»

Lui le fece cenno di avvicinarsi e lei si sedette sul letto.

«E poi?» le chiese Cesare, appoggiandole la testa sulle gambe.

«Poi cosa?»

«Dormivi?»

«No, pensavo.» Calpurnia gli sorrideva, accarezzandogli i capelli radi.

«Ovviamente!» scherzò lui. «E a cosa pensavi?»

«Immaginavo il mare. Che mia mamma fosse diventata una ninfa. E poi sognavo di vivere a Schèria, di essere Nausica.»

«È quel che mi sembrasti...» Cesare sussurrò quelle parole sentendo gli occhi chiudersi, vinti dalla pace del momento e dalle premure della moglie.

«Come?»

«Quando ti vidi... Nausica...»

«E quindi tu saresti Odisseo? Cesare non sarà certo ricordato per la modestia!» Calpurnia rise sommessamente e, mentre lo faceva, Morfeo celebrò la sua vittoria sugli affanni degli uomini.

L'idea che le venne la mattina seguente, appena aprì gli occhi, la sorprese per l'audacia. Eppure si rese conto di potersela permettere: la sua perenne discrezione era un vantaggio, quando si trattava di muoversi per la città e, dopo tanti anni, nessuno si aspettava uno scandalo da parte di Calpurnia. Specie quando era stato proprio Cesare a fornire al popolo qualcosa di cui parlare.

Avrebbe dovuto pagare un prezzo però: la regina avrebbe capito la genuinità delle sue intenzioni? E lei, come si sarebbe sentita trovandosi davanti Cesarione? In ogni caso doveva provare. Voleva capire: era lei a essere diventata paranoica oppure, davvero, c'erano movimenti sospetti? Per anni e anni era stata circondata da persone che sarebbero state contentissime di decorare l'atrio delle loro case con la pelle di Cesare. Ma erano persone valide e trasparenti: le incontrava, le guardava negli occhi, a volte discuteva persino con loro. Nessuno di loro era più in vita e, a ereditarne i sentimenti, erano stati soggetti ambigui, creature umbratili, fragili e umide come funghi.

Cleopatra stava partendo senza dire niente.

Se Calpurnia aveva solo i suoi occhi e il suo spirito d'osservazione su cui fare affidamento, Cleopatra doveva avere anche informatori di prima scelta.

Non desiderava farsi notare; tuttavia quella mattina si scoprì impegnata a valutare con maggiore attenzione del solito la propria acconciatura.

"Non comportarti da bambina" si intimò da sola, riponendo lo specchio.

Uscì come se nulla fosse e imponendo lontananza alle ancelle. Si avvolse nel più semplice dei suoi mantelli e coprì bene il capo perché potesse essere lei a scegliere da chi lasciarsi riconoscere.

In tarda mattinata le strade pullulavano di gente e di voci, di suoni e di odori: chi era in giro per affari e chi godeva del sole invernale come un gatto, con la faccia rivolta verso il cielo e gli occhi stretti.

Il percorso era abbastanza lungo; ciò la aiutò a concentrare ogni pensiero sull'obiettivo, a non lasciare che la mente potesse vagare tra paure, aspettative, recriminazioni e ferite. Rallentò il passo solo quando giunse a poca distanza dalla villa: voleva avvicinarsi come se nulla fosse e così fece. C'era sempre gente che si accostava quel tanto per gettare uno sguardo curioso e fantasticare sugli esotici residenti.

Due soldati erano a guardia sulla soglia del giardino. Due facce conosciute, ovviamente. Non volle attendere troppo per avvicinarsi e il più giovane, quello a sinistra, strizzò gli occhi incredulo e la riconobbe subito.

«*Domina?!*»

Lei si portò un dito sulle labbra, invitandolo al silenzio, e lo guardò con espressione implorante. «Cosa ci fai qui, *domina*?»

«Ti chiedo la cortesia di poter parlare con la regina Cleopatra. Solo per un istante.»

Si rese conto che quei due ragazzi avrebbero preferito essere inghiotti dalle fauci spalancate della terra, piuttosto che trovarsi in quella situazione assurda. Lei non avrebbe mai dovuto chiedere "una cortesia", tantomeno a loro. E, soprattutto, non quella.

Si rimpallavano occhiate piene di imbarazzo.

«*Domina*, noi non possiamo annunciare nessuno se non sono stati presi accordi.»

D'altronde era noto che, per essere ricevuti dalla regina, c'era da affrontare un'anticamera già leggendaria, squisitamente alessandrina. Ma Calpurnia era in condizione di forzare la mano.

«Capisco, ma sarò rapida. Posso chiedere solo a voi. Di voi mi fido. Siete *i suoi ragazzi...*»

Cosa risponderle? Di chiedere a Cesare? Piuttosto si sarebbero morsi la lingua fino a staccarsela. Il più giovane dei due aveva le orecchie in fiamme e lei, intuendo i loro pensieri, era mortificata di insistere così con quei fedeli soldati. Le sembrava di torturarli; ma non poteva fermarsi.

«Non mi sono mai imposta per nulla, lo sapete... e sapete anche che sarete ricompensati.»

Fu una voce infantile a interromperli.

«Visite? Visite?» La colpì udire una parola tanto complessa e formale in bocca a un bambino così piccolo, che trotterellava incerto sulle gambe paffute, tra le due file di siepi sempreverdi che costeggiavano il sentiero.

Per quanto Calpurnia si fosse preparata, si accorse di non esserlo abbastanza. Chi le stava venendo incontro era davvero una versione in miniatura di Cesare: lo chiamavano Cesaretto per deriderlo, eppure agli occhi di lei apparve come l'unico appellativo sensato.

Riuscì a riprendere il controllo di sé, anche se gli sguardi preoccupati dei due soldati le confermarono che era impallidita.

Ma poi, si disse, perché non avrebbe dovuto incontrare quel bambino? Com'erano sciocche le questioni di decenza, di convenienza, di modestia! Era adorabile. Le si scioglieva il cuore a guardarlo, pazienza se non era figlio suo. C'era, camminava su questa terra ed era, in parte, Cesare.

«Dove stai andando, Tolomeo? Chi c'è? Perché non avete avvisato?»

Allora Calpurnia prese un altro profondissimo respiro. «Non preoccupatevi» sussurrò ai due soldati di guardia.

A poca distanza dal piccolo stavano arrivando velocemente due ancelle e la madre. Cleopatra rallentò e il passo e guardò davanti a sé.

La regina sussultò, perplessa e stupita. Aveva ricevuto fin troppe visite, a Roma, ma quella, così improvvisa, era davvero l'ultima che si aspettava.

«Regina, solo una domanda: è *possibile che ci sia qualche pericolo?*» Calpurnia le parlò in greco, per non farsi capire da tutti. Calpurnia sperava con tutte le sue forze che Cleopatra comprendesse il senso di quella domanda. D'altronde doveva volere proprio quello che desiderava lei: il bene di Cesare.

La regina si guardò intorno, si accarezzò il viso con le dita sottili, scintillanti di gioielli. Era bella: su di lei risplendeva la grazia dell'età e la sicurezza di essere una dea, amata da quanto di più divino avesse prodotto il popolo divenuto padrone del mondo.

Si prese un istante, probabilmente formulando i medesimi pensieri che attraversavano la mente della donna in piedi di fronte a lei, all'inizio del sentiero.

Annuì.

Calpurnia le rispose con un cenno del capo, poi consegnò qualche moneta ai soldati e accennò un sorriso raddolcito e commosso al piccolino che, in quel momento, stava in piedi, vicino alle ginocchia della mamma.

Se ne andò camminando con lentezza, sentendosi stanca ma leggera come una nuvola che ha ormai pianto tutta la sua pioggia: si sarebbe voluta fermare, sedere, dormire. Avrebbe voluto tornare piccola, farsi trascinare dal padre. Le era costato, sì. Ma ora aveva la certezza che il pericolo c'era. Era già un piccolo passo avanti.

# CAPITOLO XI

Eppure Roma, in quell'ultimo scampolo di inverno, fremeva come non mai, spinta dall'energia indomabile di Cesare.

Le attività da lui promosse erano messe in mano a persone esperte e giovani, anche ai *suoi ragazzi*, quei nuovi Romani cresciuti nel disprezzo per la corruzione di un'oligarchia fiacca e demotivata, che credevano davvero in lui. Quando era indaffarato nei suoi mille programmi e teneva testa a tutto, i suoi occhi brillavano per la soddisfazione. Se qualcuno ripagava la sua fiducia, Cesare donava il suo sorriso e la sua stima assoluta... Progettava, faceva, voleva, immerso in un mondo in cui anche i pensieri più arditi potevano trovare il loro posto. Come si poteva tramargli contro? E perché? Inoltre, si parlava già della sua prossima partenza e febbraio era appena arrivato.

La frustata che Calpurnia ricevette durante la festa dei Lupercali non fu quella a cui, senz'altra convinzione che l'abitudine, si offriva per favorire la fertilità. Per evitare chiacchiere fastidiose sarebbe spettato ad Antonio colpirla, visto che quell'anno partecipava alla corsa. Come se non fosse già abbastanza imbarazzante vederlo agitarsi coperto da brandelli di pellame. Ma Antonio, dopo aver colpito qui e là, lei compresa, aveva proseguito la sua corsa diretto ai Rostri, dove sedeva Cesare. Lui, che aveva ricevuto l'onore di indossare le vesti trionfali anche durante la festa, se ne stava sprofondato nella tunica palmata. Guardava da lontano i rituali di quella festa antichissima, celando magistralmente il filo di noia che si impadroniva di lui durante le cerimonie, con buona pace del pontificato massimo che ancora ricopriva.

Seguendo la corsa di Antonio, Calpurnia raggiunse con gli occhi Cesare e le parve di vedere di nuovo l'elegante provocatore che aveva incontrato a Ercolano, capace di gesti gentili e di contagioso entusiasmo.

La corsa di Antonio però non sembrava interrompersi. Qualcuno, dalla folla, gli passò un diadema arrangiato.

In un attimo Ercolano tornò a essere lontanissima e la nostalgia divenne una vertigine pari all'oscurità di cui Calpurnia si sentì circondata.

Nella nebbia della distrazione, Cesare impiegò qualche istante ad accorgersi che Antonio era salito sui Rostri e gli stava porgendo una corona.

Lo fulminò con lo sguardo e lo bloccò con un gesto della mano.

Il rumoreggiare della folla si era livellato in un brusio sommesso: non tutti vedevano cosa stava accadendo, non tutti capivano; ma sussurri perplessi e domande si intrecciavano in un rumore di sottofondo.

Come se nulla fosse, Antonio tornava alla carica.

«Ma che ti passa per la testa?» gli sibilò Cesare.

«Non ti fa piacere? Siamo in molti a pensare che dovresti farti re.»

«Infatti questa città pullula di imbecilli!»

Di nuovo, Antonio gli porse la corona.

«Ne parleremo dopo» lo liquidò Cesare, glaciale. Poi, sforzandosi di mantenere un tono di voce più chiaro e saldo, si cavò d'impiccio invitando Antonio a portare la corona in Campidoglio, perché chi regnava su Roma erano solo gli dèi. Allora il vociare divenne un'onda di giubilo, nell'illusione che la libertà esistesse in sé e potesse essere salvata dallo spettro della monarchia, che ancora pareva spaventare Roma con il suo solo nome e ben più della situazione in cui ormai la repubblica affogava da decenni.

Calpurnia scivolò tra la folla, a capo chino e coperto, per riunirsi a suo padre. Nonostante lui si trovasse a poca distanza, lo raggiunse a fatica a causa della calca.

«Ma che fa quel pezzo d'asino?» commentò Pisone, con la sua abituale franchezza, appena la vide arrivare.

«Non lo so. Temo che, quando si è saputo che Antonio avrebbe partecipato alla corsa, qualcuno gli abbia proposto di compiere quel gesto. Magari dietro pagamento, o peggio... lui potrebbe crederci davvero.»

«Ci crede? Allora è un asino totale!» Ormai, dopo quegli anni a Roma vicino alla figlia, dopo i suoi sforzi per scalare ogni gradino del cursus honorum senza tradire troppo gli insegnamenti di Epicuro, si era fatto l'idea che tutto e tutti avessero un prezzo. Si trattava di stabilire la quantità di denaro, potere, adulazione, di donne o di giovani schiavi piacenti necessaria a piegare anche la più salda lealtà.

«Papà, voglio andare a casa. Ma non da sola. Mi accompagneresti?»

«Certo, andiamo.»

Sonia Morganti

"Se non posso fidarmi nemmeno di Antonio, di chi allora?" si chiedeva Calpurnia confusa, mentre fendeva quel mare rumoroso e caotico di gente in movimento irrazionale, come le onde durante una tempesta.

Quella sera fu impossibile prendere sonno. Per quanto la stanza fosse ben chiusa e lei non volesse ascoltare, il chiarimento tra Cesare e Antonio fu piuttosto sofferto.

Infine, Cesare rientrò sbuffando e si lasciò andare di peso sul letto.

«Non voglio sapere nulla» prevenne lei. «Solo se posso ancora fidarmi.»

«Con riserva. Se tu fossi un console o un pretore, ti sconsiglierei vivamente di seguire i consigli politici di Antonio: lui funziona bene solo in armatura.»

Calpurnia sperò si trattasse solo di quello e rimase immobile ad ascoltare il silenzio della notte, fissando il dipinto sulla parete, l'Apollo Citaredo, che si animava alla luce soffice della lucerna, come a ricordarle che, in fondo, lei e quel dio ritratto con il suo viso si assomigliavano ancora.

# CAPITOLO XII

Marzo era un mese generoso ed esigente, stupendo per chi ha la pazienza seguirne i cambi di umore e ricevere i suoi doni. Incantarsi per il turchese perfetto del cielo voleva dire accettare il fastidio di un caldo improvviso dopo giorni di pioggia. Era un mese di nuvole e alberi in fiore. La partenza di Cesare per una nuova campagna militare si avvicinava e gli impegni si infittivano. La rete delle alleanze presenti andava fortificata, quella creata dalla clemenza andava seguita con particolare riguardo e attenzione, gli avversari dichiarati o meno dovevano essere studiati da vicino.

Il tempo, che aveva ripreso a scorrere come sempre accadeva quando Cesare era a Roma, sembrava essere diventato precipitoso e turbolento. Calpurnia avrebbe dato qualsiasi cosa per poter mangiare in solitudine, quella sera, accontentandosi di un uovo sodo e un po' di asparagi freschi, consumati in una stanza silenziosa, ma non lo avrebbe ammesso mai: Cesare sarebbe stato al suo fianco per così pochi giorni ancora! Prese un profondo respiro, raccolse le forze e continuò a prepararsi con la massima eleganza che le era stata richiesta.

D'altronde un po' di frivolezza e di leggerezza non le avrebbero fatto che bene, dopo gli ultimi avvenimenti. Trovò, così, un inatteso lato positivo in quella cena, provando abiti di cui aveva dimenticato l'esistenza. Ne scelse uno di un colore per lei inusuale, un carminio non troppo intenso, e le donò l'insolito piacere di avvolgersi in quella stoffa luminosa, dai bordi dorati. Chiese un'acconciatura semplice, che raccogliesse solo parte dei capelli fermandoli con nastri chiari e decorandoli con piccoli fiori. Guardare fuori la finestra la spinse, ancor di più, alla serenità: il sole che tramontava dipingeva una striscia arancio lungo l'orizzonte, mentre il cielo, trasparente e limpido dopo due giorni di pioggia, sfumava verso un turchese etereo.

Uscì dalla sua stanza sentendosi lieve come il vento di primavera, ritrovando in sé quella ragazza che, anni prima, amava ricevere ospiti nella villa di famiglia.

Avvicinandosi alla sala, sentiva già il brusio degli invitati. Il padre, impegnato a destreggiarsi in una conversazione, incrociò lo sguardo di Calpurnia e la salutò con un gesto del capo. Le venne subito incontro la moglie di lui con il fratellino, il piccolo Lucio, che andava per i quattro anni e adorava Calpurnia senza riserve, con quella venerazione gioiosa tributata dai bambini agli adulti che dimostrano loro un incondizionato amore.

Lei si chinò per dargli un bacio sulle guance paffute e lisce.

«Sei bella oggi» le disse, con la sua vocina squillante.

«Lucio! Stai dicendo che tua sorella di solito é brutta?» La madre lo rimproverò con tono scherzoso, ma Lucio era ancora troppo piccolo per capire quella sottigliezza verbale e le due donne scoppiarono a ridere.

«Devo andare, ti prego di perdonarmi» si scusò Calpurnia, baciando sulla guancia la moglie del proprio padre. «Tanto, tra qualche giorno, mi avrete di nuovo tra i piedi fino a non poterne più.»

«Oh, andiamo! Non scherzare! Sei sempre benvenuta tra noi.» La ammirava, in particolar modo quella sera, in cui sembrava brillare di coraggio, decisa a essere spensierata per qualche ora: in circostanze analoghe lei non ci sarebbe riuscita.

Calpurnia andò a prendere il proprio posto vicino al marito.

«Ci hai messo un po' più del tuo solito. Ma ne è valsa la pena» commentò, con un sorriso enigmatico, facendole segno di sedersi.

«Ho fatto tardi?»

«No, hai fatto bene.»

«Per fortuna!» esclamò lei, ritrovando l'espressione radiosa che, nonostante le traversie, manteneva ancora.

La serata era piacevole e lo sforzo di mantenere leggerezza la stava premiando.

Il brusio si mischiava alla musica che, a sua volta, sembrava ingentilire i discorsi. All'improvviso però Calpurnia ebbe la sensazione di essere osservata. Senza posare il cibo che teneva tra le dita, scandagliò con lo sguardo la sala affollata. E poi li vide: il sorriso tirato di Bruto che la puntava con gli occhi, il tocco rapido di Cassio sulla spalla di lui mentre si guardava intorno a sua volta, per poi intercettare Trebonio e Casca. Un altro cenno del viso per indicare dove spostarsi e poi, di nuovo, un'occhiata verso di lei che, a sua volta, li seguiva attentamente.

Era così concentrata che non si era neppure resa conto della mancanza di pudore e prudenza in quel gesto. Si riscosse, fece finta di nulla. Cesare, ignaro, parlava con Antonio.

Lei si avvicinò, gli sfiorò l'avambraccio per attirarne l'attenzione senza interrompere. «Mi assento solo un attimo» gli disse, con voce delicata. Lui annuì senza distrarsi.

Se la spensieratezza era sparita, restava quel senso di levità che le faceva muovere i piedi veloci, spinti dal bisogno di sapere.

Il gruppo aveva raggiunto il giardino e lei, silenziosa, si avvicinò al peristilio. Ogni passo divenne misurato, il respiro sospeso, per essere invisibile. D'altronde, in quegli anni, non era diventata la sua specialità? Si appoggiò con la schiena al marmo freddo e rimase immobile

«E cerchiamo di non farci notare, maledizione!» imprecò Trebonio.

«Dici che qualcuno se n'è accorto?»

«Qualcuna, direi...»

«Intendi Calpurnia?» Bruto sembrava sorpreso. «Non può essere un pericolo; è una persona tanto innocente quanto innocua.»

«Secondo me si è accorta subito che ci stavamo radunando e che la guardavamo, non ci hai fatto caso?»

«Dici che ha colto qualcosa?» Il tono cantilenante di Casca esprimeva tutta la sua perplessità.

«Mah, non mi preoccuperei troppo» Cassio stroncò il discorsi sul nascere. «Intanto è una donna e la sterilità mina ogni suo potere! Anche se dovesse sospettare qualcosa, chi vuoi che l'ascolti? Lascia perdere, pensiamo a cose più serie.»

L'offesa le bruciò come un ceffone immeritato. Pettegolezzi e assurdità ne aveva sentite a bizzeffe, ma tanta malevolenza, a conferma, poi, che quegli uomini tramavano qualcosa, era inaccettabile. Calpurnia dovette concentrarsi per mantenere la calma, ma il battito del cuore accelerato le echeggiava nelle orecchie: non riusciva più a sentire, a decifrare le parole che quei quattro si rivolgevano. Si allontanò eterea come sempre, capace di non farsi notare.

Rientrò nella sala e tutto si era trasformato, sembrava fosco e fastidioso, le voci che si intrecciavano erano un rumore di sottofondo sgradevole. Era determinata a sfruttare le briciole di calma e forza rimaste per raggiungere l'unica persona del cui amore non aveva mai dubitato, nemmeno per un istante.

«Papà...» lo chiamò, per attirare la sua attenzione mentre era intento a mangiare. «Ti prego, puoi aiutarmi?»

«Che ti succede?»

«Te lo spiegherò. Ma domani mattina, ti scongiuro, potresti venire da me e, in qualche maniera, distrarre Cesare?»

«Non capisco.»

«Ti prometto che ti spiegherò tutto. Giuro.» Si portò una mano al petto, come quando da bambina si impegnava a non abbuffarsi di dolcetti al miele. Già quel gesto sarebbe bastato per scioglierlo e convincerlo. «Puoi farlo per me?»

"Cosa è che non posso fare per te, figlia mia? Nulla. È questa la verità. È reciproca, e io ne sono fiero. Spero di avere lo stesso legame con il piccolo Lucio" pensò. «Certo» le rispose per tranquillizzarla.

Lei gli donò un sorriso pallido. «Grazie, grazie mille, papà. Vado a riposare ora: non mi sento troppo bene.»

La leggerezza di quel tramonto allegro e festoso era tramontata, la luce calda restava nella tonalità del suo abito che però desiderava solo sfilare per nascondersi sotto le coperte e lasciare che il sonno e l'oblio la aiutassero a mettere ordine nei pensieri.

La mattina del tredici marzo, pentendosi di aver mangiato un po' troppo la sera prima ma consapevole che, forse, era il suo stomaco ad aver perso smalto nelle occasioni conviviali, Pisone si recò dal genero con alcuni rotoli di papiro e l'intenzione di proporsi come curatore di una raccolta delle sue lettere più importanti. L'idea gli era venuta nottetempo, mentre passeggiava per favorire la digestione e il piccolo Lucio, eccitato dalla serata diversa, impegnava ancora sua moglie e alcune ancelle.

Oltre che aiutare la figlia, pensava, quel progetto poteva essere ottimo per avere un pezzo unico nella sua biblioteca. Che Cesare avesse avuto modo di vedere quella di Alessandria pungolava la curiosità di Lucio, ma – vista la sua posizione familiare – reputava quanto mai inopportuno chiedergliene una descrizione. Un vero peccato.

Così, con un entusiasmo rafforzato dall'amore filiale, varcò la soglia della casa di Cesare.

L'ombra perfetta

Calpurnia uscì poco dopo, cercando di apparire spensierata come la sera prima, pronta a una mattina di visite amichevoli. In realtà, con il cuore pesante, si sforzò di andare a trovare Porzia, moglie di Bruto e figlia di Catone. Nonostante tutto quel che era accaduto negli ultimi anni e gli imbarazzi provati, avevano mantenuto un buon rapporto, soprattutto perché Porzia sapeva bene, da donna intelligente qual era, che Calpurnia non poteva essere responsabile nemmeno di riflesso delle azioni di Cesare e, quindi, del suicidio del proprio padre. Calpurnia sperava, tramite lei, di capire cosa stesse accadendo, magari facendo scivolare la conversazione sul comportamento di Bruto nell'ultimo periodo. Si fece annunciare e, nel giardino, attese con il naso all'insù che la padrona di casa la raggiungesse.

Il cielo, di nuovo, era uno splendore. Un vento lieve portava profumi lontani. In quel periodo, pensò, intorno alla villa di Ercolano gli alberi da frutta si coprono di piccoli fiori colorati che, come un pulcino dall'uovo, spuntano fuori dalle gemme gonfie. E le pendici del monte alle spalle della città brillano, verdissime.

L'attesa di protrasse finché non giunse un'ancella a dirle che Porzia, purtroppo, non stava bene. Aveva un forte raffreddore e quindi preferiva non correre il rischio di far ammalare anche l'amica.

Lei incassò il colpo con filosofia. "Ci sarà un'altra occasione" pensò. Uscì e, facendolo, incontrò un addetto alla cucina che tornava con la spesa.

«Dovresti aggiungere la cannella al miele» gli disse.

«Cosa, *domina*?» Non era abituato di certo alla

disinvoltura con cui, nelle case dei Giulii, ci si rivolgeva alla servitù e ci mise un istante a capire che Calpurnia stava parlando proprio a lui.

«La cannella rinforza il miele e può aiutare Porzia a rimettersi più velocemente» rimarcò lei.

«Non sapevo che la mia *domina* stesse poco bene» commentò. «Non so se abbiamo della cannella nelle dispense. Quella sbadata dell'ancella personale non mi ha detto nulla. Forse faccio in tempo a tornare indietro e prenderne un po'. Grazie mille.»

Tornò sui suoi passi a gran velocità mentre Calpurnia rimase crucciata, immobile, nel vento gentile di primavera.

# CAPITOLO XIII

La mattina del giorno seguente Lucio Pisone tornò alla carica, questa volta di sua volontà, entusiasmato dalla propria idea e dal seguito che, il giorno prima, aveva avuto: Cesare sembrava interessato e lui si sentiva più a suo agio come relatore che come senatore. Ormai aveva fatto la pace con tale constatazione.

Purtroppo Cesare era impegnato e intenzionato a uscire molto presto.

«Ho un pranzo importante, a casa di Lepido. Domani una seduta al senato ancora più importante. Ne parliamo dopo le idi. Anzi, magari intanto parlatene tu e Calpurnia, dato che io ho così da fare...» E si dileguò, rapido come un fulmine che, dopo aver balenato, lascia accecati.

Scornato quel tanto, Lucio Pisone attese che la figlia lo raggiungesse: d'altronde lei gli doveva anche un paio di spiegazioni. Rimase a ondeggiare sui talloni e a guardare, distratto, le decorazioni alle pareti: «Notevoli. Devo chiedere il nome dell'autore, perché...»

«Papà!» Calpurnia arrivò in tempo brevissimo, lo abbracciò. «Grazie infinite per ieri. Avevo bisogno di potermi muovere senza dare spiegazioni. Sta succedendo qualcosa. Vieni con me, andiamo nella mia stanza: ti dico tutto.»

Lucio Pisone ascoltò con aria vigile e stupita il

racconto dettagliato della figlia e si sentì inerme davanti a quella descrizione.

«Di certo ti posso dire che Bruto e i suoi amichetti sono dei gran maleducati» commentò, mantenendo una punta di ironia anche nell'indignazione.

«Io credo che invece sia il buon senso a difettargli. Ma è meglio così. Papà, di chi posso fidarmi? Ho provato a trovare informazioni ma, più di quel che riesco a vedere e arguire, non ottengo. Forse dovremmo addirittura pagare delle spie.»

«Ma io non ne conosco! Lo sai, non sono mai riuscito a entrare più di tanto in questi giochi e...»

«Puoi parlare con qualcuno più potente di te! Ma con attenzione. Dopo quello che è successo ai Lupercali, non mi sento del tutto sicura nemmeno di Antonio.»

Lui rimase pensoso. Era una situazione cui si sentiva del tutto impreparato. "Oh, se quella sera, a Ercolano, fossi andato a farmi una passeggiata con Filodemo invece di cedere alle lusinghe del potere!"

«Non posso prometterti nulla.» Lei lo guardò implorante, mentre le rispondeva: «Ma ci proverò. Perché sei mia figlia ma, prima di tutto, perché ti credo.»

Calpurnia decise di fare due passi per schiarirsi le idee. Il cielo si era velato di bianco mentre, da occidente, risalivano nuvole nere, anticipazione di temporali.

"Non va..." pensava, mentre i passi accompagnavano lo scorrere dei suoi pensieri. "Quel gruppo trama qualcosa. Si odiavano e ora sono uniti. E li vedo! Cimbro qualche sera fa passava sotto casa e fissava l'entrata. Vedo i loro sguardi furtivi, ho la conferma dei loro incontri... Bruto è un idealista, mentre gli altri sono affamati di potere e vendetta."

Il movimento la astraeva dal mondo intorno, lo lasciava scorrere senza interferire con le sue riflessioni che andavano in una direzione tutta loro. Il vento rinforzò e, con il sole coperto, l'aria faceva rabbrividire.

"Domani contatterò Servilia. Lei, sicuramente, ha i suoi canali per avere informazioni. È critica verso il figlio e sono certa che voglia proteggere Cesare." L'idea le offrì l'appoggio di una certezza, benché cupa.

Tornò a casa mentre iniziavano a cadere le prime gocce di pioggia.

Era stanca e tesa quando varcò la soglia. Si sorprese nell'apprendere che anche Cesare era già rientrato: andò dritta verso lo studio di lui.

Lo trovò era seduto al tavolo da lavoro, vicino all'entrata per sfruttarne la luce. Con estrema lentezza, si passava un dito sulla testa, sistemando senza pensarci le poche ciocche di capelli.

Vedendolo così, si sentì vincere dalla tenerezza: agli occhi della gente, Cesare era un dio. Ai suoi, invece, era esattamente la persona che vedeva in quel momento: vulnerabile come tutti, immerso in una bolla di concentrazione che lasciava fuori il resto del mondo, appena curvo sulle carte.

«Sei già qui» lo interruppe, avvicinandosi un po' mentre si strofinava le mani per riscaldarle. «Com'è andato il pranzo a casa di Lepido?»

«Bene: è una persona gradevole, cortese. Solo che il

vino mi ha scatenato il mal di testa e i suoi discorsi non erano propriamente conviviali.»

«Ad esempio?»

«Fammi pensare...» chiuse gli occhi e strinse la base del naso tra pollice e indice, cercando di agganciare il ricordo. «Ah, ecco!» esclamò, riaprendoli. «Oggi si è parlato della bellezza della morte inaspettata.»

Senza nemmeno accorgersene, Calpurnia ebbe un sussulto. «Sai che bellezza!» commentò. «Bella per chi muore, forse, ma non per chi gli sta intorno!»

«Lepido dovrebbe investire le sue energie in pensieri più concreti. Quanto alla tua reazione di prima» rise, mentre passava il palmo aperto sui cartigli e la guardava in tralice, con un guizzo divertito negli occhi scuri, «muovere guerra, ai Parti poi!, è già un mezzo annuncio di morte, se è questo che ti preoccupa. Ma tornerò tutto intero.» Spostò i fogli impilati e con la destra andò in cerca di conferma nella corona di alloro di cui era tanto fiero e che era scivolata tra i documenti, finendo sepolta dalle cartine geografiche.

«Non sono queste le cose che mi preoccupano, almeno non nell'immediato. Penso a cose pratiche: ad esempio, qualcuno vuole sfrattarci.»

«Ma che dici? Sai che è impossibile» Cesare rimase perplesso, incerto se ridere o preoccuparsi. «Questa è la *Domus Publica*.»

Si avvicinò a lui, entrando nel cerchio caldo della lucerna senza curarsi di celare la propria tensione. «Bruto, che tu tanto stimi, è solito passeggiare con alcuni amici sotto questa casa, additandola e discutendone. Perché non parli con lui? Non mi piace il suo comportamento, non mi fido.»

«Suvvia, quando dovrei parlargli? Il 18 lascerò la città...»

«Fallo subito, anche questa sera. Il prima possibile.»

«Calpurnia, ormai posso contare le ore che mi separano dalla partenza. Bruto è un uomo onesto, pieno di ideali, e qualunque cosa vuole...»

«... la vuole fortemente!» esplose lei, nella frustrazione. «È una frase che hai già detto. Ma tu, Cesare, hai idea di cosa voglia con tanta forza?»

Cesare si strinse nelle spalle. «È vero, alle volte mi sorprende la stranezza delle sue idee, ma Bruto è abbastanza intelligente da capire quali sono concrete e quali no.»

«Lo spero. A mio parere l'intelligenza, senza la concretezza, non serve a nulla.» Calpurnia restò un attimo in silenzio, trasse un lungo sospiro. «Ne hai ancora per molto?»

«Sì, va pure a dormire. È inutile che mi aspetti: ho davvero parecchio da fare.»

«Va bene...» Calpurnia uscì alla stanza, sistemandosi le pieghe della veste come per dare un ordine ai pensieri.

Cesare scosse il capo. Si alzò, con un sospiro stanco, e la raggiunse appena fuori la porta. Le posò una mano sulla spalla. «Sta tranquilla, davvero» disse, con voce profonda e convincente, cercando di intercettare lo sguardo di lei, per dare più forza alle proprie parole, e trarne a sua volta. Non ci riuscì. L'azzurro degli occhi di Calpurnia, sempre sinceri e trasparenti, era cupo come un mare in tempesta.

Il buio non le conciliò il sonno e i tuoni che avevano preso ad andare e venire la innervosivano. In quei giorni aveva respirato tale e tanta tensione che, non appena chiudeva gli occhi, le tornavano in mente sguardi furtivi e sussurri.

*«Pensi che abbia capito qualcosa?»*

*«Anche se dovesse sospettare, chi vuoi che l'ascolti?»*

Calpurnia si alzò e prese un biglietto per scrivere. I pensieri si accavallavano nella sua mente come onde; correvano e cambiavano direzione troppo in fretta: sentendo la razionalità vacillare, decise di aggrapparsi a quella carta come a una zattera.

"Domani chiederò udienza ufficiale a Servilia. Viste le circostanze non potrà rifiutarmela. Sono cambiate così tante cose da quando mi guardava con malizia, valutando quanto fossi bassa e slavata." Quel ricordo di un tempo lontano la fece sorridere per un istante. "Ma adesso è tutto inutile, è buio! Chi può aiutarmi a quest'ora?"

Appuntò, per un rito di completezza, l'idea che le era venuta e trovò così la pace necessaria per sdraiarsi di nuovo. Respirò a fondo, fissando il buio con gli occhi sbarrati. "Chi potrebbe aiutarmi, nel cuore della notte?" si chiese, di nuovo. Il turchese sulle pareti sembrava lontano e l'Apollo Citaredo lì dipinto, signore di quel cielo, restava muto.

Ora avrebbe voluto il mare. Essere in piedi al suo cospetto, come da bambina, ma con la consapevolezza dell'oggi. Avrebbe voluto vicini Lucrezio e Filodemo, pronti a sostenerla, senza anticiparla.

Il mare sarebbe stato giudice e maestro.

Era stato il suo rifugio, il suo faro quando l'inconscio e la ragione si rincorrevano, quando la logica diventava così veloce da sfiorare l'irrazionale. Come il cielo e le acque all'orizzonte di Ercolano, pensò. Visualizzò quell'immagine per riuscire a prendere sonno.

# CAPITOLO XIV

Era notte alta, più o meno la quarta vigilia , quando Cesare finì i suoi lavori. Sbadigliò, si stiracchiò e andò verso la stanza da letto. La seduta senatoria che lo aspettava a giorno fatto sarebbe stata impegnativa e aveva bisogno di riposo. A volte non gli era nemmeno necessario dormire: sdraiarsi e godere della pace notturna era di per sé ritemprante.

La stanza era immersa nel perfetto silenzio, il respiro calmo di Calpurnia si udiva appena. Cesare la guardò con benevolenza e fece per sollevare le coperte.

Come fu per coricarsi, la finestra si aprì per un colpo di vento, spezzando quel senso di quiete immota e, spinta dalla corrente, lo stesso fece la porta. La luna, che sorgeva tacita nel cielo nero e di nuovo limpido, inondò la stanza di luce livida.

In quel momento quasi irreale, mentre andava a chiudere le ante, Cesare sentì un gemito.

Si volse allarmato e vide Calpurnia piangere nel sonno; balbettava parole inarticolate, come di un canto triste di chissà quale lingua.

Restò immobile, immerso in quelle sensazioni: ascoltò quel lamento misterioso, il suo sguardo scivolò sugli oggetti avviluppati nella luce rarefatta dell'ultimo quarto di luna mentre l'aria fredda gli si insinuava lungo la schiena. Ombre effimere si allungavano sulle pareti e una di esse raggiunse l'Apollo Citaredo, che lui aveva fatto affrescare prima delle nozze: l'espressione del dio, serena e pensosa, sembrò mutarsi in una di vivo dolore.

D'un tratto la sua sicurezza svanì: perché Calpurnia non apriva gli occhi urlando, come sempre? Perché quel gemito disperato in quella luce di sudario? Avrebbe voluto svegliarla. Come quando era piccolo e spalancava gli occhi nella notte, correndo poi dalla madre Aurelia, per cercare conforto. Com'era lontano quel bambino: che fine aveva fatto? Davvero lui e Gaio Giulio Cesare erano la stessa persona?

Scosse il viso, riprese il controllo e provvide a chiudere la porta e la finestra. Si coricò con movimenti cauti. Calpurnia non si agitava più, ma aveva preso a singhiozzare appena. Con esitazione, Cesare le toccò il volto per asciugare le lacrime, che però continuavano a scorrere calde e abbondanti. Avevano persino bagnato il cuscino. Le mise un panno sotto il viso e le prese la mano. Fissò a occhi aperti il buio, finché il sonno non vinse anche lui.

La mattina si svegliò presto, con il braccio indolenzito e la mente ancora annebbiata. Cercò di muoversi piano, ma Calpurnia se ne accorse comunque.

Si sedette sul letto e restò così, immobile confusa, per qualche istante. Poi si lasciò andare. «Era solo un incubo!» sospirò. «Un bruttissimo incubo.»

«Volevo chiederti cos'hai sognato. Piangevi e piangevi... scendevano così tante lacrime, come se fossi sveglia, e ti lamentavi.»

Lei si portò le mani tra le ciocche sfuggite alla treccia,

con il respiro un po' affannoso. Cesare era stupito: neppure nei momenti più duri l'aveva mai vista così smarrita.

«Era orrendo» parlava fissando un punto indefinito davanti a sé. «Tu eri tra le mie braccia, ferito... sanguinavi! Io cercavo di difenderti, di proteggerti ma la gente accorreva armata di lame, per ucciderti, e le casa crollava... morivi!»

«Darsi tanta pena con il coltello mentre la casa crolla? Per nulla ragionevole!» scherzò lui, poco convinto.

«No, non capisci. Tu devi davvero fare attenzione.» Calpurnia era serissima e Cesare si tese. Se reagiva così un motivo c'era: sua moglie era sempre stata lucida e razionale. «Non è un fatto di sogni: sta accadendo qualcosa. Ho già visto le onde della tempesta, che iniziano a crescere da lontano e te ne accorgi tardi, quando sono già a riva. Ti prego di non andare in senato oggi, Cesare. C'è qualcosa di grosso che si muove. Di grosso perché... piccolo. È più pericoloso uno scorpione che un leone. Non credere di cavartela contro di lui ruggendo anche tu.»

«... uno scorpione e un leone...» Cesare ripeté quelle parole piene di senno. «Calpurnia, è vero quel che dici. Però oggi c'è la decisione per la campagna contro i Parti.»

«Lo so!» lei scattò in piedi. «Se non vuoi ascoltarmi, sei libero di farlo. Ma almeno dà retta ai tuoi occhi, alle tue orecchie! C'è qualcosa che non va: te ne sei accorto, no? Fai ricadere la colpa su di me, se non hai una scusa plausibile...» portò, con forza, entrambe le mani al petto.

«E va bene, oggi non vado. Dirò ad Antonio di far sciogliere la seduta. Non mi sento in forma e poi sono preoccupato per te.»

«Per... me?!»

«Non ti ho mai vista tanto sconvolta e, se lo sei, ci deve essere un valido motivo. Parlerò con Bruto già domani.»


La giornata sembrava aver preso una piega usuale e filava liscio tra corrispondenza e commissioni, in una calma che entrambi si erano imposti, quando giunse Decimo Bruto a passo di marcia. Quando fu fatto entrare, vociava scandalizzato già da una bella distanza.

«Ma che roba è?! Che storie sono queste?»

«Quali storie?»

«Che la seduta è sciolta! Antonio ha raccontato cosa è successo. Non farai mica sul serio?!»

Cesare distese le sue labbra generose in un sorriso furbo e crudele. «Ti interessa così tanto che la seduta si tenga proprio oggi?»

Decimo, in difficoltà, attaccò invece di rispondere. «Ma ti pare il caso di mandare a dire: "Oggi tutti a casa, ci rivediamo quando mia moglie dorme meglio"? È un'offesa alla dignità del senato! È umiliante.» Calpurnia, in un angolo, lo squadrava torva senza aprire bocca. "Anche tu eri con Giunio Bruto l'altra sera! Ti ho visto!"

Decimo evitava di proposito lo sguardo di lei, così trasparente da bruciargli addosso. Le sue occhiate piene di imbarazzo schizzavano rapide e nervose tra le pareti dipinte. Purtroppo però l'argomento che gli opponeva era vero: il Senato nutriva un culto a parte per la propria dignità. Poteva mandar giù veri e propri soprusi, ma sulle palesi mancanze di forma, comprensibili a chiunque e offensive a prescindere dalle fazioni, non transigeva. E quindi Cesare decise di andare.

Mentre si preparava e uno schiavo lo aiutava a drappeggiare con cura la toga, lei gli spiegò tutto ciò che aveva visto qualche sera prima, quello che aveva pensato.

«Sì, Calpurnia, concordo con te, ma non posso rimanere a casa. Il senato è offeso con me, per principio, da anni. Mi darebbero del Silla ed è la cosa peggiore: sarebbe un invito all'opposizione violenta. Inoltre ho perdonato e beneficiato molte delle persone che mi nomini. Non posso cambiare modo di agire ora. Questa è l'unica via, devo proseguire a testa bassa.»

«Ma... capisci?»

«Sì. Sto prendendo in seria considerazione quello che dici. Strada facendo ordinerò un'inchiesta ad Antonio e da domani riassumo la scorta. Non si è mai certi di tornare da una guerra, ma è bene arrivarci.»

Lei si sedette, scuotendo la testa e lasciando ricadere le mani in grembo.

«Hai ragione da vendere anche tu... ma fai attenzione, Cesare, molta attenzione! Non fidarti di nessuno!»

Lui cercò di sdrammatizzare. «Stiamo decidendo tutto da soli, l'altro console potrebbe offendersi...»

Calpurnia ne sorrise.

«Mi sembra di essere tornato a tanti anni fa, quando rimanevo sorpreso per le tue osservazioni sulla variegata fauna che popola il senato... Entro questa sera sarà tutto risolto, potremo dormire tranquilli.»

In quel momento sembrava sereno e sicuro. Le posò un bacio sulla fronte, prolungando il tocco delle labbra sulla pelle di lei.

Poi Calpurnia scostò lentamente il viso, alzò lo sguardo e vide quelle stesse labbra allontanarsi piano, stirate in un sorriso. Fu l'immagine che le rimase impressa negli occhi mentre Cesare attraversava la porta e svaniva nella luce chiara, salutandola con un gesto della mano.

«Attento! Mi raccomando!» gli gridò Calpurnia, continuando a fissarlo. Ma lui era già oltre la soglia.

Il chiarore della giornata si fece presto abbacinante: l'aria era purissima e le pozzanghere del temporale rispecchiavano il turchese del cielo privo di foschia e costellato da ciuffi di nuvole candidi.

Non passarono che una manciata di istanti che arrivò nella *Domus Publica* uno schiavo sconosciuto, trafelato e pallido: così, almeno, lo descrisse l'ostiario a Calpurnia, che si affrettò ad accoglierlo. Quando la vide, l'ospite di lasciò cadere in ginocchio.

«*Domina*, ho importanti messaggi per tuo marito. Devo affidarmi alla tua protezione fino al suo ritorno.»

Calpurnia, sebbene sentisse la fitta dell'ansia, cercò di non mostrarsi allarmata. Avanzò di qualche passo e si chinò verso di lui.

«Ti accordo la mia protezione. Seguimi. Ti condurrò dove potrai attenderlo e, se vorrai, rifocillarti.»

Avanzò lungo il peristilio, seguita da quell'uomo ancora affannato. Passando davanti a una porta, lei si fermò. Un pensiero l'aveva bloccata.

«Aspetta. Ti intendi di meccanismi, tipo cardini, porte, finestre...?»

«Ero falegname in Tracia.»

Lei gli sorrise, mentre faceva cenno a un'ancella di avvicinarsi con una coppa piena d'acqua. Mentre l'uomo beveva, lei gli spiegò i motivi della sua domanda.

«Potresti controllare la porta e la finestra di quella stanza?» gli chiese, indicandola. «Questa notte è stato sufficiente un po' di vento per spalancarle.»

Lui annuì e si mise all'opera con solerzia e precisione. Sul viso segnato di quel Trace ormai privo della libertà, si vedeva il piacere di compiere azioni su cui aveva avuto il pieno dominio, quando viveva ancora da essere umano. Mentre ogni tanto gli veniva offerta frutta secca da spiluccare, passava con cura le mani sul legno, analizzava i giunti metallici, forzava appena gli incastri per saggiarne la resistenza. Calpurnia lo osservava attenta, non per mancanza di fiducia ma per tenersi occupata.

«Credo di aver terminato, *domina*.» Lo schiavo interruppe così il silenzio e si terse il sudore con un rapido movimento della mano.

«Allora?»

«A dire la verità, non sono riuscito a trovare alcun difetto in queste strutture. Sono di ottima fattura e in perfette condizioni: ci vorrebbe una tromba d'aria per metterle in difficoltà. E poi...»

«E poi?» Calpurnia sentì la tensione mozzarle il fiato.

«... ripensandoci, il temporale è passato presto e il vento è caduto. La notte alta è stata quieta. Lo so perché ero sveglio, di guardia. Il problema dev'essere stato creato da qualcos'altro.»

Calpurnia trasse un profondo sospiro e restò a

guardare gli infissi, a bocca aperta. Sentì un brivido di freddo.

"A bocca aperta restano solo i pesci, perché sono nella rete del pescatore e non possono più scappare!" Chi glielo ripeteva, da bambina? Forse sua mamma? Non ricordava, ma non era la prima volta, quel giorno, che le accadeva di trovarsi così. Aveva paura, adesso, che il destino avesse gettato la sua rete prima che lei potesse fuggire verso il mare aperto.

Respirò a fondo e cercò di darsi da fare, per distarsi. Doveva mandare la richiesta di incontro a Servilia e poi, pensò, la sera sarebbe stato corretto invitare il padre a cena per informarlo degli sviluppi di quella folle situazione. Chiese a tre schiavi di andare ad acquistare primizie in abbondanza. E magari della lana: l'entroterra partico era freddo ed era ora, per lei, di rimettersi al lavoro come quando Cesare era proconsole in Gallia. All'epoca Calpurnia era ingenua e fiduciosa, attaccata al telaio come alla speranza, e Claudia la punzecchiava senza sosta in quelle ore indaffarate, nella penombra avvolgente di una stanza quieta.

Qualche ora dopo, con passo rapido, arrivò Antonio.

Non si fece annunciare dallo schiavo e rivolse all'ancella, che si fece avanti per chiedergli cosa volesse, uno sguardo così cupo, gravido di cose indicibili, che la ragazza ammutolì e lo lasciò passare.

Entrò nella stanza come un soffio di vento, impetuoso e tagliente.

Calpurnia si voltò di scatto, sorpresa, e andò incontro all'amico. Non poté fare a meno di notarne il colorito terreo e lo sguardo mobile e sconvolto. «Cos'hai? È successo qualcosa? Posso aiutarti?»

«Devo chiederti un favore. Mi posso fidare solo di te.» Prese un respiro profondo.

«Dimmi pure.»

«Dovresti consegnarmi i documenti di Cesare» fece la sua richiesta senza troppi giri di parole.

«Le sue carte?» Calpurnia rimase esterrefatta, mentre la paura veniva fagocitata dallo stupore. «Ma tu sai bene quanto ne è geloso! Sai che un gesto del genere può essere compiuto solo in casi di estrema gravità.»

«Sì, ne sono consapevole. Proprio per questo è necessario che tu me le consegni.»

Calpurnia lo fissò. Strinse le labbra.

«Antonio, cos'è successo? Sei sconvolto. Mi chiedi le carte di Cesare. È accaduto qualcosa, vero?»

«Ci sono stati disordini inattesi» sentenziò, con una voce che sembrava venire da lontano.

«Disordini...»

Lui annuì.

«Va bene, seguimi.»

Il sole del mezzogiorno faceva sentire la sua forza e lungo il precorso Calpurnia si fermò ad aprire le finestre per far entrare l'aria profumata degli alberi in fiore.

Per strada c'era un gran vociare, una confusione illogica, un formicolare di gente.

«Sembra che siano tutti impazziti, oggi. Oh, Antonio... ora mi chiedo se è questo caldo improvviso o ciò che è successo, ad agitare tanto il popolo!» gemette lei, e lui non rispose, tenendo lo sguardo lontano.

Calpurnia sostò un istante davanti alla porta dello studio di Cesare, prima di aprirla, quasi valutando le implicazioni del proprio gesto. Voltò la testa e fissò Antonio.

«Dov'è Cesare, ora?» chiese.

«È stato trattenuto in senato dagli eventi» rispose, rendendosi conto di aver descritto, senza intenzione, la realtà. Non voleva farle capire, non subito. Se lei avesse avuto un malore, il testamento sarebbe potuto finire in mano a chiunque. Doveva essere crudele con se stesso e con quella donna. «Ti saluta» aggiunse, cercando di rendersi credibile.

Calpurnia abbozzò sorriso. Quella risposta non le era sufficiente, ma aveva imparato a capire quando chiedere di più era controproducente e quando, invece, era fruttuoso.

Antonio terse il sudore con gesto rapido.

Calpurnia aprì la porta e decise di prendere tempo, cercando con attenzione le chiavi dell'armadio di legno scuro che, severo, spiccava sulla parete dipinta di colori accesi.

«Ah, dimenticavo,» andò ad aprire la finestra, «devo controllare comunque se tornano, stanno tardando parecchio. Sono preoccupata anche per loro, la città non mi sembra tranquilla e tu me lo confermi.»

«Chi?»

«Tre schiavi. Li ho mandati a fare la spesa da un bel pezzo e ancora non sono qui... Forse a causa dei disordini che sono accaduti.»

Aveva l'aria così pulita, pensava Antonio, così dolce e

pensosa; se la vita fosse stata diversa non l'avrebbe lasciata ad affrontare da sola quella tragedia.

Calpurnia tornò all'armadio, finalmente l'aprì e si mise a scartabellare con diligenza tra i documenti, ma anche con lentezza studiata. Ogni tanto gettava uno sguardo fuori dalla finestra.

«Ah, eccoli!» esclamò, avvistando i tre.

Si affacciò e, anche in quel momento, nei suoi gesti pareva esserci qualcosa di lieve come il respiro del mare, che la sollevava dal peso del mondo, verso una dimensione evanescente.

«Ma cosa portano a casa?» esclamò Calpurnia, sporgendosi e immergendosi in quella luce accecante che le faceva strizzare gli occhi. «Hanno riempito una lettiga di stracci... sporchi?»

Nella domanda serpeggiava il mostro di una risposta.

Antonio si appoggiò al muro e incassò la testa tra le spalle, abbassando il mento e distogliendo lo sguardo: sentiva l'orrore correre verso di lui come un insetto assetato in un pomeriggio d'estate. Aveva visto guerre, aveva ucciso e visto morire. Ma la sofferenza di persone a lui care era qualcosa che lo piegava ancora.

Calpurnia continuava ad aguzzare la vista. Insisteva, quasi in cerca di una conferma a ciò che la mente rifiutava di ammettere. Poi notò un dettaglio e un bruciore le invase il petto. Il cuore parve fermarsi e cadere a picco, come un gabbiano ferito. I suoi occhi si spalancarono fin dove lo consentivano le orbite.

«Da lì pende un braccio...» sussurrò, come meravigliata dall'esistenza di una realtà del genere. Dopo quell'istante di immobilità, senza battito né respiro, Calpurnia uscì dalla stanza e corse verso quella lettiga.

Antonio non la seguì e chiuse gli occhi, perché non voleva assistere a ciò che, prima o poi, avrebbe dovuto comunque sentire.

# CAPITOLO XV

Pisone si avvicinò cautamente alla figlia, che era seduta da troppo tempo vicino alla finestra. Quei quattro giorni erano parsi lunghissimi e lei, così pallida e silenziosa, sembrava una sagoma di pietra intagliata nella luna, sfondo placido e immobile di quella scena.

Le restò al fianco per lunghi istanti, ma Calpurnia non si mosse. Lui, stanco per le notti insonni, si sentì fremere dentro: non poteva vederla così. Aveva ancora una macchia di sangue sul viso. Lucio Pisone si portò il pollice alla bocca, lo umettò e con mano salda lo passò sulla fronte della figlia, per pulire quell'offesa sulla pelle di lei. Era un gesto che aveva compiuto sempre, con amore, per toglierle il miele dalle guance o per lenire il fastidio di un pizzico d'insetto. Un gesto magico, quasi, perché la riscosse. Calpurnia alzò gli occhi asciutti e incontrò quelli del padre. Sembravano immensi, in quel silenzio. D'altronde, cosa poteva dire?

Ciò che i tre schiavi le avevano portato, unici ad averne avuto compassione, giaceva lì, inerte.

Per chissà quali giochi politici il corpo di Cesare, trafitto da mani amiche come una bestia al macello, solo in mezzo a loro e davanti alla morte, non era ancora stato ricomposto. Una violenza, anche quella, l'ennesima. Avevano avuto paura di difenderlo, avevano paura persino di dirgli addio? Dopo averlo straziato con i pugnali e l'indifferenza, volevano forse usarne le spoglie?

Pisone non aveva mai visto una battaglia tale, in senato. Improvvisamente il corpo di un uomo morto valeva più della sua energia e della sua competenza da vivo. Come mangiatori di carogne, mediocri politicanti e piccoli carrieristi trovavano in lui un lauto pasto e un posto al sole. Ovviamente non avrebbe mai riferito quelle cose alla figlia. Perché infliggerle un dolore in più? Il suo cuore di padre non faceva che chiedersi come avrebbe agito, anni prima, se solo avesse potuto immaginare un percorso così irto di ostacoli e un finale così tragico.

Cercò un argomento per spezzare il silenzio e lasciare spazio alle parole che definiscono la perdita.

«Tra il popolo si fa un gran parlare,» sussurrò, «di una cometa che da qualche giorno si mostra in cielo. Dicono sia la sua anima.»

«Che idiozie!» replicò lei stizzita ma, almeno, riscossa. «Perché non si fanno tutti gli affari propri? E se fosse toccato a loro? Avrebbero potuto vivere in pace il dolore! Ho sopportato tutto, per lui ho affrontato ogni cosa... ma questa...»

«Tu sei stata destinata a una vita diversa, Calpurnia. Lasciali parlare e lascia questo corpo: Epicuro ci ha spiegato la verità. Lui non soffre, perché non è più qui. Quante volte te l'ho ripetuto? È da quando morì tua madre che te lo ricordo!»

«L'avrei detto anche io qualche giorno fa. Eppure, papà, adesso ho dei dubbi. Guardalo bene...» Non era esattamente ciò che Lucio Pisone avrebbe preferito fare: forse era davvero ora di ritirarsi a vita privata, se il gioco del potere implicava anche quello. «Guarda i suoi occhi. Paiono chiedersi perché.»

Pisone, dapprima con timidezza e poi con una forza che non immaginava di avere, fissò gli occhi di un uomo morto da giorni: gli erano sembrati vuoti, prima. Ora, invece, riusciva a vederli come faceva sua figlia. Gli parve persino che una lacrima scivolasse verso la tempia, ma era l'inizio del disfacimento di quel corpo offeso. Una turpitudine che le fiamme, sperò Lucio, avrebbero purificato quanto prima.

«È riuscito a ottenere quello che desiderava da tutti: dai barbari, dai re, dai soldati... meno che da sua moglie...»

«Tu sei stata una delle poche persone di cui ha potuto fidarsi ciecamente. Che ha saputo accettarlo. Te ne è sempre stato grato.»

Lei non ascoltò e continuò a seguire il filo dei pensieri. «Mi sarebbero bastate poche ore di luce in più, per incontrare Servilia e forse avrei potuto denunciare tutto. Qualche ora di luce, capisci? E tutto questo sangue non sarebbe stato versato!» Si morse le labbra. La rabbia e il dolore si erano accumulati in quelle ore buie, sulle quali il sole pareva non essere mai sorto. Aveva immaginato gli atomi fuggire dalle ferite aperte, portando con loro la vita, i pensieri, i ricordi, le passioni... tutto ciò che era stato Cesare. Dissipandolo. Un'unica ferita era stata mortale, aveva spiegato Antistio. Con distacco l'aveva mostrata a tutti i presenti, come se non fosse parte di un corpo intero, e lei aveva capito subito chi ne era l'autore. Solo un piccolo uomo, incapace di staccarsi dalle vesti della madre e dal giudizio di lei, poteva credere di cancellare il proprio rivale squarciandolo dal pube alla coscia. «E ora non posso neppure sistemarlo e dirgli addio come vorrei! "Il senato attende"! Ma cosa? Che provveda da sé?» Frustrata, strinse i pugni e la voce si fece grave. «La realtà è che nessuno, oltre a me e ai tre schiavi, ha il coraggio di toccarlo.» Levò lo sguardo verso suo padre, gli occhi azzurri erano laghi di tristezza.

Pisone sospirò. Aveva ragione lei, cosa poteva obiettare? Mai come in quei momenti strazianti il padre l'aveva sentita vicina, mai come allora capiva quanto forti fossero i legami nella loro famiglia.

«Domattina prenderò parola in Senato, piccola mia. Chiederò degne esequie per un grande uomo. Tuo padre non ti lascerà sola.»

«Oh, papà...» scoppiò in lacrime e lo abbracciò. Lui la strinse forte, respirando lentamente, sentendo il battito dei loro cuori, che ancora permettevano loro di vivere, soffrire e forse, più avanti, avrebbero consentito loro di gioire di nuovo.

«Adesso ti aiuto. Gli diamo una sistemata noi due. Roma freme al pensiero che lo si lasci ancora così.»

In silenzio, in quei gesti antichi e dolorosi, padre e figlia si ritrovarono nella consapevolezza di cos'era stata la loro vita, che pure andava avanti.

# CAPITOLO XVI

*Autunno dell'anno 724 dalla fondazione di Roma, consoli Gaio Giulio Cesare Ottaviano e Marco Licinio Crasso, Ercolano.*

Si strinse nel mantello, mentre il vento che soffiava dal mare non le risparmiava alcun brivido. Le onde increspavano l'acqua in mille ferite color piombo e il sole al tramonto orlava di fuoco le nubi.

Non attendeva una visita del genere. A dire la verità, di visite non ne riceveva quasi mai. Era rimasta a Roma ancora un anno, dopo la morte di Cesare, per stare accanto al padre. Ma poi anche Lucio Pisone era venuto a mancare, dopo una malattia breve e dolorosa. E allora, che senso aveva restare lì?

Quella città le faceva male a ogni passo, la ferivano gli sguardi. Curiosi, rapaci, cercavano di insinuarsi sotto la sua pelle, nella sua anima, per carpire segreti e appagare curiosità. Per non pensare, forse, che quella Roma in apparenza libera perché macchiata del sangue di suo marito, era in realtà di nuovo schiava della guerra.

Aveva pianto suo padre, un uomo buono, che l'aveva amata con una tenerezza rara, che non tutti i genitori riservano alle figlie.

E poi era partita.

Tornare a Ercolano era stata una scelta naturale,

l'unica possibile.

Lì aveva trovato il conforto del mare, dei libri e della vecchia Flora, che continuava a lavorare nella casa nonostante gli anni iniziassero a far sentire il loro peso.

Aveva scelto di non raccontare a nessuno cos'era successo, di lasciarlo decantare e sublimare in quell'aria pura, ma non riusciva a dimenticare del tutto. Il colore dei suoi capelli stava cambiando, quello dei suoi ricordi non sbiadiva con il tempo.

Ma quella visita... quella sì che giungeva imprevista. E gradita.

Ottavio, ora Gaio Giulio Cesare Ottaviano, le si avvicinava a grandi passi, sorridendole. I capelli biondi erano spettinati dal vento e la pelle del viso, così delicata, era già rossa.

«Zia!» la chiamò, da lontano, agitando il braccio in segno di saluto.

Lei sorrise con dolcezza, avvicinandoglisi. «Perché mi chiami così? Non ne hai motivo.»

«Ne ho tutti i motivi invece!»

Calpurnia, deliziata e intenerita, lo abbracciò. «E come devo chiamarti io, ora, ragazzo mio? Ti prego, non...»

«No, zia. Chiamami pure Ottaviano.»

Sapeva bene, Ottaviano, di essere diventato l'uomo più potente del mondo. Dopo che Cesare l'aveva adottato nel testamento, si era trovato sulle sue spalle magre il nome e l'eredità. L'aveva indossata da par suo, con modi affabili e sorriso serafico ma senza scrupoli, stupendo tutti coloro che, in lui, avevano visto solo un giovane alle prime armi. Eppure, in quel momento, si sentiva ancora il ragazzino ossuto in cui Calpurnia aveva trovato il figlio riservato e intelligente che sia lei che Cesare avrebbero voluto. In un certo senso, lei gli aveva permesso di nascere una seconda volta.

Proprio per la gratitudine e il rispetto, aveva deciso di far tappa lì, a Ercolano, prima di raggiungere Roma.

«Non posso fermarmi molto, ma ho delle cose da raccontarti. Ci tengo a essere io, prima che lo facciano altri, ammesso che ciò non sia già accaduto.»

Si sedettero sulla sabbia che, in fretta, perdeva il suo calore.


«E così, sono morti entrambi.» Un brivido le corse lungo la schiena. Chi rimaneva, tra coloro che avevano conosciuto davvero Cesare? Ormai solo loro due, seduti sulla spiaggia.

«Già. Credimi, mi addolora» convenne Ottaviano.

"Non ne sono affatto sicura. Ho saputo cos'hai fatto a Tolomeo Cesare", pensò lei, prima di decidersi a rispondere con altre parole. «L'ultima volta che ho incrociato lo sguardo di Antonio è stato alle Idi, quando venne a chiedermi le carte senza dirmi cos'era accaduto. Non l'ho più guardato in faccia, non gli ho perdonato quell'omissione. Ma so che, alla sua maniera, mi voleva bene. Ricordo i suoi modi esuberanti, le sue battute terribili!» rise, mentre una lacrima le scivolò sulla guancia.

Ottaviano stirò le labbra in un sorriso fulmineo.

«E mi spiace per Cleopatra, mi spiace tanto. Ha

affrontato la fine con coraggio. Io... posso capirla.»

Lui scosse la testa, con affetto: «Sei solo troppo buona!» disse. Le mise una mano sulla spalla. «Ma che fai? Tremi?»

«Sì, ho un po' di freddo. Forse è meglio rientrare.»

Quella sera Calpurnia sedette a lungo davanti la lucerna, fissando la danza fluida della fiamma. In quel movimento dalla consistenza misteriosa si riassumeva il soffio effimero della vita, della nostra immensità che si spegne rapida, come una candela coperta da un bicchiere.

Se le cose fossero state diverse, se le persone, gli eventi fossero stati altri, forse... Dopo tanti anni, in quell'istante, si sentì sola.

Prese lo stilo e iniziò, lentamente, a scrivere.

*In questa lettera nulla è raccontato di ciò che vorreste sapere, della persona che vorreste scoprire. Nessun aneddoto, nessuna memoria personale. Quello che voglio testimoniare è altro, perché non posso dimenticare come morì.*

*Alcuni di noi, baciati dagli dèi misteriosi e lontani, attraversano la vita circondati da persone che orbitano intorno a loro. Sono come le stelle maggiori, che organizzano nel cielo tutte le altre. Ma nel momento in cui Ade è il dio che prende il comando, si scopre quanto anche loro siano soli davanti alla morte.*

*La congiura in cui Cesare morì fu progettata male: molti erano stati gli indizi che avevo raccolto senza nemmeno troppa fatica. L'infantile tracotanza dei congiurati, la loro sicurezza ottusa unita alla mancanza di esperienza e all'eccessivo idealismo li rendevano imprudenti.*

*Cesare fu avvisato più volte. La notte prima della congiura riportai tutti i segnali di pericolo che avevo percepito. Le voci, i movimenti, le battute imprudenti. Una, addirittura, in mia presenza. Un rischio immenso, corso con la protervia di chi pensa che non ogni Romano possa capire.*

*Cesare scelse di andare in senato lo stesso, certo che la gratitudine di molti l'avrebbe protetto e che, se fosse giunto un momento pericoloso, i congiurati non avrebbero avuto il coraggio di attaccare o che comunque i suoi amici l'avrebbero difeso.*

*La Storia insegna che non fu così, esattamente come il mito ci insegna quale sia la nostra solitudine agli estremi della vita: la nascita e la morte. La grandezza d'animo, il carisma dono degli dèi, non ci permettono di salvarci da questa legge crudele.*

*Ho adempiuto il mio dovere di moglie con onestà, modestia e tenacia. Altro non dirò né voglio dire.*

Spostò lo scranno e si avvicinò alla piccola finestra. «Ora mi sento stanca...» sospirò.

# CAPITOLO XVII

*Anno 730 dalla fondazione della città, principato di Ottaviano Augusto, consoli Gaio Giulio Cesare Ottaviano e Gaio Norbano Flacco, Roma.*

Fu solo parecchi anni dopo, mentre la sua carriera politica galoppava ormai senza freni, che il giovane Lucio Calpurnio Pisone trovò quello scritto della sorella, archiviato tra i testi della biblioteca.

Era da poco rimasto solo. Condizione che non aveva guastato la sua naturale bonomia: la madre e la sorella maggiore l'avevano curato e coccolato con tale affetto, che la vita gli era sempre sembrata bella come la primavera. Persino le regole erano pulite, lattescenti e profumate, come il mondo che Ottaviano Augusto voleva creare.

Loro due poi si conoscevano da quando Lucio se la faceva ancora addosso; diventare uno dei suoi uomini di fiducia fu scontato. Per questo ritenne di dover mostrare il testo ad Augusto.

In fin dei conti, parlava della morte del padre adottivo.

Così lo raggiunse sul Palatino; sotto il portico, nel silenzio del primo pomeriggio, si sentiva solo lo scalpiccio dei sandali e le loro voci pacate e serene: stavano costruendo il miglior mondo mai esistito.

Ottaviano Augusto aggrottò la fronte quando iniziò a leggere e si passò la mano tra i capelli.

Scorse quello scritto con lo sguardo più volte, senza dire nulla.

«Vuoi acquisirlo per la tua biblioteca? Potrebbe essere un pezzo di pregio.» Pieno di entusiasmo, Pisone non notava il volto incupito di Augusto, che restava silenzio cercando di riordinare i pensieri. Infine alzò gli occhi da quel foglio e parlò con voce calma: «Lucio, non posso farlo leggere a nessuno. Tu hai conosciuto e amato tua sorella, io l'ho chiamata zia per una vita, porto a lei una gratitudine che non immagini. Ma non posso. È un atto d'accusa verso i senatori. Intendiamoci, è tutto vero. L'errore di Cesare è stato credere che chi lo circondava avesse un briciolo della sua grandezza. Invece erano tutti dei mediocri. Ma una verità del genere non mi aiuterebbe nei rapporti con il senato.»

«Capisco perfettamente. Allora lo terrò io, come ricordo. Calpurnia è sempre stata molto schiva, come se non parlando di Cesare avesse potuto custodirne meglio il ricordo.» Lucio sorrise, grattandosi un orecchio e guardando, tra due colonne di peperino, l'aria luminosa di Roma.

«Tu lo brucerai.»

«Scusa?»

«Lo brucerai» ripeté Augusto, senza scomporsi. «Mi fido di te. Ma se lo perdessi? Se qualcuno te lo sottraesse? Stiamo dicendo al senato che, chi non ha ucciso mio padre con il pugnale, lo ha ucciso con l'inerzia. Pur essendo a verità, non lo si può proclamare a chiare lettere. Esattamente come il mio vero ruolo a Roma deve avere un altro nome.»

«Ti capisco.» Lucio Pisone dondolò sulle caviglie, gli sembrava all'improvviso che i suoi sandali fossero sgradevolmente sudati. In realtà Augusto si fidava solo di sé stesso e, forse, di Agrippa. «Posso tenerlo ancora un po'? Lo brucerò questa sera.»

Augusto sorrise. «Sei uno dei miei amici più fidati: non dubito di te.»

Lo salutò com'era solito fare, con un tocco veloce sulla spalla.

Lucio Pisone era un uomo onesto, positivo, saldo. Rientrò in casa lamentando in cuor suo il caldo che, all'improvviso, aveva iniziato a pesargli. Anche l'età dell'oro si chiazzava di sudore nelle estati sfiancanti, anche la fiducia piangeva quando la si nominava invano e troppe volte.

Decise di rilassarsi nel *tepidarium* e proprio lì, immerso in quell'acqua piacevole che alleviava la sofferenza estiva senza aggiungere quella dello sbalzo di temperatura, dette un nome al suo disagio: "Ottaviano Augusto ha davvero ragione a non fidarsi di nessuno", pensò.

La notte stessa partì per Ercolano. Tra le mani teneva il cartiglio scritto dalla sorella. Il viaggio alle spalle, fatto in parte via mare per accorciare i tempi, gli sembrò infinito quando bussò alla porta di Flora. Ormai anziana, non solo non prestava più servizio, ma era assistita da due figli e da un'adorabile nipote tutta ricci.

«Padrone, a cosa devo...» Cercò di alzarsi, ma Lucio Pisone la bloccò con un gesto della mano. «Sono mortificato, perché se avessi preso anni fa la decisione che sto per comunicarti, forse saresti tornata nella tua patria.

Ma, da questo momento, tu e la tua famiglia siete liberi.»

Gli occhi di Flora, opachi e infossati tra le rughe, ebbero un guizzo di vita. Sorrise estatica al suono di quella parola. *Eleutheria*, libertà: niente di più dolce e, nello stesso tempo, di più vuoto eppure così vivo.

«Ma c'è una cosa che ti chiedo. E la chiedo a te...» Si volse verso la bambina con i ricci neri. Sorrise e si chinò appena, per dedicarle l'attenzione speciale che si deve ai più piccoli. «Ti affiderò un documento. Un segreto tutto tuo! Quando sarai grande, vai lontano da qui, vai nella terra di tua nonna. E allora, solo allora, fanne quel che vuoi. Vendilo, regalalo al primo che passa... Ma qui, in Italia, dovrai custodirlo tu.»

Lei guardava in alto, incuriosita e incantata, fissando la punta del naso prominente di quello che, se aveva capito bene, non era più il suo padrone. Tutto era troppo grande per lei in quel mondo. Ma era sicura che crescendo avrebbe capito molti misteri e anche ciò che ora le sembrava immenso avrebbe riacquistato proporzione.

# EPILOGO

*Gennaio 843 dalla fondazione di Roma, imperatore Cesare Domiziano Augusto, Cheronea.*

Timossena dormiva già. Era fortunato, pensò, ad avere una moglie fedele e intelligente. Insomma, erano una specie rara. Avendo scelto una vita tranquilla, poteva apprezzarne davvero il valore.

Scrivendo la sua opera, gli era sembrato di incontrare tantissime persone, grandi della Storia: aveva letto le loro lettere, pubbliche e private, aveva parlato con persone che custodivano testimonianze dirette, visitato i luoghi delle loro vite.

Questo lo faceva sentire piccolo, ma al posto giusto.

Non avrebbe mai cavalcato un destriero possente come Bucefalo. Ma lui era Plutarco, saggio e scrittore che ancora incespicava sulla pronuncia di alcune consonanti latine, non certo Alessandro.

Il giorno prima Timossena gli aveva portato dal mercato quel papiro vecchio più di un secolo. Probabilmente era stato copiato solo un paio di volte e il senso delle parole era ancora chiaro. Peccato non poter vedere la grafia originale. Lei ne era stata entusiasta, ma sapeva bene su quale soglia fermarsi. Lo aveva solo invitato a valutarlo ed era andata a mettere a letto i loro figli.

E Plutarco aveva riflettuto a lungo. Grattandosi la barba, aveva cercato di scindere la sua vita e le sue opinioni dalle vite che, per lavoro, raccontava e intrecciava. Alessandro e Cesare avrebbe potuto godere di un incredibile apprezzamento a livello popolare scrivendo che il senato romano fece finta di non vedere la congiura contro Giulio Cesare. E che, invece, la moglie gli aveva denunciato a chiare lettere il pericolo.

Sarebbe stato un gran successo.

Ma certe cose non si potevano davvero scrivere.

Intanto, doveva pur seguire le tradizioni di Roma: se i padroni del mondo parlano di sogni profetici, chi è Plutarco per sbugiardarli?

E poi l'idea che solo una donna e degli schiavi avessero avuto il coraggio di denunciare a Cesare i rischi che correva non era accettabile. Il mondo aveva comunque un suo ordine, come il cosmo. In momenti eccezionali alcuni possono sovvertirlo.

Ma, appunto, è l'eccezione: la regola si ristabilisce da sé. Non a caso Cesare era andato in senato e lì aveva trovato la morte.

Anche l'entusiasmo di Timossena, pur comprensibile, non era accettabile. D'altronde ciò che lui scriveva era una biografia e perdersi in quelle considerazioni avrebbe distolto l'attenzione dalla lama più tagliente di tutte quelle che incontrarono il corpo di Cesare: quella del Fato.

Decise di tenere quella verità, nuda e cruda, per sé. Ma, per rispetto verso Timossena, stabilì comunque di regalarla al mondo con le parole accorte e suggestive che sapeva usare. D'altronde bastava una sfumatura per cambiare l'aspetto di una nuvola.

*Dopo cena si coricò, com'era solito, accanto alla moglie; ed ecco che contemporaneamente si spalancarono tutte le porte e le finestre della camera: sconvolto dal rumore e dalla luce della luna che brillava, s'accorse che Calpurnia dormiva profondamente, ma nel sonno emetteva voci confuse e lamenti inarticolati: le sembrava infatti di piangere il marito tenendolo tra le braccia ucciso. Alcuni invece dicono che la donna non ebbe questa visione; le parve invece di lamentarsi e piangere per aver visto crollare una statua che stava sulla casa di Cesare, aggiuntavi per ornamento ed onore in seguito a deliberazione del senato, come racconta Livio. La mattina successiva ella pregò Cesare di non uscire, se era possibile, ma di rimandare la seduta del senato; se però non faceva alcun conto dei suoi sogni, almeno indagasse il futuro mediante altri sacrifici di divinazione.*

Ecco, era il momento del tocco del maestro capace di scrivere la verità senza darlo a vedere. Pochi sarebbero stati in grado di leggere tra le sue righe, ma non sarebbe passata inosservata a coloro che erano pronti ad accoglierla con occhi puri.

*A quanto sembra, un certo sospetto e timore presero anche Cesare: precedentemente infatti*

Sonia Morganti

*non aveva notato in Calpurnia alcuna debolezza femminile[1] derivante da scrupoli religiosi, mentre ora la vedeva oltremodo sconvolta.*

Posò lo stilo soddisfatto e decise di andare a dormire, appagato da un'altra giornata di lavoro.
Le stelle salivano già nella volta celeste come vapori d'argento e le lucerne si spegnevano l'una dopo l'altra al sopraggiungere della notte.

---

1    Plutarco, *Vite Parallele: Alessandro e Cesare*, traduzione di Domenico Magnino, BUR, Milano 1989, p. 449

# POSTFAZIONE

Credo che la villa dei Pisoni rientri a pieno titolo tra i protagonisti di questo romanzo, un po' come New York in Sex and the City. E, come il miele, si attacca a chiunque la sfiori generando una bizzarra nostalgia per un posto mai visto.

È uno dei meno noti tra i tesori archeologici che costellano la nostra Italia. Forse qualche appassionato la conosce come Villa dei Papiri poiché la terribile eruzione del Vesuvio nel 79 d.C., che ha seppellito la villa e carbonizzato la biblioteca, ha anche conservato gli innumerevoli rotoli che in essa erano ospitati.

La Villa dei Papiri fu scoperta per caso nel 1750 e fu esplorata per volere di Carlo III di Borbone tramite un sistema di cunicoli.

Oltre alle decine di statue dalla bellezza sconvolgente, che tutt'ora incantano i visitatori del Museo Archeologico Nazionale di Napoli, furono rinvenuti circa milleottocento rotoli di papiro carbonizzati.

Vennero ritrovati in disordine, probabilmente non nella loro abituale collocazione: la causa di ciò può essere imputata ai danni prodotti da un forte terremoto che aveva preceduto l'eruzione o forse al tentativo di salvarli dalla furia del Vesuvio quando ormai ciò che stava accadendo era evidente anche agli uomini dell'epoca.

Per decenni si è lavorato con pazienza certosina

cercando di leggerli e di proteggerli, minimizzando i danni dovuti alla pratica dello srotolamento. In passato grazie a un'ingegnosa macchina inventata da padre Piaggio – un sacerdote di grande cultura, scrittore in latino e custode delle miniature nella Biblioteca Vaticana – più di recente grazie agli strumenti di scansione medica e all'intelligenza artificiale, si è riusciti a ricostruire un quadro completo del loro contenuto. Si tratta in gran parte degli scritti del greco Filodemo di Gadara, filosofo epicureo del I secolo a.C. che in Lucio Calpurnio Pisone Cesonino ebbe il suo protettore. Il ritrovamento di qualche sporadico testo in lingua latina e l'abitudine per le famiglie abbienti dell'epoca di allestire una biblioteca che ospitasse titoli di entrambe le lingue suggeriscono che sotto il sarcofago creato dal Vesuvio giacciano ancora molti altri papiri: la parte latina della biblioteca. È un tesoro senza pari, di valore incalcolabile.

Per la cronica mancanza di fondi eserie difficoltà tecniche, quella che si può ritenere la più grande raccolta di testi giunta fino a noi dall'antichità, è ancora in larga parte sepolta.

Mi piace pensare che, in fondo, la Villa dei Papiri sia schiva e selettiva: il miele delle Muse va centellinato tra chi lo sa apprezzare. È un luogo che ha ospitato persone che ancora oggi influenzano il nostro modo di pensare. Oggi è proprietà dello Stato italiano. In ultima analisi, di tutti noi. Eppure pochi la conoscono; chi la scopre però diventa subito preda di un misterioso miscuglio di nostalgia e desiderio.

Ci sono vari studi volti a identificare il proprietario

della villa, che comunque pare proprio essere il nostro Lucio Calpurnio Pisone Cesonino, l'aristocratico dal cuore buono che ci ha fatto compagnia per tutte queste pagine.

Due parole le merita infine anche la protagonista di quest'opera, Calpurnia.

Di lei sappiamo poco, pochissimo forse, ma ai miei occhi è sempre sembrato, se non molto, almeno abbastanza.

Non abbiamo suoi ritratti, ma è possibile che ne esistano ancora sepolti da qualche parte. O magari sono esposti in qualche museo, ma non siamo in grado di identificarli.

Non sappiamo chi fosse sua madre. Spesso, in testi e siti stranieri, viene indicata una Rutilia. Anche su questo punto non ho trovato riscontro univoco, ma è una notizia che meritava di essere valutata sul piano narrativo, visto che una Rutilia era lontana cugina di Aurelia, madre di Cesare. È plausibile, visto il numero ristretto di abitanti di Roma. Ma non sono riuscita a trovare la fonte originale della notizia: per questo motivo ho deciso di mantenere una posizione ambigua sull'argomento.

Sappiamo però chi era il padre di Calpurnia, quali le sue passioni, quali le persone che frequentavano la sua dimora; conosciamo il volto e la carriera del fratello e persino di uno dei figli di lui che, ci dice Orazio, voleva diventare poeta. Possiamo quindi immaginare le influenze ricevute da Calpurnia, l'educazione, la formazione sociale ma anche le speranze, le illusioni e le disillusioni che da sempre accomunano gli esseri umani.

Suggerimenti, sussurri... una cornice rigorosa, ma tutta da riempire. La notizia fondamentale, da cui tutto è partito e a cui tutto porta, è una riga scritta da Plutarco.

Cesare la mattina del 15 marzo del 44 a.C. stava ascoltando l'avviso della moglie perché l'aveva sempre vista lucida e mai sottomessa a paure irrazionali tipiche delle donne. Detto da un rappresentante della cultura greca, tanto bella quanto misogina, è uno smisurato attestato di intelligenza, che va a giustificare tutti i passaggi in cui la storia di lei e quella di Cesare hanno continuato a procedere parallele, quando non intrecciate, nonostante tutto spingesse per farle divergere.

La mia vita e quella di Calpurnia, per una marea di aspetti, non potrebbero essere più diverse. Eppure la nostra è una sorta di bizzarra e lunga amicizia in differita, iniziata quando io ero ancora troppo piccola per capire dove ci avrebbe portate. La sua vicenda mi colpì come un lampo appena ne sentii il nome e finii per disegnare la tragedia delle Idi di marzo sotto una statua di Pompeo che, in verità, mi era venuta molto simile a un Cornetto Algida rovesciato: io e la matita non ci siamo mai capite e il fatto che avessi nove anni non è un'attenuante.

Quando ho iniziato a scrivere di Calpurnia però mi sono sempre stati chiari tre punti.

Il primo era che dovevo staccarmi da me stessa e dal mio modo di vedere il mondo. Che dovevo imparare ad accettare anche ciò che oggi suona inaccettabile, ad ascoltare sospendendo il giudizio.

Il secondo era che stavo scrivendo di persone realmente vissute, non importa quando: dovevo e volevo rispettarle.

Il terzo mi è stato chiaro solo a questa ennesima stesura, per la seconda edizione, era che non potevo lasciarla andare. Non potevamo lasciarci.

Dopo la prima pubblicazione di questo libro, immaginato in terza elementare e scritto decine e decine di volte dal ginnasio in poi, ho provato prima gioia, poi rabbia e infine sgomento. L'immagine di Calpurnia mi aveva ingombrato la vita. Ho conosciuto persone che hanno registrato il mio numero di cellulare con il nome di lei. Ma poi quelle persone hanno preso a chiamarmi di nuovo Sonia e sono diventate amiche e al mondo non esiste dono più grande dell'amicizia.

Infine ho capito che in qualche maniera io e Calpurnia ci siamo intrecciate e così dovremo rimanere.

Non so perché né per come, ma una moto non cammina con una ruota sola. Ho di nuovo sospeso il giudizio, ho deposto le mie armi logiche e accettato. Le lunghe frequentazioni ibridano e, dove non passano i geni, passano i memi. Siamo le gemelle diverse e in differita. Da lei ho imparato molto e, in qualche maniera, Calpurnia mi ha spinta verso orizzonti che mai avrei pensato di vedere. Ho studiato e fatto delle scelte formative ben precise – e non vengo da una famiglia di classicisti – ho scritto, ho conosciuto persone, ho letto libri, imparato lingue, visitato luoghi... superato limiti. Ho contagiato persone con la mia passione e alla fine tutto questo ha portato persino alla nascita di Nubes.

È stato un viaggio faticoso, impegnativo, bellissimo, che ancora non capisco ma che accolgo con immensa gioia e che probabilmente porterò avanti finché sentirò che sarà giusto farlo.

Deporre i propri panni, spogliarsi delle proprie corazze è stata una grande lezione di umiltà per me. D'altronde, davanti all'oceano dei secoli, siamo tutti polvere di stelle.

È provato, è uno di quei punti dove la scienza tocca la poesia e credo che al nostro Lucrezio questa certezza piacerebbe molto.

## Un Cesare realistico

Per Collen McCoullogh, acclamata scrittrice australiana, Cesare era alto, biondo, con gli occhi azzurri. Seduttore elegante, infallibile e intelligente, come un James Bond con la toga. Insomma, per citare un mio amico che lo detesta per partito preso, un "super-Cesare". Un'interpretazione tutta romanzesca del personaggio che non ha giovato al nostro Gaio Giulio, riempiendolo di followers – e non lettori – che in questo suo ritratto moderno e idealizzato trovano riflesso di ciò che vorrebbero essere o di chi vorrebbero trovarsi tra le lenzuola.

Il Cesare che vi ho presentato in questo libro, sin dalle sue primissime stesure, non è così: si mantiene umano e persona del suo tempo. Con dolcezza e convinzione dice cose inaccettabili per noi moderni, com'è giusto che sia, ma sa essere generoso e franco fino a far male. Rompe convenzioni per scelta ma anche per vocazione, si sganascia dal ridere davanti alle commedie di Menandro, ama cibi semplici e detesta la sciatteria estetica, soffre di emicranie, a furia di sorpassare se stesso a volte si perde di vista e se ne spaventa. Percula e viene perculato. Non è particolarmente alto, ha gli occhi scuri e, con grande scorno, ha così pochi capelli che può chiamarli per nome e vedere chi risponde all'appello. È un Cesare che, a un certo punto, osa persino iniziare il processo di decomposizione.

Ha un corpo, insomma. Che abbraccia, che suda, che si piaga per la fatica, che perde la voce, che ritrova vigore, che viene fatto a pezzi, ferito, oltraggiato da mani amiche.

Com'era davvero Cesare? L'unica persona che ha di certo le risposte, come per tutti, è la mamma. Ma forse nemmeno lei. Io vi consiglio di non cercarlo nelle righe dei romanzi, dove troverete un personaggio inevitabilmente contaminato dai secoli. Leggete, prima di tutto, chi ha parlato di lui nell'antichità o leggete proprio lui. Non è necessario conoscere le lingue antiche, esistono ottime traduzioni. Se vi convincono, andate avanti, scoprite i saggi. Potreste incontrare una persona diversa, meno super, non sempre ammirevole, ma di certo più vera.

### E parlando di Calpurnia...

Per scrivere di Calpurnia, invece, sono partita da quel che poco che sappiamo ma con un enorme punto fermo. Nelle prime ore della notte del 15 marzo, Cesare si è coricato al suo fianco. Normale: in teoria uno dovrebbe farlo ogni notte e magari – magari, eh! – dormire anche per otto ore. Ma stiamo parlando di Cesare, a cui letti dove stendersi non mancavano di certo. Ma era lì, "come suo solito". E poco c'è mancato che le desse persino ascolto.

Intorno a questa certezza, c'è una raggiera di piccoli indizi e suggerimenti. Con pazienza, si può scoprire qualcosa di più dell'ambiente in cui è cresciuta, dei suoi familiari, delle situazioni che deve aver affrontato, i posti che può aver visto. E di lì, ricostruendo il mondo intorno a lei, è possibile intravedere i suoi contorni. Saranno quelli giusti? Avrò mancato la traccia? Non lo saprò mai. Ma il focus della sua evoluzione non è mai stato né deve essere quello di una donna moderna. Calpurnia sa bene qual è il suo ruolo e il suo scopo. Non sarà facile per lei accettare di cercarsene un altro e non sarà neppure scontato che le venga concesso.

Il resto, è Storia.

### Due note cronologiche

Per non spezzare il senso di immersione e straniamento che si vuol dare con il romanzo, si è scelto di usare la datazione ab Urbe condita, ossia dalla fondazione di Roma.

Iniziamo quindi dal 694 aUc, ossia il 60 a.C per arrivare al 710 aUc ossia il fatale 44 a.C. seguito da un salto fino all'843 aUc, ossia 90 d.C.

# L'AUTRICE

## SONIA MORGANTI

Sonia Morganti è editrice per Nubes, ma anche autrice di romanzi ed editor. Scrivere e studiare sono per lei modi di toccare da vicino quel che non può raggiungere, sono appassionanti incontri in differita.

Con le sue storie ama ricordare che Roma non è solo la potenza delle legioni ma anche un modo di vivere e sentire, è le sue donne e i suoi uomini, è arte, filosofia, diritto, *mos maiorum* e tanto ancora.